Gabriele M. Knoll

Kulturgeschichte des Reisens

Gabriele M. Knoll

Kulturgeschichte des Reisens

Von der Pilgerfahrt zum Badeurlaub

Die Deutsche Bibliothek verzeichnet diese Publikation in der Deutschen Nationalbibliographie; detaillierte bibliographische Angaben sind im Internet über http://dnb.ddb.de abrufbar.

Die Herausgabe des Werkes wurde durch die Vereinsmitglieder der WBG ermöglicht.

Layout und Prepress: schreiberVIS, Seeheim
Gedruckt auf säurefreiem und alterungsbeständigem Papier
Printed in Germany

www.primusverlag.de

ISBN-13: 978-3-89678-548-0
ISBN-10: 3-89678-548-6

Inhalt

Einleitung

Das Reisen ist beileibe kein modernes Phänomen, denn gereist wurde eigentlich schon immer, wenn sich auch Reiseziele und -motive änderten. Das Grimm'sche Wörterbuch von 1893 definiert „reisen" ganz allgemein als „eine bewegung von einem orte zum andern". Der Tourist hingegen galt schon den Grimms als „reisender, der zu seinem vergnügen, ohne festes ziel, zu längerem aufenthalt sich in fremde Länder begibt". Der klassische Erholungsurlaub, wie wir ihn heute kennen, selbstverständlich *last minute* und *all inclusive*, steht erst am Ende einer langen und wechselvollen Entwicklung, von der diese Kulturgeschichte zumindest einen Eindruck vermitteln möchte.

Die geographische Fremdenverkehrsforschung kennt neben dem Wunsch nach Entspannung und Erholung schon seit längerem eine ganze Reihe anderer Reisemotive. Sie unterscheidet deshalb verschiedene Arten von Reisen, wobei das Spektrum von der mehrwöchigen privaten Ferienreise bis zum eintägigen Geschäftsbesuch reicht. Alle diese Reisearten sind von großem Interesse und verdienen es gleichermaßen erforscht zu werden. Gerade im 20. Jahrhundert hat der Tourismus eine Vielzahl neuer Trends hervorgebracht, doch der vorübergehende Ortswechsel bleibt Kennzeichen aller touristischen Aktivitäten. Die Frage, ob zumindest eine Übernachtung erforderlich ist, um überhaupt von Tourismus sprechen zu können, stellt sich längst nicht mehr. Man denke nur an den modernen Tagestourismus. Zur Definition und Abgrenzung der Begriffe „Reisen", „Fremdenverkehr" und „Tourismus" sei auf die Fachliteratur verwiesen, zum Beispiel Hofmeister/Steinecke (1984) oder Becker/Job/Witzel (1996). Im vorliegenden Band sollen die genannten Begriffe synonym verwendet werden, da ihre Differenzierung für den räumlichen Aspekt einer Kulturgeschichte des Reisens, die mehrere Jahrhunderte umfasst, von untergeordneter Bedeutung ist.

Im Rückblick wird sich zeigen, dass schon im Mittelalter mehr Menschen unterwegs waren, als man gemeinhin glauben würde. Pilger suchten Vergebung ihrer Sünden, Kaufleute reisten der Geschäfte wegen und Kranke hofften in den ersten Badeorten auf Heilung ihrer Leiden. Im 17. und 18. Jahrhundert brachen junge Adelige nach Italien auf, um auf einer Grand Tour ihren Geschmack zu bilden und fremde Sitten und Gebräuche zu studieren. Künstler und Gelehrte folgten ihnen. Die Tradition der Italienreisen reicht weit zurück. Bald lösten mondäne Kurorte mit Promenaden, Parks und regem gesellschaftlichem Leben die mittelalterlichen Badeorte ab und erlebten im 19. Jahrhundert ihre Blütezeit. Ganz neue Reiseziele wurden jetzt entdeckt: Man fuhr zu Schiff rheinauf und rheinab, badete im Meer und bestieg die höchsten Gipfel der Alpen. Im 20. Jahrhundert beschleunigten sich die Entwicklungen rasant. Der moderne Massentourismus erlaubte es endlich auch den weniger Betuchten in den Urlaub zu fahren. Heutzutage erfindet sich die Tourismusbranche die Reiseziele gleich selbst. Ferienanlagen aus der Retorte entstehen und Freizeitparks direkt vor der Haustür. Doch wird sich manches Mal erweisen, dass vieles, was zunächst ganz modern anmutet, seine Wurzeln schon in der Vergangenheit hat.

Der Tourismus hat zu jeder Zeit vielfältige Spuren hinterlassen, die Auskunft über das historische Reiseverhalten geben. In dieser Kulturgeschichte soll es vorrangig um die jeweils typischen Entwicklungen gehen, um die „Trends" und „Moden", die von vielen gepflegt wurden und die sich nachhaltig im Raum, in der Landschaft wie in den Dörfern und Städten, niedergeschlagen haben. Dieser historisch-geographische Ansatz spiegelt sich auch in der Auswahl der behandelten Reiseziele wider: Bevorzugt finden solche Orte Berücksichtigung, in denen sich bis heute sehenswerte Zeugnisse für das Reisen in historischer Zeit erhalten haben, die weiterhin besichtigt werden können. Die touristische Infrastruktur umfasste unter anderem Gasthöfe, Hotels, Badegebäude und Kursäle, die inzwischen oft unter Denkmalschutz stehen. Aber auch ein möglichst gut ausgebautes Netz von Wegen und Straßen sowie ein breites Angebot an Transportmitteln waren unverzichtbar, um sicher und schnell ans Ziel zu gelangen. Schließlich legten viele Reisende beachtliche Entfernungen zurück, ob zu Fuß, mit Pferd und Kutsche oder später mit dem Schiff, der Eisenbahn, dem Automobil und dem Flugzeug. Noch heute ist manches historische Verkehrsmittel in Betrieb und gibt einen guten Eindruck von den Strapazen, denen sich die Reisenden einst ausgesetzt sahen.

1

Karlsbad, Tafel am Hotel Kucera: „Johann Wolfgang von Goethe besuchte Karlsbad dreizehn Mal; er wohnte im Haus ‚Bei den drei Mohren', das an dieser Stelle stand". Über einen Zeitraum von rund 40 Jahren lieferte der berühmte Stammgast in Briefen und Zeichnungen ein facettenreiches Bild des böhmischen Badeortes.

Nun kann ein Überblick über mehrere Jahrhunderte längst nicht jeden Ort verzeichnen, der einst Reisegeschichte geschrieben hat. Aber viele klangvolle und traditionsreiche Namen werden dem Leser begegnen. Die Reihe reicht von Baden-Baden und Brighton über Cannes und Chamonix bis Montecatini und Rom, Bad Ischl und Zermatt. An dieser Auswahl lassen sich schon die geographischen Schwerpunkte dieser Kulturgeschichte ablesen: Deutschland, Italien, Frankreich, Österreich und die Schweiz.

Gerade Berichte von Zeitzeugen vermitteln ganz individuelle Reiseeindrücke, Erlebnisse und Stimmungen. Deshalb sei hier stellvertretend für viele illustre Reisende, die eine Erwähnung verdienten, auf den wohl prominentesten deutschen „Italienurlauber" verwiesen, auf Johann Wolfgang von Goethe. „Auf etwa 40 großen Reisen bewältigte Goethe die für damalige Verhältnisse imponierende Wegstrecke von etwa 31 000 km; rechnet man die mehr als 140 kleineren Reisen in den Jahren von 1765 bis 1831 dazu, so ergeben sich etwa 40 000 Reisekilometer – eine Äquatorumrundung" (Klauß 1989, S. 9), hat die Forschung herausgefunden. Goethe war nicht nur als Privatmann häufig auf Reisen. Die böhmischen Bäder besuchte er regelmäßig (Abb. 1). Als Minister für Bergbau, Kriegswesen und Finanzen bereiste er im Auftrag seines Dienstherrn Herzog Carl August das Herzogtum Sachsen-Weimar-Eisenach und sorgte schließlich als Leiter der Wegebaudirektion für eine erhebliche Verbesserung des Straßennetzes. Zugleich war Goethe ein genauer Beobachter des Reiseverhaltens seiner Zeitgenossen, und so lässt er Mephisto in der Walpurgisnacht bemerken:

„Sind Briten hier: Sie reisen sonst soviel
Schlachtfeldern nachzuspüren, Wasserfällen,
gestürzten Mauern, klassisch-dumpfen Stellen,
das wäre hier für sie ein würdig Ziel."

(*Faust. Der Tragödie zweiter Teil*, 2. Akt, 3. Szene)

Die Briten galten in der Tat weithin als Weltmeister des Reisens. Sie schwärmten als Erste für den Rhein und seine mittelalterliche Burgenlandschaft, sie entdeckten die Reize der französischen Riviera und auch der moderne Skiurlaub wäre ohne diese sportbegeisterte Nation nicht zu denken.

So ist dieses Buch nicht zuletzt als Einladung zu verstehen, es diesen begeisterten Reisenden nachzutun, das besondere Flair eines altehrwürdigen Grand Hotels (die Duden-Schreibung „Grandhotel" beraubt den Begriff seines Flairs) zu genießen oder die Atmosphäre eines historischen Seebades. Aber auch eine Fahrt mit der Postkutsche oder mit einem stampfenden Raddampfer mag die Sinne öffnen für Erfahrungen, die in der Eile unserer Tage sonst keine Chance haben. Dann wird vielleicht auch deutlich, dass Reisen eine Kunst sein kann und es sich lohnt, diese zu erlernen.

I. Reisen im Mittelalter

Mobiler als erwartet

Der Mensch des Mittelalters war mehr unterwegs, als man es heutzutage vermutet. Kaiser, Könige und andere Herrscher zogen mitsamt ihrem Hofstaat und transportablem Mobiliar von Burg zu Burg, von Pfalz zu Pfalz. Kaufleute und ambulante Händler, Handwerksgesellen auf der Walz, Ritter, Boten, Künstler, Mönche, Söldner bzw. Reisläufer und Studenten auf dem Weg zur Universität: Sie alle reisten über Land. Nicht zu vergessen das fahrende Volk, die Gaukler und Musikanten, die ebenfalls die meist schlechten Straßen und Wege bevölkerten. Neben den Reisen „von Berufs wegen" gab es für das gemeine Volk zwei legitime Gründe, Heim und Arbeit für mehrere Wochen oder auch länger zu verlassen: die Pilgerreise und die Fahrt ins Bad.

Gleich aus welchem Anlass man sich auf die Reise begeben wollte, von wesentlicher Bedeutung war es, den rechten Zeitpunkt für den Ortswechsel zu finden. Im Winter vermied man in unseren Breiten den Aufbruch eher, während mit dem fortschreitenden Frühjahr die Reisebedingungen allmählich günstiger wurden. Doch schneefreie, aufgetaute Wege konnten im Flachland noch morastig sein und das Vorwärtskommen von Mensch, Tier und Wagen erschweren. Aber selbst wenn die Wege von der Frühjahrssonne bereits getrocknet waren, bestand die Gefahr, dass die Bäche und Flüsse wegen der Schmelzwasser nur schwer passierbar waren. Hochwasser riss die Stege und Balken über den Bächen weg und die Furten in den Flüssen konnten kaum genutzt werden. Brücken und Fähren existierten zwar an den Hauptstraßen, doch für die Nebenstrecken stand solch kostspieliger Luxus nur selten zur Verfügung. Auch die Verpflegung von Mensch und Tier ließ sich im Frühjahr noch nicht so problemlos regeln wie später im Jahr. Trotzdem machten sich risikobereite Kaufleute schon unter diesen schwierigen Bedingungen auf den Weg,

denn der hohe Einsatz versprach auch hohen Gewinn, wenn die Händler als Erste die lang ersehnten Güter zu den wartenden Kunden brachten. Im Sommer machten sich dann alle auf den Weg. Die Tage waren lang, das Frühjahrshochwasser ging zurück, der Straßenzustand besserte sich und die Vegetation machte die Versorgung von Reit- und Zugtieren leicht möglich. Die Nächte unter freiem Himmel ließen sich wenn nötig mit einem weiten Mantel gut überstehen und auf den Märkten wurden reichlich und preisgünstig Lebensmittel angeboten. Die Hochgebirge ließen sich jetzt relativ gefahrlos überqueren, da die Saumwege und Pässe in der Regel schneefrei waren. Von den klimatischen Bedingungen her konnte eine Reise auch noch im Herbst sinnvoll sein. Zudem waren zu dieser Jahreszeit viele Menschen auf dem Feld, bei der Ernte oder bei der Weinlese. Die Hirten kehrten mit ihren Herden in die Nähe der Siedlungen zurück. Es herrschte ein reges Treiben auf den Wegen und so erhöhte sich auch die Sicherheit des Einzelnen. Eine besondere Gefahr stellten aber gerade im Herbst die Heere dar, die dem Feind zu schaden suchten, indem sie seine Versorgung gefährdeten und die Ernte entweder vernichteten oder sie für ihr eigenes Winterlager requirierten. Wer von den in friedlicher Absicht Reisenden im November noch nicht sein Ziel erreicht hatte, musste sich ebenfalls ein Winterquartier suchen, um dort auf das nächste Frühjahr zu warten. Im Norden und Osten Europas erleichterten vereiste Seen, Flüsse und Buchten oder auch die zugefrorene Ostsee das Fortkommen mit dem Schlitten, zumal eine hohe Schneedecke die Fahrt querfeldein erlaubte. Unter solchen Voraussetzungen war im Winter auch der Transport von langen Hölzern und schwerem Baumaterial auf dem Landweg einfacher.

Die Beherbergung eines Fremden, eines Reisenden, war für den Christen eine Pflicht, wie es im Evangelium des Matthäus zu lesen steht: „Wer euch aufnimmt, nimmt auch mich auf" (Matth. 10, 40). Inwieweit im Mittelalter das Gebot der Gastfreundschaft von jedem Einzelnen befolgt wurde, lässt sich kaum nachvollziehen, wohl aber, ob kirchliche Gemeinschaften ihm entsprachen. Wie schon der Klosterplan von St. Gallen aus der Zeit um 820 zeigt, gehörten neben verschiedenen Wirtschaftsgebäuden auch Gästehäuser zu den Bauten einer Ordensgemeinschaft. Wie es die herrschende Gesellschaftsordnung verlangte, waren die Gasthäuser grob nach Ständen unterschieden. Auf hochgestellten Besuch wartete eine Unterkunft mit einem gewissen Komfort, wie zum Beispiel einer Heizmöglichkeit und Latrinen, oder den Gästen wurden sogar Räumlichkeiten im Haus des Abtes zur Verfügung gestellt, während das einfache Volk in einer entsprechend schlichteren Herberge unterkam. Reisten die Herrschaften mit großem Gefolge an, so dass die Gästezimmer und Lager nicht ausreichten, stellte man mitgebrachte oder klostereigene Zelte auf. Für die unentgeltliche Verpflegung mit entsprechenden Unterschieden waren ebenso die Klöster zuständig. Von den Reisenden wurden verständlicherweise besonders solche Klöster geschätzt, die auch in abgeschiedener Lage Obdach und Gastfreundschaft boten.

Seit der Jahrtausendwende entwickelte sich vor allem in den Städten ein neues Beherbergungswesen, das durch Spenden und Stiftungen finanziert wurde. Bürger, Städte, Ritterorden oder Bruderschaften errichteten Spitäler, auch Hospize genannt, und unterhielten diese. Die Hospize dienten einerseits der Pflege Kranker, andererseits konnten Reisende hier eine Unterstützung ähnlich derjenigen in einer Klosterherberge erwarten. Klosterherberge wie auch Hospiz ermöglichten es selbst der ärmeren Bevölkerung, weite Reisen zu unternehmen.

Bliebe noch die dritte Kategorie von Beherbergungsbetrieben zu nennen, die der kommerziellen Gasthäuser. Hier reichte das Spektrum von der einfachsten Bleibe, in der jeder Gast sein Essen selbst zubereiten musste, bis zur Nobelherberge des späten Mittelalters mit allem Komfort, bester Küche und nicht minder guter Unterbringung von Tieren und Fahrzeugen.

Das Reisen wurde im Mittelalter gar zum Ideal, so Robert Plötz: „Nach der ersten Hälfte des 11. Jahrhunderts gewinnt dieser Vorgang der Mobilität sowohl quantitativ als auch qualitativ ein anderes Aussehen. Soziale und religiöse Änderungen und Ideen, eine neue Art von Volksfrömmigkeit, rechtliche Neuerungen, technischer und wirtschaftlicher Aufschwung und viele Komponenten mehr, ... führten zu einer Allgemeinheit und Vielfältigkeit dieses Umherziehens wie in keiner Zeit zuvor. Fast in jeder sozialen Schicht, auch das ist eine wesentliche Neuerung, wird das Umherstreifen, das Wandern, die Suche zu einer Notwendigkeit, einer Gewohnheit, einem Ideal" (in: Caucci von Sauken 2003, S. 28 f.).

Auch vor großen Distanzen schreckte man trotz aller Mühsal kaum mehr zurück. Man wanderte zu Fuß durch halb Europa, um sein Ziel zu erreichen. Dabei wählten die Pilger nicht unbedingt den kürzesten Weg, oft nahmen sie auch Umwege in Kauf, um andere heilige Stätten und Reliquien zu verehren. Konnte sich ein Pilger eine etwas komfortablere Fortbewegung leisten, stieg er auf einen Esel. Nach dem Vorbild Jesu, der auf einer Eselstute in Jerusalem eingezogen war, wurde dieses Tier von Pilgern, wandernden Mönchen und anderen Anhängern der mittelalterlichen Armutsbewegung benutzt. Das Pferd galt dagegen – nicht nur bei einer Pilgerfahrt – als standesgemäßes Reittier des Adels, der Ritter und Bischöfe. Konnte ein Wanderer am Tag 20, 25 Kilometer zurücklegen, schaffte man zu Pferde bei guten Wegverhältnissen bis zu 60 Kilometer. Eine Reise Bischof Bernwards von Hildesheim nach Rom an der Jahreswende 1000/1001 belegt eindrücklich, wie langwierig eine solche Unternehmung trotz guter Pferde immer noch war. Für die Hinreise, die ihn über Trient führte, benötigte Bernward etwas mehr als zwei Monate, vom 2. November 1000 bis 4. Januar 1001. Die Rückreise durch das obere Rhônetal dauerte vom 16. Februar bis zum 10. April desselben Jahres. Die Streitigkeiten um das Gandersheimer Damenstift müssen dem Bischof sehr drängend erschienen sein, denn eigentlich vermied man im Winter die gefährliche Überquerung der Alpen.

Reiterzüge, aber auch Fußgruppen konnten Pack- oder Saumtiere mit sich führen, die Gepäck und Waren in unwegsamem Gelände trugen. In Gebieten, die leidlich befahrbare Wege und Straßen besaßen, wurden für den Gepäcktransport Wagen genutzt. Selbst in einem Wagen zu fahren, galt für einen adeligen Herrn als Zeichen von Schwäche, und dem einfachen Manne stand ohnehin kein Gefährt zur Verfügung. So überließ man das Fahrzeug großzügig den vornehmen Damen, Alten und Kranken, wenn diese sich nicht in einer Sänfte tragen lassen wollten. Gefangene wurden aus Sicherheitsgründen ebenfalls in einem Wagen transportiert.

Die bequemste Art der Fortbewegung war die Fahrt mit einem Kahn oder Schiff. Bei der Talfahrt ließ man die Boote einfach treiben und konnte so bei guten Bedingungen auf einem großen Fluss wie dem Po oder dem Rhein am Tag 100 bis 150 Kilometer zurücklegen. Bei der Bergfahrt mussten die Boote getreidelt werden. Dann bestimmten Pferde, Ochsen, aber auch Menschen als Zugkräfte das Tempo. Pferde konnten es beim Treideln immerhin auf eine Tagesleistung von 15 bis 20 Kilometern bringen. Leinpfade erinnern bis heute an diese historische Art der Fortbewegung. Bei günstigen Windverhältnissen wurden auf den Flussschiffen außerdem die Segel gehisst.

Eine Seereise garantierte im Mittelalter keinesfalls ein zügiges Vorwärtskommen, denn man segelte stets die Küsten entlang. Es fehlte noch an Seekarten, die einen kürzeren Weg erlaubt hätten, und zur Versorgung mit Trinkwasser und frischen Lebensmitteln war ebenfalls ein Landgang nötig. Bei schwerem Wetter bot eine Bucht den besten Schutz. Selbst für eine gewöhnliche Übernachtung zog man nach Möglichkeit eine Unterkunft an Land vor. Auf diese Weise entgingen die Reisenden der am frühen Morgen aufsteigenden Kälte und dem Nebel genauso wie dem Gestank an Bord, „der bei Hitze und Flaute aus dem Bilgenwasser, dem im Schiffrumpf über dem Kiel stehenden Wasser, aufstieg, dem penetranten Gestank von Rattenurin, der einem im Schiffzwieback entgegenschlug, schließlich dem fauligen Trinkwasser aus den Fässern" (nach Ohler 1986, S. 69). An Land ließ sich zudem die Position besser bestimmen als auf dem schwankenden Schiff, wo Messungen der geographischen Breite zu Fehlern von bis zu 5 Grad führen konnten. Es verwundert folglich nicht, dass beispielsweise die Fahrt von Lübeck nach Bergen in der Regel drei bis vier Wochen dauerte, und dies bei einer reinen Segelzeit von nur etwa neun Tagen! Diese Route war im Übrigen für den europäischen Handelsverkehr von großer Bedeutung. Trotz aller Unwägbarkeiten gab es jedoch Erfahrungswerte für die verschiedenen Strecken, mit „diesen mußten weltliche und geistliche Obrigkeiten, Personen und Korporationen rechnen können, die häufig Eilnachrichten zu übermitteln hatten" (ebd., S. 140). Nebenbei wird hier deutlich, dass Boten eine der wichtigsten Gruppen unterwegs waren.

Im späten Mittelalter und in der frühen Neuzeit setzten sich verschiedene Verbesserungen durch, die sich vorteilhaft auf die Sicherheit der Reisenden und die Reisegeschwindigkeit auswirkten. Der vermehrte Bau von Straßen und Brücken, die Einrichtung von Pferdewechselstationen und ein regelmäßiger Fährverkehr über viele Flüsse half, die durchschnittliche Kilometerleistung pro Tag zu steigern. Bei der großen Bedeutung des Pferdes für den Transport von Menschen und Waren überrascht es nicht, dass Weiterentwicklungen in diesem Zusammenhang von besonderem Wert waren. Die Zucht leistungsfähigerer Tiere stand auf der einen Seite, die bessere Anpassung der Ausrüstung an die Bedürfnisse auf der anderen: Das Kummet, ein steifer, gepolsterter Ring, verteilte den Druck auf Brustkorb und Schultern des Pferdes oder eines anderen Zugtieres und brachte so seine Zugkraft voll zur Entfaltung. Hufeisen schützten die Hufe vor Abrieb und sorgten in vielen Situationen für größere Trittsicherheit. Steigbügel und ein gepolsterter Sattel machten einen langen Ritt bequemer und sicherer.

Die Fahrt ins Bad

Viele Ortsnamen erinnern auch heute noch an den mittelalterlichen Badetourismus. Die Bezeichnungen „Wildbad" oder „Kaltbad" lassen unschwer erahnen, wie es im Allgemeinen um das historische Kur-Ambiente bestellt war! Das mittelalterliche Bad Pfäfers im Schweizer Kanton St. Gallen macht dem Titel „Wildbad" noch immer alle Ehre. Der älteste Badeplatz befand sich in der engen Taminaschlucht, dem „schrecklichen Ort tiefster Verlassenheit, dem Acheron oder stygi-

2

Bad Pfäfers, Taminaschlucht. Das austretende Thermalwasser sorgt für angenehme Wärme, wie man sie an einem solchen Ort gar nicht erwarten würde.

schen Sumpfe gleich" (Pfiffner-Eckert 1999, S. 14), so ein Reisender des 14. Jahrhunderts mit Kenntnissen der antiken Unterwelt (Abb. 2). Auch der Nürnberger Meistersinger und Barbier Hans Folz beschreibt in seinem „Bäderbüchlein" (um 1491) die unverwechselbare Lage:

„Pey Kur (Chur) nit ferr ein wildpad ist,
Leyt pey Sant Benedicten, wist,
Genannt Pfeffers, diff in einr grufft,
do tages licht noch windes tufft
Gar fast wenig gemerckt wird" (Vers 554 – 557).

Als Badebecken wurden vom Wasser ausgespülte Nischen genutzt, die nur noch mit einem kurzen Mäuerchen umschlossen werden mussten, wie zum Beispiel das Magdalenenbad. Daneben meißelte man aber auch Wannen aus dem Felsen. Doch nicht das Wildwasser der Tamina, sondern die in der Schlucht austretende Thermalquelle mit einer Temperatur von ca. 36° Celsius lockte die Kranken und ließ sie die beschwerliche Reise ins Bad „Pfeffers" antreten. Selbst das letzte Stück des Weges bedeutete ein Abenteuer und mühseliges Unterfangen: Vom Kloster Pfäfers gelangte man auf einem Fußweg an den oberen Rand der Schlucht und musste dann über steile Treppenstufen und hängende Leitern in den „Orcus" hinuntersteigen. Wem dies nicht möglich war, der wurde in Netzen oder Körben in den Kurbereich hinuntergelassen. Der Weg durch den Badtobel, auf dem man heute in einer Stunde Wanderung von Bad Ragaz zum unteren Ausgang der Taminaschlucht gelangt, existierte im Mittelalter noch nicht.

Die Geschichte von Bad Pfäfers beginnt in der Mitte des 13. Jahrhunderts, als der Legende nach ein Vogelfänger des Benediktinerklosters Pfäfers die Thermalquelle entdeckte. Die Mönche übernahmen daraufhin die Organisation des Badebetriebs zur Hälfte selbst, den anderen Teil vergab Abt Johann II. von Mendelbüren als Lehen an die Gebrüder Camauritzi aus Valens. Mit nicht viel mehr als

3

Bad Pfäfers, Badegebäude in der Taminaschlucht (Stich von Matthäus Merian, 1654). Der Stich zeigt die mittelalterlichen Holzbauten in der engen Schlucht und den zu Merians Zeiten gerade eröffneten barocken Badebau am Berghang.

den Wasserbecken im Fels startete der Kurbetrieb. Nach überstandener Anreise saßen die Heilungsuchenden die ihnen verordnete Badezeit, die schon einmal 120 Stunden betragen konnte, oftmals an einem Stück ab – ein Verhalten, das auch in anderen Bädern mit bequemeren Schlafmöglichkeiten häufiger anzutreffen war. Johannes Stumpf berichtet im Jahre 1548: „Das tobel ist noch heuttigs tags unwegsam, kleine ellende heüssle sind darinn, die man allein Summers zeyt bewonet. ... Da in diesem finsteren loch kein fröud noch kurtzweyl um Bad, darinn ligt man tag und nacht" (Treichler 1980, S. 109). Auf diese Weise ließen sich Zeit und vor allem Übernachtungskosten sparen. Manchmal hatte diese Sparsamkeit allerdings unerwünschte Folgen: „suffocatus in balneo", wie mittelalterliche Quellen überliefern, „im Bad ertrunken". Da war ein schlafender Kurgast im Becken sitzend tiefergerutscht und niemand hatte es rechtzeitig bemerkt. Eine nach heutigem Verständnis übertriebene Ausdauer beim Baden galt aber als Voraussetzung für eine erfolgreiche Kur. Erst wenn sich ein Ausschlag einstellte und die Haut schließlich aufplatzte, konnten die Krankheiten durch diese Öffnungen aus dem Körper gespült werden, glaubte man.

Im ausgehenden Mittelalter wurde die Ausstattung des Bads verbessert, indem man Stämme in der Schlucht verkeilte und darauf Hütten errichtete (Abb. 3). So war es den Gästen möglich, die Nächte in Sicherheit zu verbringen, auch wenn sie sich nicht täglich auf den mühsamen Weg zur Klosterherberge machen wollten. Außerdem waren sie nicht mehr gezwungen, alle Mahlzeiten im Wasser sitzend einzunehmen. Neben dem geistlichen Beistand der Mönche konnte Bad Pfäfers ab 1535 auch die Dienste des berühmtesten Badearztes jener Zeit anbieten. Theophrastus Bombastus Paracelsus von Hohenheim (1493 bis 1541) wirkte als erster Badearzt an der Pfäferser Therme und veröffentlichte unter dem Titel „Vom Ursprung und Herkommen des Bads Pfeffers in Oberschweitz gelegen / auch seiner Tugend / krafft und würkung / Regiment und ordnung / allen denjenigen sehr nuzlich und hoch vonnöten zu wissen / darnach sich zuhalten" (erschienen 1576 in Basel) detaillierte Indikationen und Behandlungsvorschriften für das Thermalwasser in der Taminaschlucht. Im frühen 17. Jahrhundert sollte sich der Kurbetrieb vor den Eingang zur Schlucht verlagern. Die Mönche waren es wohl leid, alljährlich die Hütten zwischen den Felsen zu erneuern, wenn diese im Frühjahr durch die Schneeschmelze, herabstürzende Felsbrocken oder Eisplatten beschädigt worden waren. Im Jahr 1631 legten die Mönche den Grundstein für ein barockes Badegebäude. Damit begann eine neue Epoche in der Bädergeschichte der Ostschweiz. Als eindrucksvolles Zeugnis vergangener Badefreuden steht noch heute am Übergang vom Badtobel zur Taminaschlucht das restaurierte Alte Bad Pfäfers, der einzige erhaltene barocke Bäderbau der Schweiz.

Ein kleiner Nachtrag zur Definition von „Wildbad": Im Mittelalter bezeichnete man mit „Wildbad" ein Bad im Freien, in der Natur, im Gegensatz zum städtischen Badehaus. Andere Quellen sehen das wesentliche Merkmal in der natürlichen Wärme des Wassers, so dass das „wilde" Wasser zum Baden nicht erst erhitzt werden musste. Heute meint die Balneologie mit „Wildbad" eine sogenannte Akratotherme, ein an gelösten mineralischen Substanzen armes Wasser. Bad Ragaz, in der Nachfolge von Bad Pfäfers aus derselben Thermalquelle gespeist, besitzt die wasserreichste Akratotherme Europas mit einer maximalen Schüttung von 1 Million Kubikmeter/Jahr je nach Niederschlagsmenge.

Aus der verständlichen Vorliebe für wohltemperierte Bäder mit Thermalwasser darf jedoch nicht gefolgert werden, dass der Kurgast des Mittelalters nicht auch in kälterem Wasser Heilung gesucht hätte. Als Beispiel hierfür mag Rigi Kaltbad oberhalb des Vierwaldstätter Sees dienen (Abb. 4). Ebenfalls in der Hochgebirgslandschaft gelegen, hat hier ein historischer Badeplatz die Jahrhunderte fast unverändert überdauern können. 1540 wird „Unser lieben Frauen Brunnen" vom „Kalten Bad" erstmals erwähnt. In 1440 m Höhe tritt in einem

4

Rigi Kaltbad, Quellenbereich. Der Legende nach hatten sich einst drei Schwestern auf der Flucht vor vagabundierenden Söldnern hierher zurückgezogen. Benötigte man Hilfe oder medizinischen Rat, waren die Frauen stets zur Stelle. Als sie gestorben waren, leuchteten auf ihren Gräbern helle Lichter. Daraufhin baute man eine kleine Kapelle, neben der bald eine Quelle, Schwesternborn genannt, aus dem Boden sprudelte.

Geviert aus haushohen Felsen eine kalte Quelle zu Tage. Ihr Wasser, „das von so scharfer und übermäsziger Kälte, dasz ein Hand nur wenig darin zu halten" (Bucher 1979, S. 29), wurde einst in einen nahen Badetrog geleitet. Gleich neben dem Trog errichtete die Pfarrgemeinde von Weggis zwischen 1556 und 1585 eine Kapelle, die in das Baderitual mit einbezogen wurde, wie die Zürcher Gebrüder Scheuchzer im Jahr 1676 berichten: „... von den benachbarten Landleuten auch noch heutigen Tags, ... für Haubt- und Ruggenweh gebrucht, indem sie sich in den Trog hineinlegend, drümal sich darin umwänden, darnach um die Capellen herumgehen und darinnen 5 Pater noster, 5 Ave Maria und 1 Credo sprächend" (ebd.). Während Bad Pfäfers im 16. Jahrhundert bereits Gäste aus der gesamten Schweiz empfing und mit der Eröffnung des Barockbades später sogar ein europäisches Publikum anlockte, zog es ins Kaltbad vor allem die Bevölkerung der näheren Umgebung.

Auch wenn Bad Pfäfers und Rigi Kaltbad enge Verbindungen zur Kirche unterhielten, so war dies jedoch keineswegs typisch für den mittelalterlichen Badebetrieb, sondern bildete eher die Ausnahme. Was aber nicht bedeuten soll, dass sich die Kirchenmänner jener Zeit nicht auch um die Nähe zum heilenden Wasser oder um die Förderung des Badebetriebs bemüht hätten. So besiegelte zum Beispiel der Walliser Mathäus Schiner, seines Zeichens Bischof von Sitten, 1501 notariell, dass er die schon existierenden Badeeinrichtungen im oberen Dalatal ausbauen und neue Badehäuser und einen Gasthof errichten lassen wollte. Damit waren die Weichen für die Gründung von Leukerbad und eine mehr als 500-jährige Geschichte als Badeort im schwer zugänglichen Hochgebirge gestellt (Abb. 5). Der Bischof und spätere Kardinal betätigte sich nicht nur in der Wirtschaftsförderung für das Kurwesen, sondern begleitete seine Gäste sogar persönlich nach Leukerbad.

Mit den genehmen und den weniger genehmen Badegästen beschäftigte sich die Volksversammlung von Leukerbad bereits im Jahr 1533 und beschloss, dass die „Prokuratoren mit dem Officiarius oder judex balneorum" (Knoll 2001, 27) diejenigen Gäste des Dorfes, die keine Kur machen, arbeiten oder jemanden besuchen wollten, nach drei Tagen zur Abreise auffordern sollten, damit nichts Böses geschehe. Mit solchen Aufenthaltsbeschränkungen wollte die Gemeinde vermeiden, dass unerwünschtes Volk nach Leukerbad kam. Ein Bad konnte nämlich wie kirchliches Terrain auch als Asyl genutzt werden. Gesetzesbrechern hätte man deshalb Unterschlupf gewähren müssen, solange sie sich unter dem Dach eines Bades befanden.

Gerade einmal acht Jahre später erschien die erste Liste der Krankheiten und Unpässlichkeiten, die einen Besuch der Thermae Leuk geraten sein ließ. 1541 preist Sebastian Münster die Vorzüge des Thermalwassers: „Es dienet dem duncklen gesicht und triefenden Augen ..., dem fluss der nasen, der schwachen lungen und dem blöden magen" (Salzmann/Fellmann 1964, S. 27). Johannes Stumpf beschreibt 1548 in seiner „Schweizer Chronik" die abführenden Kräfte des Thermalwassers: „So man das Badwasser trinckt, reinigt und laxiert es den bauch" (Arnold 1979, S. 348). Damit ist der Autor jedoch seiner Zeit um einiges voraus, denn heilendes Wasser wurde im Allgemeinen äußerlich angewendet. Trinkkuren sollten erst im Laufe des 18. Jahrhunderts in Mode kommen. Bedenkt man jedoch das stundenlange Sitzen im Badebecken in geselliger Runde, mag eine Badekur auch ohne innerliche Anwendung zu ähnlichen Nebenwirkungen geführt haben!

Während sich in Leukerbad die Bischöfe von Sitten als Förderer und Gäste des Bads hervortaten, zeigen die Anfänge von Bad Ems, dass andernorts auch weltliche Herren die Nähe heilender Quellen suchten (Abb. 6). Auf dem rechten Ufer der Lahn errichteten im 14./15. Jahrhundert die Landgrafen von Hessen-Darmstadt über dem Kränchen-Brunnen ihre Badehäuser, die Grafen von Nassau taten in der Nachbarschaft über dem Kessel-Brunnen ein Gleiches. Nur wenig die Lahn aufwärts sollte sich der Mainzer Erzbischof 200 Jahre später mit dem sogenannten Mainzer Hof ebenfalls eine Dependance bauen lassen.

1382 ist in den Urkunden die Rede von einem „Thurne ubir dem bade", einem steinernen Bau, der schon wegen des wertvollen Baumaterials zu den repräsentativen Gebäuden in Ems gehörte. Damit besaßen die Grafen von Nassau das älteste Badehaus an den Emser Heilquellen, das im 15. Jahrhundert weiter ausgebaut wurde und dem weitere Bäder folgen sollten. Für 1479 sind schon drei Bader als Pächter in Ems überliefert, die

5

Leukerbad (Holzschnitt aus Sebastian Münster: Kosmographie, Basel 1550). Verglichen mit Bad Pfäfers und Rigi Kaltbad hatte Leukerbad offensichtlich schon eine freundlichere Atmosphäre zu bieten, wie im „Badenfahrtbüchlein" des Doktor Pictorius nachzulesen ist: „Münsterus sagt, dass dieses Bad in einer sehr heiteren Umgebung mit vielen schönen Wiesen ringsum liegt; es ist ein großes Bad, mit Wasser, das fast so heiß ist, dass man darin Eier kochen und Hühner brühen kann" (Pictorius 1560, S. 84).

6

Bad Ems, ehemaliges Schloss (heute Kurhotel). Über den Quellen, die man schon im Mittelalter nutzte, wurde im frühen 18. Jahrhundert das Schloss errichtet. Im Erdgeschoss befindet sich eine Wandelhalle mit drei Quellaustritten, darunter auch das bekannte „Emser Kränchen". Der östliche Gebäudetrakt erinnert mit seinem Namen „Kaiserflügel" an die häufigen Besuche deutscher Kaiser.

deutlich höhere Abgaben zu leisten hatten als der 1438 zuerst genannte Pächter: ein Indiz für die guten Geschäfte und eine Nachfrage, die weit über die Grafenfamilien und ihre Gäste hinausging.

Nicht nur adelige und wohlhabende Herren besuchten das Bad, auch weniger Begüterte erhielten dazu Gelegenheit – natürlich in einem „Güdeludebadt" (1473 erwähnt), dem ersten Armenbad. Dieser Personenkreis profitierte von Spenden, wie den sogenannten Seelenbädern, mit denen Wohlhabende Geld für Armenbäder stifteten. Eine andere Möglichkeit, den Badebetrieb für Bedürftige zu finanzieren, bestand darin, einmal in der Woche bei den betuchten Gästen eine Sammlung durchzuführen. 1492 kostete ein Bad in Ems 2 Schillinge, so viel wie eine Mahlzeit aus Wein und Weißbrot in einer örtlichen Schänke. Ende des 15. Jahrhunderts ist bereits ein weiteres Armenbad in Wildbad im nördlichen Schwarzwald bekannt. Auch in den folgenden Jahrhunderten werden immer wieder Armenbäder in Kurorten erwähnt, wie zum Beispiel in Baden-Baden, Karlsbad, Schinzach, Bad Pfäfers oder Leukerbad.

Schon im Mittelalter reiste man aber nicht nur wegen seiner Leiden ins Bad. Das gesellige Leben trug wohl auch seinen Teil zur Gesundung bei. Historische Abbildungen vom Treiben in und um die Becken und Zuber belegen ebenso wie schriftliche Dokumente, dass Vergnügen und Unterhaltung zum Alltag im Bad gehörten. Da soll man doch, so Hans Folz, mehr zum Vergnügen denn um der Gesundheit willen nach Ems gereist sein! Das lange Sitzen im Wasser bot reichlich Gelegenheit für Ablenkungen, da man bekanntlich stets in geselliger Runde, Männlein und Weiblein gemeinsam, sein Bad nahm (Abb. 7). Voraussetzung für das Dauer-Baden war die Versorgung der Gäste mit Speis und Trank. Bretter wurden quer über die Beckenränder gelegt oder die Beckenränder waren gleich so breit, dass man auf ihnen Geschirr abstellen konnte. Aber auch schwimmende Tabletts ließen sich für das Mahl im Bade nutzen. Einfache und leichte Speisen empfahl Pictorius, der die von Hippokrates überlieferten Empfehlungen noch etwas weiter ausführte. So rät der um 1500 in Villingen geborene Arzt und Schriftsteller den Badenden im IX. Kapitel seines „Badenfahrtbüchleins“: „... sie sollten also essen: Zwiebel, Rettich, Knoblauch, Senf, gepfefferte oder gewürzte Speisen, Hirsch-, mageres Rind-, Hasen- oder Ziegenfleisch, Wasservögel, alte Tauben, alte Hasen, Köpfe, Gekröse, Plötze [Fische], junge Tauben, Fische aus Weihern, Milch, Salat und dergleichen, besonders das richtig gehefte und durchgebackene Brot, nicht zu frisch oder altgebacken, Kalb, Lamm, Zicklein und junge Hammel, Waldvögel, Frischlinge, junge Rehe, junge Hasen, junge Tauben, Schuppenfische aus fließendem Wasser, frische weich gekochte oder in Wasser gestockte Eier, Erbsbrühe, Gersten-, Reis- und geröstete Hafersuppen, alles mit Fleischbrühe, angemachten Salat und Rosenmus und was sonst noch an einfacher Speis vorhanden wäre“ (Pictorius/Becker 1560/1980, S. 21/55). Zu dieser „diet“ sollte man einen leichten Weißwein oder eine ziemlich dünne Schorle nehmen. Dagegen warnt der fürsorgliche Medikus davor, beim Baden oder nach dem Herausgehen kaltes Wasser zu trinken – es drohe „Wassersucht“! Hatte man die „Tische“ im Bad abgeräumt, konnte man sie für Brett- und Kartenspiele nutzen. Gaukler und Musikanten unterhielten vom Beckenrand aus die Badegäste oder sie saßen gleich mit im Wasser.

Trotz alledem regelten Badeordnungen das Treiben rund ums heilende Wasser. Auch wenn historische Abbildungen zuweilen einen anderen Eindruck vermitteln, galt es, korrekt bekleidet ins Bad zu steigen. Dazu gehörten weit ausgeschnittene Schürzen, sogenannte Bad-Ehren, die von Badenden beiderlei Geschlechts getragen werden konnten. Die Männer hatten dazu gelegentlich den „Bruoch“, eine Leinenhose, an. Die Dame stieg mit einem Badehemd bekleidet oder mit einem großen Tuch, das sie um den Körper gewickelt hatte, ins Wasser. Unverzichtbar war ein Kopfputz, eine Haube oder ein Badehut. Den dezenten Hinweis auf ihren Wohlstand konnte sich die badende Dame oftmals nicht verkneifen: Schmuck hängte sie sich reichlich um – schließlich hatten die anderen während des Badens reichlich Zeit, diesen gebührend zu bewundern!

Mit Hilfe der beiden Badebücher von Folz und Pictorius lässt sich die europäische Badelandschaft des ausgehenden Mittelalters grob umreißen. Der Nürnberger Meistersinger Folz nennt 20 außerdeutsche Bäder in Italien, der Südschweiz, Frankreich, Spanien und Ungarn, wie zum Beispiel „Viterb“,

7

Gesellige Runde im Badebecken (Titelholzschnitt von Laurentius Phries: Traktat der Wildbäder, Straßburg 1519). Eine Reihe von Regeln bestimmte den Alltag im Bad. In gewisser Weise war man jedoch freizügiger als heute und so riet der besorgte Badearzt dem Kurgast, „während er badet, die Werke der Liebe nicht zu oft aus [zu]üben, denn Avicenna sagt: ... das Bad vernichtet durch resolutio [Auflösung] einen Teil der Lebenskraft und so schwächen die Werke der Liebe die Versorgung mit Nahrung, durch die die festen Gliedmaßen ernährt werden sollen“ (Pictorius 1560, S. 45).

8

Bad Plumers (Holzschnitt aus Konrad Gesner: Buch über die Bäder, Venedig 1553). Nach Pictorius verdankt das Bad (heute Plombières-les-Bains) seinen Namen dem Blei, „jenes Blei, über welches das Wasser fließt und alle, die darin baden, schwarz gefärbt werden und das die nachhaltige Heilung bewirkt, ..., nämlich bei der bösen Räude und Geschwüren, Anfang der Krankheit, Krebs, Fisteln, hartnäckigen Flechten, Wolf und dergleichen mehr ...“ (Pictorius 1560, S. 56).

„Phison“, „Kassian“ und „Lanella“, oder er führt Bäder ohne eigenen Namen an, indem er eine Stadt in ihrer Nähe benennt. Vertrautere Namen tauchen in seiner Aufzählung von Bädern in den weitgehend deutschsprachigen Ländern auf: so in Österreich Töplitz in der Steiermark, Baden bei Wien und Bad Gastein; in der Schweiz Bad Pfäfers, Leukerbad und Baden im Aargau; in deutschen Landen Baden-Baden, Wiesbaden, Bad Ems, Bad Liebenzell und als einziges der böhmischen Bäder Karlsbad. Die meisten Zeilen widmet der Autor Baden in der Schweiz. Ausführlich schildert er dabei die Vergnügungen: „Tanzen, Springen, Steinstoßen, Laufen, Fechten, Ringen, Seitenspiel [Saitenspiel], Pfeifen, Singen, Sagen, einander viel Sachen fragen, Liebkosen ...“ (Folz, um 1492, Vers 617 ff.). Die Heilkraft der Quellen und die medizinischen Indikationen scheinen ihn bei seinem Loblieb weniger interessiert zu haben.

Dagegen geht es Doktor Pictorius in seinem „Badenfahrtbüchlein“ mehr um die medizinischen Aspekte des Badelebens. Bei seinen Beschreibungen der Bäder legt er größeren Wert auf die Heilanzeigen. Auch er beschäftigt sich überwiegend mit den bekannteren Bädern, „die in vielen Orten der deutschen Lande existieren“ (Pictoris/Becker 1560/1980, S. 56), beginnt aber mit Bad Plumers (heute Plombières-les-Bains) in den „Lothringer Bergen“, den Vogesen. Ein Holzschnitt aus dem Jahr 1553 gibt ein detailliertes Bild von einem möglicherweise typischen Badeort des ausgehenden Mittelalters (Abb. 8). Ein großes ummauertes Becken, das in den Ausmaßen durchaus einem modernen Schwimmbecken entspricht, aber nur mit etwa knietiefem Wasser gefüllt ist, bildet den Mittelpunkt des Badeorts. Bemerkenswert sind die an die Mauern gelehnten Bretter oder kleinen Pultdächer, die es den Badenden erlauben, trockenen Hauptes und Oberkörpers im Wasser zu sitzen. Ein Schutz vor der Sonne mag bei stundenlangem Baden auch angebracht gewesen sein und im Schatten ließ sich außerdem leichter ein Nickerchen halten. Rund um das Becken, das sein Wasser aus einer Leitung empfängt, herrscht reger Verkehr. Eine zweispännige Kutsche bringt neue Gäste mit Gepäck, das in einer Art Kofferraum verstaut ist. Reiter nähern sich, ein Wanderer mit Rucksack, mehrere Kranke mit Krücken. Schaulustige am Beckenrand bevölkern den öffentlichen Badeplatz. Rund um das Becken steht ein Gasthaus neben dem anderen, wie unschwer an den Schildern zu erkennen ist. Hochbetrieb scheint in den Küchen zu herrschen, denn aus allen Schornsteinen steigt Rauch auf – also ein mittelalterlicher Kurort zur Hochsaison? Diesem Holzschnitt auffallend ähnlich ist eine Abbildung des „Kurzentrums“ von Aargau aus dem Jahr 1548. Handelt es sich bei den Darstellungen vielleicht um den Prototyp

9

Bath, römische Therme. Das Becken des Großen Bades war mit Bleiblechen ausgekleidet, um das Thermalwasser vom kalten Grundwasser zu trennen. Stufen an allen vier Seiten des Beckens erleichterten es den Badegästen, ins angenehm warme Nass zu steigen.

eines mittelalterlichen Badeorts? Die Liste der 38 von Pictorius erwähnten Badeorte reicht von Antogast (Oberkirch), Achkarren, Badenweiler bis Wattwyl (Elsass), Wiesbaden, Zuggental (Suggental bei Waldkirch), Zellerbad (Bad Liebenzell) und Zollerbad in Feldkirch.

Die Badegeschichte im Italien des 13. Jahrhunderts lässt sich ein Stück weit am Beispiel Friedrichs II. erzählen: Petrus de Ebulo verfasste um 1210 eine illuminierte Handschrift über die Bäder von Pozzuoli und Bajae, die er dem Staufer widmete. Das reiche Thermalwasservorkommen am Golf von Neapel wurde im Mittelalter allein an 35 Orten genutzt. Im Unterschied zu den Regionen nördlich der Alpen und dem Hochgebirge ist für diese süditalienischen Bäder eine durchgängige Tradition seit der Antike dokumentiert (vgl. Kiby 1995, S. 277). Als Badegast trat Friedrich II. auch in der Toskana in Erscheinung, wo er die Bagni di Lucca besuchte. Der Beginn der medizinischen Bäderkunde ist eng mit den Heilquellen des toskanischen Montecatini verbunden. 1417 beschrieb der Arzt Ugolino de Montecatini in seinem Buch „De Balneorum Italiae proprietatibus" die therapeutischen Eigenschaften und Indikationen dieser Quellen, die er besonders Leberkranken empfahl. Einen wesentlichen Ausbau der Badeeinrichtungen sollte Montecatini jedoch erst im 15./16. Jahrhundert unter Florentiner Herrschaft erleben. Die Medici gehörten mit den Gonzaga, den Fürsten von Mantua, und bedeutenden Kirchenmännern, wie zum Beispiel Papst Pius II., auch zu den Gästen an den heißen Quellen von Petriolo. Die erste Erwähnung der Bagni di Petriolo geht auf das Jahr 1230 zurück, als die Gemeinde von Siena den Notar Bonfilio beauftragte, eine Liste mit Personen zu erstellen „qui iverant ad balneum" („die beim Bade ertranken"). Bereits 1215 engagierte sich die Republik Siena im Kursektor, indem sie mit sogenannten „stationes" eine Art Badehütten unterhielt.

Ein Blick auf England zeigt, dass sich dort mit Ausnahme von Bath, das seine Tradition aus der Römerzeit bewahren konnte, im Mittelalter noch kein Bade-Tourismus entwickelt hatte, der mit dem auf dem Kontinent vergleichbar gewesen wäre (Abb. 9). Die bedeutenden historischen Bäder der Briten entstanden erst Ende des 16./Anfang des 17. Jahrhunderts. 1571 wurden die Quellen von Harrogate entdeckt, 1606 diejenigen von Tunbrigde Wells und 1618 diejenigen von Epsom. Im Deutschen Reich sollte die Badekultur mit dem Dreißigjährigen Krieg ihren Niedergang erfahren. In Frankreich dagegen lebte, wie Vichy und Forges-les-Eaux es belegen, die Badetradition der Antike nach einer jahrhundertelangen Unterbrechung gerade im 17. Jahrhundert wieder auf.

Fromme Leute unterwegs

„Wahrlich ich sage euch: Niemand verläßt um meinetwillen und um des Evangeliums willen Haus, Bruder, Schwester, Mutter, Vater, Kind oder Acker, ohne daß er alles hundertfach wiedererhält: schon jetzt in dieser Welt – wenn auch unter Verfolgungen – Haus, Bruder, Schwester, Mutter, Kind und Acker, und in der zukünftigen Welt das ewige Leben" (Markus 10, 29 – 30). Diese Bibelverse sollten bereits in der Spätantike die ersten Pilger zum Aufbruch bewegen, bevor sich im Mittelalter immer mehr Menschen auf den Weg ins Heilige Land machten, um das Grab Christi aufzusuchen (Abb. 10). Zunächst unternahmen nur die oberen Gesellschaftsschichten und der Klerus die weite Reise nach Palästina, die zur Zeit Konstantins aufkam und im 6. Jahrhundert bereits recht verbreitet war. Für den gewöhnlichen Christen lag Jerusalem am „Rande der Welt", denn der Mittelpunkt des westlichen Christentums war Rom. Nach der Jahrtausendwende sollte sich dies grundlegend ändern: „Die eschatologische Verklärung Jerusalems als Symbol der jenseitig vollendeten Kirche, die Verbindung von Pilgerzug und Kreuzzugsidee, die Öffnung des Landweges über Ungarn und dessen Betreuung durch König Stephan sowie eine Kommerzialisierung des maritimen Verkehrs nach Jerusalem, vor allem durch die Inselrepublik Venedig, führten in Verbindung mit einer größeren Freizügigkeit und Beweglichkeit auch der unteren Schichten dazu, daß die religiös motivierten Gläubigen verstärkt ab dem 11. Jahrhundert nach Palästina aufbrachen, um die heiligen Stätten zu besuchen und dort zu verweilen" (Caucci von Sauken 2003, S.21). Aber im Jahr 1291 eroberten die Mameluken mit Akkon das letzte christliche Bollwerk im Heiligen Land, und die Christen mussten ihre letzten Besitzungen Tyrus, Sidon und Beirut räumen. Dadurch wurde das Heilige Land für christliche Pilger unerreichbar und der Strom der Reisenden in das östliche Mittelmeergebiet riss für rund ein halbes Jahrhundert ab. Als hochrangige Ziele galten nun in Europa die Apostelgräber, d. h. die Gräber von Petrus und Paulus in Rom und das Grab des hl. Jakobus in Santiago de Compostela. Durch Handel, Tausch und Geschenke von Reliquien, aber auch durch die Vermehrung der begehrten Objekte um Berührungsreliquien entstanden zahllose neue, den Apostelgräbern untergeordnete Pilgerziele. Hierzu zählten beispielsweise Köln mit den Gebeinen der Heiligen Drei Könige oder Trier mit dem Heiligen Rock.

Eine Pilgerfahrt unternahm man gewöhnlich als Bitte um himmlischen Beistand oder als Dank für Hilfe in der Not. Wer körperlich selbst nicht mehr dazu in der Lage war, konnte einen „Berufspilger" für seine Dienste bezahlen. Anfang des 15. Jahrhunderts kostete eine solche Reise nach Santiago de Compostela – eine Wanderung durch halb Europa – den Gegenwert von zwei Ochsen oder einem Pferd. Aber auch Familienangehörige konnten im Erbfall per Testament dazu verpflichtet werden, für das Seelenheil des Verstorbenen eine Pilgerreise zu unternehmen bzw. einen Delegationspilger zu entsenden, wie es ein Lübecker Testament aus dem Jahr 1432 fordert: „Item so soll man senden einen Pilger zu Unser Lieben Frauen zu Aachen, und dieselbe Person soll danach zu Sankt Mathias in Trier gehen und dann noch nach Köln am Rhein, alles auf einer Reise und treulich für meine Seele bitten“ (Bayerisches Nationalmuseum 1984, S. 53).

Seit dem frühen Mittelalter spielte die Pilgerfahrt auch in der Rechtsprechung Europas eine bedeutende Rolle, denn sie konnte als Buße auferlegt werden. Es sind zahlreiche Fälle überliefert, in denen ein Verbrecher zur Strafe auf die beschwerliche Reise geschickt wurde, eventuell noch mit besonderen Auflagen, wie zum Beispiel einem längeren Aufenthalt am Zielort oder der ausschließlichen Ernährung von Wasser und Brot. Zu einer Bußpilgerfahrt konnten unter anderem Priester verurteilt werden, die durch Unzucht, Verletzung des Beichtgeheimnisses oder Diebstahl mit den Gesetzen in Konflikt geraten waren. Aber auch weltlichen Missetätern drohten zur Sühne ihrer Schuld und Rettung ihrer Seele Strafpilgerfahrten. So war beispielsweise in der Rechtsprechung der Stadt Lüttich seit dem 14. Jahrhundert verankert, welche Pilgerfahrt als Sühne für ein bestimmtes Vergehen in Frage kam. Die Verurteilten wurden hauptsächlich nach Santiago de Compostela, Rom, Rocamadour, Tours und Bari (Caucci von Sauken 2003, S. 94) geschickt. Dabei handelte es sich durchaus um Fernreisen, wenn die Diebe, Räuber und Mörder etwa im Maastal aufbrachen. In der Stadt Mechelen war man weniger zimperlich und so konnte schon einem nächtlichen Lärmer die Pilgerfahrt nach Santiago de Compostela drohen. Demzufolge wanderten nicht unbedingt nur fromme Leute auf den Pilgerstraßen durch Europa.

An der Wende zur Neuzeit finden sich unter den Pilgern zunehmend Abenteurer und Wissbegierige, die fremde Länder und Leute kennen lernen wollten. Diesen Luxus gönnten sich eher Adlige, wie zum Beispiel der Sachsenherzog Heinrich, der später den Beinamen „der Fromme“ erhielt. Sein etwas sonderbares Verständnis vom Pilgern lässt sich erahnen, liest man im Bericht seiner San-

10

Winchester, Pilgrims Hall. Das im 13. Jahrhundert errichtete Gebäude in der Nachbarschaft der Kathedrale dient heute einer Schule als kleine Aula. Ein Gebäudeflügel aus Fachwerk beim Schulhof beherbergte einst die Pferdeställe für wohlhabende Reisende und Pilger.

11

Trier, Jakobusstatue (Kopie). Diese Statue des hl. Jakobus an der Steipe, dem Fest- und Empfangshaus der Trierer Bürgerschaft, weist dem Pilger den Weg zu einer der bedeutendsten Zwischenstationen auf der langen Reise nach Santiago de Compostela, dem Trierer Dom. Die Originalfigur schuf Meister Steffen um 1480.

tiago-Fahrt Sätze wie diesen: „Schlemmen war auf solcher Reise ... die beste Andacht und Ablaß“ (ebd., S. 31). Mitglieder des wohlhabenden Bürgertums, vor allem Kaufleute, machten die Reise zu einer Mischung aus Pilgerfahrt, Geschäfts- und Bildungsreise. Kurzum: Alle Bevölkerungsgruppen gingen auf die weite Pilgertour, und ab dem 15./16. Jahrhundert waren so viele Straf- und Delegationspilger unterwegs, dass man sich längs des Jakobswegs darauf einstellte und die Freizügigkeit einschränkte.

Der Jakobsweg besteht bis heute aus einem Netz von Wegen, die unter anderem Deutschland, die Niederlande, Belgien, Österreich und die Schweiz durchziehen und sich erst auf französischem Boden zu vier Hauptwegen vereinigen. 1987 erklärte der Europarat in Straßburg den Jakobsweg zur „Kulturstraße Nr. 1“ in Europa. Über Paris, Vézelay, Le Puy und Arles führen die Routen, die bei Roncesvalles und Somport die Pyrenäen überqueren. In Puente la Reina vereinigen sich alle Pilgerwege zum „camino francés“, der letzten, immerhin noch rund 600 Kilometer langen Etappe des Jakobswegs.

Die Pilger aus dem Westen des Deutschen Reiches wählten die sogenannte Niederstraße, die Strecke über Köln und Aachen, vielleicht auch die durch das Moseltal und Trier, um nach Frankreich zu gelangen (Abb. 11). Pilger aus dem Voralpen- und Alpenraum kamen in der Regel über die „Oberstraße“, über Einsiedeln und Genf, ins Rhônetal und folgten dann der Route über Le Puy Richtung Südwesten. Von Rom führte die Hauptstrecke über Viterbo, Siena, Lucca, Genua, Ventimiglia, Nizza nach Arles auf den südlichen französischen Hauptweg. Pilger aus England nutzten in der Regel nur für die Überquerung des Ärmelkanals ein Schiff, um dann auf dem Landweg weiterzureisen. So führte eine Route beispielsweise von Southampton nach Dieppe oder Dinan und von dort landeinwärts auf den Jakobsweg, der über Paris, Chartres und Saintes verlief. Bedeutende Häfen zum Ein- oder Ausschiffen der Pilger waren an der französischen Atlantikküste Bourgneuf, La Rochelle und Soulac. Aus dem Norden Europas, aus Skandinavien oder dem Baltikum, reisten die Pilger teils zu Wasser, teils zu Lande an, auch wenn die Möglichkeit bestand, vom dänischen Ribe aus direkt die spanischen Häfen La Coruña und Finisterre anzusteuern. Mit schnellen Wikingerschiffen ließ sich diese Strecke im 13.Jahrhundert durchaus in acht Tagen bewältigen. Aus dem frühen 16.Jahrhundert sind dagegen Überfahrten von Stralsund nach La Coruña überliefert, die mit den schweren Hansekoggen neun Wochen dauerten. Bei einer Reise auf dem Landweg war es üblich, einen Abstecher zu anderen, weniger wichtigen Pilgerzielen zu machen, um den Segen weiterer Heiliger zu erbitten. Dies hatte aber auch den praktischen Hintergrund, dass es in den besuchten Orten eine Infrastruktur gab, von der die Pilger profitieren konnten.

War der Entschluss zu einer Pilgerfahrt gefasst oder eine solche von höheren Instanzen verfügt worden, gab es einiges zu regeln. Zunächst hatte der Pilger in spe die Erlaubnis für die Reise einzuholen: Der Pfarrer und die Ehefrau des Reisewilligen, sofern diese ihren Mann nicht begleiten wollte, mussten ihre Zustimmung geben. Dann waren die Finanzen zu regeln und ein Testament aufzusetzen. Die Familie des Pilgers und seine Güter wurden dem Schutz der Kirche unterstellt. In einem Abschiedsritual, das sich mit der Weihe und feierlichen Einkleidung eines Ritters vergleichen lässt, erhielt der Pilger seine wichtigste Ausrüstung, die Pilgertasche und den Pilgerstab. Während der Zeremonie wurden diese Gegenstände nicht nur gesegnet, dem Scheidenden wurden auch ihre symbolischen Bedeutungen vorgetragen. Die oben offene Ledertasche sollte die Barmherzigkeit, die Freizügigkeit mit Almosen, das Geben, aber auch das Nehmen befördern. Die Wahl von Tierhaut als Material erinnerte den Pilger daran, sein von Lastern und Begierden geplagtes Fleisch abzutöten. Die Enge der Tasche hatte schließlich zur Folge, dass nur kleine Vorräte mitgenommen werden konnten. Für alles Weitere war auf den Herrn zu vertrauen. Auch der Pilgerstab hatte neben seiner praktischen Funktion als Stütze oder Schlagstock zur Abwehr von Räubern oder Wegelagerern eine weitere Bedeutung: Der Wanderstab wurde zum dritten Bein und vervollständigte auf diese Weise das Sinnbild der Hl. Dreifaltigkeit, die den Pilger im Glauben stärkte und ihm in der Gefahr beistand (Abb. 12). Zur Ausstattung für die lange Wanderung gehörte außerdem die Pilgerflasche. Ein weiter Mantel, eine Pelerine (frz. „pèlerin“ = der Pilger), und ein breitkrempiger, runder Hut ergänzten die zweckmäßige Tracht.

12

Kevelaer, Jakobusstatue von Bert Gerresheim (1990). Nahe dem Westeingang von St. Antonius befindet sich diese Vergrößerung einer kleineren Figur des Künstlers, die dieser als Jakobusreliquiar für die Jakobuskirche in Ratingen-Homberg schuf. Der Standort erinnert an ein Jakobushäuschen an einer Kreuzung der Pilgerwege zwischen Rhein und Maas.

Am wichtigsten war aber ein Schutzbrief, ein Empfehlungsschreiben, das den Reisenden als Pilger auswies und ihn berechtigte, von den Privilegien wie kostenlose Übernachtung und freie Mahlzeit in den Hospizen zu profitieren. Als Dank oder Gegenleistung bot der Pilger seine Arbeitskraft an und gewann auf diese Weise Einblick in Alltag und Arbeitsleben, zum Beispiel in einer Dombauhütte oder auf einer kleineren Kirchenbaustelle. „Ein solcher Mensch konnte erfahren, wie die Zünfte und Gilden organisiert waren, wie die freien Gemeinden ihr Leben gestalteten, wie man in großen Abteien lebte, welches die wichtigsten Marktplätze in Europa waren und auf welchen Handelswegen Güter und Gewürze aus dem Orient oder Felle und andere Produkte aus dem Norden ins Land gelangten“ (Caucci von Sauken 2003, S.108). So erweiterte schon eine mittelalterliche Pilgerreise den Horizont in vielerlei Hinsicht, getreu Goethes bekannter Devise: „Die beste Bildung findet ein gescheiter Mensch auf Reisen.“ In der Nachfolge der mittelalterlichen Empfehlungsschreiben steht heutzutage der offizielle Pilgerpass, der „credencial del peregrino“. Mit diesem Ausweis, der für jeden Pilger spätestens in Spanien unentbehrlich wird, erwirbt man die Berechtigung, gegen geringes Entgelt in den Pilgerherbergen zu übernachten. Da diese Unterkünfte keine finanzielle Unterstützung aus öffentlicher Hand erhalten, sind sie auf Spenden und die Mitarbeit der Pilger angewiesen, wie bereits vor Jahrhunderten.

Erst auf dem Rückweg von Santiago de Compostela durfte sich der Pilger mit einer Jakobsmuschel an Tasche, Hut oder Gewand ausweisen. Eine Bestätigung der vollzogenen Wallfahrt, die belegte, dass der Pilger das Heiligtum des Apostels Jakobus persönlich besucht, dort gebeichtet und die Kommunion empfangen hatte, erleichterte ihm den Heimweg, denn durch sie unterschied er sich von unerwünschten Bettlern und durfte unterwegs um Almosen bitten. Diese Gaben förderten nicht nur das fromme Werk des Wanderers. Sie sollten auch dem Spender helfen, sein Sündenkonto zu verringern. Heute wird dem Pilger mit der

Urkunde der „Compostela“ bestätigt, dass er seine Pilgerreise ordnungsgemäß durchgeführt hat. Voraussetzung für ihren Erhalt sind die Stempel im Pilgerpass, die nachweisen, dass der Pilger mindestens 100 Kilometer vor Santiago de Compostela seine Fußwanderung oder seinen Ritt begonnen hat oder mindestens 200 Kilometer mit dem Rad gefahren ist. Die Urkunde des Domkapitels gilt inzwischen als alleiniger Nachweis für die absolvierte Pilgerreise und hat damit die Jakobsmuschel in ihrer Funktion abgelöst. Natürlich lebt diese Tradition weiter, doch an Glaubwürdigkeit hat sie verloren. Die Ehrlichkeit beim Tragen der Muschel war aber sicherlich auch in der Vergangenheit nicht immer gegeben!

Bedenkt man die Mühen des Fußmarsches und die vielen Unwägbarkeiten auf dem weiten Weg nach Santiago de Compostela, ist es verständlich, dass sich selbst bei vergleichbarem Ausgangspunkt kaum eine durchschnittliche Dauer für die Pilgerreise angeben lässt. Für die Wanderung zu Fuß können etwa sechs Monate für die Hin- und Rückreise angenommen werden, wenn die Reise im niederländischen oder westdeutschen Raum begann. Zu Pferd ließ sich die Strecke dagegen innerhalb weniger Wochen bewältigen. Aus Lütticher Quellen weiß man von einer Rückreise aus dem Jahre 1056, die 36 Tage dauerte. Ebenfalls schnell voran kam ein Verurteilter aus Antwerpen, der 1403 nur drei Monate für das gesamte Unternehmen brauchte. Ein anderer „Kollege“ benötigte für seine Bußpilgerfahrt elf Jahre und neun Monate: Er war von 1425 bis 1437 unterwegs. Wenn hier auch nur von Einzelnen die Rede ist, so wanderten im Mittelalter letztlich doch Millionen auf dem Jakobsweg, „nach Schätzungen zeitweise jährlich zwischen 200 000 und 500 000 Menschen: Gebildete und Ungebildete ..., Reiche und Arme, Greise und Kinder, Männer und Frauen (man schätzt den Anteil der Frauen auf etwa ein Viertel bis ein Drittel der Wallfahrer)“ (Ohler 1986, S. 285).

Bei der Reise zu Lande war der Pilger auf eine möglichst billige Unterkunft angewiesen. Die Hospize der Klöster oder der Bruderschaften zu Ehren des heiligen Jakobus boten ihm überall in Europa für maximal drei Nächte ein kostenloses Quartier. Diese Quartiere fand der Wanderer jedoch keineswegs immer in der passenden Entfernung von einer Tagesetappe, und so blieben ihm oft nur die Nachtlager in den Vorhallen der Kirchen, unter den Dächern bäuerlicher Gebäude oder unterm freien Himmelszelt. Bei den Hospizen vor allem in Santiago de Compostela bürgerte es sich ein, für in Anspruch genommene Übernachtungen Kerben in den Pilgerstab einzuritzen. Auf diese Weise ließ sich verhindern, dass die Gastfreundschaft über Gebühr strapaziert wurde. Ab dem 11./12. Jahrhundert entstanden zunehmend gewerbsmäßige Herbergen am Wegesrand. Hier hatte der Pilger Unterkunft und Verpflegung zu bezahlen, aber es begaben sich schließlich keineswegs nur arme Leute auf diese Reise.

In unsicheren Gebieten oder unruhigen Zeiten schlossen sich die Pilger zu größeren Gruppen zusammen. Auch verschiedene Orden boten den Wanderern Schutz. Ritterorden und Hospitaliterorden ließen sich entlang der wichtigsten Wege nieder. Im 13. Jahrhundert boten neben den Antonitern vor allem die Tempelritter und Johanniter, später Malteser genannt, in ihren Hospitälern, Hospizen oder Komtureien Quartier. Die Kirche trat seit dem 11. Jahrhundert für die Rechtssicherheit der Reisenden ein. Papst Nikolaus II. erklärte im Jahr 1059 den Pilgerschutz zum päpstlichen Recht. 1123 stellte das erste Laterankonzil unter Papst Calixtus II. bei Strafe der Exkommunikation Leib und Gut des Pilgers unter kirchlichen Schutz. Vorkehrungen dieser Art waren auch notwendig, denn der

Pilger war – ähnlich dem wandernden Kaufmann – aus seinem heimischen Rechtsverband herausgelöst. Um die Mitte des 12. Jahrhunderts gab es europaweit anerkannte Pilgerrechte. Ungeachtet seines Standes genoss der Pilger gewisse Freiheiten und Privilegien. Er durfte sich frei bewegen, musste keine Zölle oder Mautgebühren zahlen und war teilweise sogar der Beachtung lokaler Gesetze enthoben. Im 16. Jahrhundert schien es unumgänglich, den Missbrauch dieser Freiheiten zu unterbinden, denn es „hatten zu viele Vagabunden und Bettler nichts besseres zu tun, als den Jakobsstab zu ergreifen und ihr Leben längs der spanischen Straßen zu verbringen und um Almosen zu bitten" (Caucci von Saucken 2003, S. 110). Die Cortes, die Landstände von Valladolid, Toledo und Madrid, begrenzten den Bewegungsfreiraum der Pilger auf vier Meilen zu beiden Seiten des Jakobswegs. Wurde ein Pilger außerhalb dieser Zone aufgegriffen, galt er als Vagabund und musste mit den üblichen Strafen rechnen. In diesem Zusammenhang wurden auch die Dokumente des Pilgers, insbesondere das Empfehlungsschreiben des heimischen Pfarrers, strenger kontrolliert.

Seit dem 12. Jahrhundert stand dem frommen Wanderer geeignete Reiseliteratur zur Verfügung – vorausgesetzt, er konnte lesen! Um 1139/1143 erschien der „Codex Calixtinus", in dessen fünftem Buch, dem „Liber Sancti Jacobi", die Reisewege, Etappen und Aufenthaltsorte mit den jeweils zu absolvierenden religiösen Übungen beschrieben werden. Dieses Wegehandbuch, das auch das kulturelle und soziale Leben in den zu bereisenden Ländern schildert, sollte ab dem 15. Jahrhundert besonders in Italien und Deutschland zum Vorbild für zahlreiche ähnliche Werke und zur Grundlage einer blühenden literarischen Gattung werden. Mithilfe dieser Literatur ließ sich eine Pilgerfahrt nicht nur gut vorbereiten. Sie dokumentiert auch einen Wandel in der Einstellung: Während noch im frühen Mittelalter viele Rom- und Jerusalempilger aufbrachen, um am Ziel ihrer Reise zu sterben, wollte man nun aus Santiago de Compostela gesund heimkehren (vgl. Ohler 1986, S. 282).

Auf Geschäftsreise

Im 8. Jahrhundert begannen europäische Kaufleute, ein Netz von Handelsbeziehungen vom Frankenreich bis in den Vorderen Orient aufzubauen, allen voran die Friesen, die wenig früher noch mordend, plündernd und brandschatzend durch Europa gezogen waren. „Sie machten die Erfahrung, daß der Güteraustausch in gesitteten Formen langfristig mehr Gewinn verspricht" (Ohler 1986, S. 85). Insbesondere die Händler, die in den Mittelmeerraum und in den Orient reisten, versorgten die kirchliche und weltliche Oberschicht mit Waren und Luxusgütern, wie zum Beispiel Gewürzen, Edelmetallen, Schmuck und Seide. Für die Herrschenden waren die Händler zugleich Überbringer wertvoller Nachrichten und Neuigkeiten. Sie sprachen fremde Sprachen, kannten ferne Länder und konnten deshalb über so mancherlei berichten, über Aktivitäten von möglichen Verbündeten und Pläne von potenziellen Feinden. An solchen Auskünften war den Mächtigen sehr gelegen, weshalb sie sich die Kaufleute gern gewogen machten und ihnen besondere Privilegien verliehen, um ihre Wege zu sichern und ihnen die Arbeit zu erleichtern. Nützlich für den Fernhändler war auch eine Reduktion der Reisekosten, etwa durch die Befreiung von Schiffs-, Wagen-, Saumtier- oder Geleitzöllen. Die Hansekaufleute erlangten 1269 das Recht, für den Bau oder die Reparatur von Schiffen uneingeschränkt Holz zu schlagen.

Ähnlich dem Pilger verließ der Fernhändler seinen heimatlichen Rechtsverband und betrat auf diese Weise in verschiedener Hinsicht unsicheres Gebiet. Ein Schutzbrief seines Herrn garantierte ihm Sicherheit, zumindest soweit die Macht und der Einflussbereich des Herrschers reichten. Doch dieser Schutz reichte in der Praxis vielfach nicht aus, so dass die Kaufleute im 11. Jahrhundert begannen, sich genossenschaftlich zu organisieren. Mitte des 12. bis Mitte des 13. Jahrhunderts bauten vor allem deutsche Kaufleute einen Wirtschaftsraum in den Anrainern der Ostsee auf. 1161 wurde in Visby die deutsche Hanse gegründet. An der Wende zum 13. Jahrhundert stieg die junge Stadt Lübeck zum Zentrum dieses Bündnisses auf.

Mehrere Fernhandelsrouten durchzogen Europa und den Vorderen Orient: Sie durchquerten den Mittelmeerraum in Ost-West-Richtung, führten von Italien über die Alpen und das Rhônetal oder den Rhein als Hauptwasserstraße Europas nach West- und Nordeuropa. Eine weitere Route verband den Ostsee- mit dem Nordseeraum.

Zahlreiche Städte an den Hauptverkehrswegen entwickelten sich zu wichtigen Handelsplätzen, so zum Beispiel Mailand, Florenz, Brügge, Gent, Lüttich oder die Hansestädte im west- und nordeuropäischen Raum. Lübeck wurde zur Drehscheibe des Ostseehandels. Über die Trave wurden von hier Tuche, Salz, Bier, Wein und andere Waren nach Skandinavien, Russland und ins Baltikum verschifft. Aus Norwegen trafen im Gegenzug vor allem Stockfisch und Bauholz ein, aus Schweden kamen Eisenerze und aus den baltischen Ländern Pelze, Honig, Wachs und Materialien für den Schiffsbau wie Hanf, Pech und Teer. Lübeck wurde auch architektonisch zum Vorbild für viele Ostseestädte zwischen Malmö, Rostock, Stralsund, Thorn und Riga: Die Backsteingotik mit ihren Staffelgiebeln und Schirmfassaden erlebte ihre Blüte zwischen 1250 und 1550, zur selben Zeit wie die Hanse. Die Kaufleute transportieren eben nicht nur Waren, sondern auch Ideen und Kreativität.

Mit dem Aufkommen der Hanse entstanden in allen größeren Hansestädten des Ostseeraumes Kirchen zu Ehren des hl. Jakobus, der wie der hl. Nikolaus als Schutzpatron der Reisenden und Kaufleute galt. Der Weihrauch musste bis zu 7000 Kilometer weit von der Arabischen Halbinsel in die Kirchen Nordeuropas transportiert werden. Eine beachtliche Leistung, die nur durch einen funktionierenden Zwischenhandel bewerkstellig werden konnte! Im Anschluss an die Messen zu Ehren der zahlreichen Heiligen wurden oft Märkte abgehalten, zu denen sich Händler von nah und fern einfanden. Die Bezeichnung „Messe“ fand schließlich nicht nur für den Gottesdienst, sondern auch für eine Verkaufsveranstaltung mit regionalem Publikum Verwendung. Infolge der Bindung an ein Patroziniumsfest lag es nahe, eine solche Messe nur einmal im Jahr abzuhalten. Doch das große Interesse an den Märkten und ihre wachsende wirtschaftliche Bedeutung sorgten dafür, dass die Messen bald häufiger veranstaltet wurden. Dies lässt sich am Beispiel der berühmten Champagnermessen zeigen: Während ihrer Blüte von der Mitte des 12. bis zum frühen 14. Jahrhundert fanden an vier Orten sechs Messen pro Jahr statt: je zweimal in Troyes und Brie und je einmal in Bar-sur-Aube und Lagny-sur-Marne. In Troyes trafen sich Händler im Viertel um die Kirche St-Jean-au-Marché vom 9. bis 15. Juli zur „foire chaude" („warmen Messe") des hl. Johannes und am 1. oder 2. November zur „foire froide" („kalten Messe") des hl. Remigius. Die Grafen der Champagne unterstellten Markt, Händler und Reisende ihrem Schutz und sorgten während des Marktgetümmels in den engen Gassen der Stadt für Recht und Ordnung.

13

Schwarzenburger Land, historische Straßentrasse. Nicht weit von dieser Stelle treffen zwei Zweige des Schweizer Jakobswegs zusammen, der Abschnitt von Luzern und der Hauptweg vom Bodensee über Einsiedeln. Weiter führt der Weg nach Lausanne und Genf zur französischen Grenze.

Auf ihren weiten Reisen benötigten die Fernhändler für ihre wertvollen Waren sichere Aufbewahrungsorte, die selten in ausreichender Zahl vorhanden waren. Deshalb errichteten die Kaufleute in den wichtigsten Handelsstädten selbst die benötigte Infrastruktur, die der ganzen Gemeinschaft zugute kam. Die venezianischen Händler besaßen vor allem im östlichen Mittelmeerraum und am Schwarzen Meer entsprechende Höfe, die Hanse unterhielt in Bergen die „Deutsche Brücke", in London den „Stalhof" und in Petersburg den „Petershof". Letzterer war mit einer Palisade gesichert und besaß nur einen Zugang. Den Mittelpunkt bildete die Peterskirche, das einzige steinerne Gebäude der Anlage, das nicht nur als Gotteshaus genutzt wurde, sondern auch als besonders sicheres Lager und als Zufluchtsort im Falle eines Angriffs diente. Die Kaufleute und ihre Gehilfen wohnten in einfachen Holzhütten mit einer Ess- und Schlafstube. Der „Petershof" bot Platz für 80 bis 120 Händler mit Gesinde. Daneben existierten noch Gemeinschaftseinrichtungen wie Versammlungsräume, Speicher, eine Mahlstube, ein Brauhaus, eine Krankenstube und ein Badehaus. In Venedig besaßen die deutschen Kaufleute seit 1228 mit dem „Fondaco dei Tedesci" („Kontor der Deutschen") ein sicheres Quartier. Hier fanden sie alles, was sie benötigten: Unterkunft, Verpflegung und Lagermöglichkeiten für ihre Waren.

Ein ähnliches Quartier, jedoch in weit bescheidenerer Form, stand den reisenden Händlern in der Schweiz seit dem Mittelalter mit den Susten in den unwirtlichen Höhen am Rande der Passwege zur Verfügung. Am Saumpfad über den Simplon, einem seit der späten Römerzeit genutzten Übergang vom Wallis ins Val Divedro nach Domodossola und den oberitalienischen Handelsstädten, wird für das Jahr 1235 ein Hospiz auf der Passhöhe erwähnt. Mit der zunehmenden Bedeutung des Alpentransits, unter anderem als kürzestem und viel begangenem Weg zwischen Oberitalien und dem Norden Frankreichs, erlebte der Simplonpass bis zum Ende des 15. Jahrhunderts einen starken Verkehr, der den Ausbau einer entsprechenden Infrastruktur zur Folge hatte. Dazu gehörte der Unterhalt des Saumweges und der Bau von Gasthöfen und Sustgebäuden, Lagerhäusern mit einfachen Unterkünften, von denen sich einige, wenn auch kaum mehr im originalen Zustand, bis heute erhalten haben. Ein anschauliches Beispiel für eine

14

Leukerbad, Gemmipass (Zeichnung von Andreas Ryff, 1591). Die Steilheit des Geländes auf dieser Zeichnung ist nicht reiner Ausdruck künstlerischer Freiheit, sondern entspricht abschnittsweise durchaus den natürlichen Gegebenheiten. Heute noch weist der Gemmiweg eine Steigung von 40 % auf. Zwischen den Wegkehren sind schmale, nicht mehr begehbare Wegstücke mit einer Steigung von 80 bis 90 % erkennbar.

historische Trasse zieht sich durch die bewaldeten Berge des Schwarzenburger Lands im südwestlichen Kanton Bern nahe dem Übergang ins Waadtland (Abb. 13). Der heute restaurierte Weg wurde aus dem Sandsteinfelsen gehauen. Dabei beschränkte man sich nicht darauf, ein schmales Wegband für die Fuhrwerke anzulegen, sondern berücksichtigte bei der Gestaltung des Fahrbahnrands ebenso die Bedürfnisse der Wagenlenker. Für sie wurden auf der Talseite Trittstufen in den anstehenden Fels geschlagen, damit sie an dieser engen Passage in sicherem Abstand ihr Fahrzeug passieren konnten. Aber auch an den Schutz der Radnaben dachten die einstigen Wegebauer, indem sie auf der entsprechenden Höhe eine Stufe aus dem Sandstein herausarbeiteten. An einer Biegung finden sich noch Pfostenlöcher, die verraten, dass besonders gefährliche Stellen mit einer Art Geländer gesichert wurden. Die Trasse folgte dem Verlauf einer alten Römerstraße. Heute ist sie als Abschnitt des Jakobswegs zwischen dem Kloster Rüeggisberg und St. Antoni Teil einer nicht minder bedeutenden historischen Wegstrecke.

Zu den gut dokumentierten Passrouten gehört der Gemmipass, ein aus dem Mittelalter stammender Übergang von Kandersteg (Berner Oberland) nach Leukerbad im Wallis (Abb. 14). Die Thermalquellen lockten bereits im 15./16. Jahrhundert die ersten Besucher ins obere Dalatal und diese hatten, wenn sie aus dem Norden kamen, den schwindelerregenden Abstieg über die Gemmi zu nehmen. Aber auch bei einer Überquerung der Alpen in umgekehrter Richtung konnte die Alte Gemmi beeindrucken, wie Sebastian Münster 1550 in seiner „Kosmographie" berichtet: „... unnd wo einer neben dem weg hinab sicht / kompt jm ein grausamme tieffe entgegen / die kaum on schwindel des haupts mag angeblickt werden. Ich weiss wol do ich auss dem bad auf disen berg stig / den zu besichtigen / zitterten mit mein hertz unnd bein" (Aerni 1979, S. 77). Im 13. Jahrhundert wird dieser Übergang, der nur für Fußgänger und Saumtiere passierbar war, erstmals in den Urkunden erwähnt. Man nutzte ihn vorrangig für den Vieh-, Wein-, Salz- und Getreidehandel. Doch es können nur kleine Mengen transportiert worden sein, denn der Weg die steilen Hänge auf der Südseite des Passes hinunter erlaubte keine ausladenden Lasten auf den Tragtieren. So berichtet der Basler Kaufmann Andreas Ryff 1591, dass man den Pferden aus Leukerbad ihre Lasten mitten auf den Sattel legen müsse, damit diese nicht überstehen. Ein mehrere 100 Meter tiefer Sturz wäre die Folge gewesen. Die trittsicheren Tiere aus dem Wallis trugen ihre Fracht teils über nur auf Pfeilern ruhenden Brettern durch die Felsen bis zur Passhöhe in eine Sust, dem späteren Daubenhaus. In dieses schlichte Lagerhaus gelangte über Kandersteg auch die Ware aus dem Berner Land, größtenteils Salz, laut Andreas Ryff, das auf der Passhöhe von den Bernern umgeladen werden musste, da ihre Saumtiere weder die nötige Trittsicherheit besaßen noch mit den Wegen vertraut waren. Der Transport wurde schon zu Zeiten des Tuch- und Seidenhändlers seit beinahe 300 Jahren durch Säumergesellschaften geregelt und abgewickelt. Das Transportreglement von Leuk, unter der Oberaufsicht des Bischofs von Sitten, stammt aus dem Jahr 1320 und gilt als das älteste im Alpenraum.

II. Reisen im 17. und 18. Jahrhundert

Kreuz und quer durch Europa

An der Wende zum 18. Jahrhundert nahm die allgemeine Mobilität bereits solche Ausmaße an, dass sich erste Gegner des Reisens zu Wort meldeten. Kurfürst Friedrich III. von Brandenburg erließ 1700 ein Reiseverbot und der kursächsische Kommerzienrat Paul Jacob Marperger forderte in seinen „Anmerkungen über das Reisen in frembde Länder" von 1720 die Einführung einer Reisesteuer, um zu verhindern, dass die Landeskinder allzu viel Geld im Ausland ließen. Doch sollte dies ein frommer Wunsch bleiben. Die Reiseströme quer durch Europa flossen munter weiter.

Wollten die Reisenden größere Entfernungen überwinden, blieben sie weiterhin auf Pferd und Kutsche angewiesen. Trotzdem gehörten Fernreisen zum Alltag der oberen Schichten. Es gab sogar eine gewisse Verpflichtung zu reisen, denn mit der Kavalierstour oder Grand Tour, die bereits Ende des 16. Jahrhunderts aufkam, wurde das Studium fremder Länder und Sitten zu einem wichtigen Bestandteil der Ausbildung junger adeliger Herren. Das wichtigste sprachliche Relikt jenes Trends ist das Wort „Tourist", das über das Englische und Französische als Bezeichnung für einen Vergnügungsreisenden im 19. Jahrhundert Eingang in den deutschen Wortschatz finden sollte. Ein Boom an Reiseliteratur war ebenfalls eine Folge der Grand Tour. Wer auf sich hielt, verfasste einen Reisebericht. Ganze Bibliotheken füllten sich mit den praktischen Ratgebern, die uns heute noch ein recht detailliertes und lebendiges Bild vom Reisealltag, den Freuden und Gefahren des Unterwegs-Seins in jener Zeit vermitteln.

Eine Blütezeit erlebten im 18. Jahrhundert die Badeorte, die von der höfischen Gesellschaft bevorzugt wurden, wie zum Beispiel Bad Pyrmont, wo Preußens Herrscher gerne kurten, oder Bath, wo der englische Hof im Winter die heißen Quellen aufsuchte, um seinen feuchtkalten Castles zu entfliehen (Abb. 15). Die vornehms-

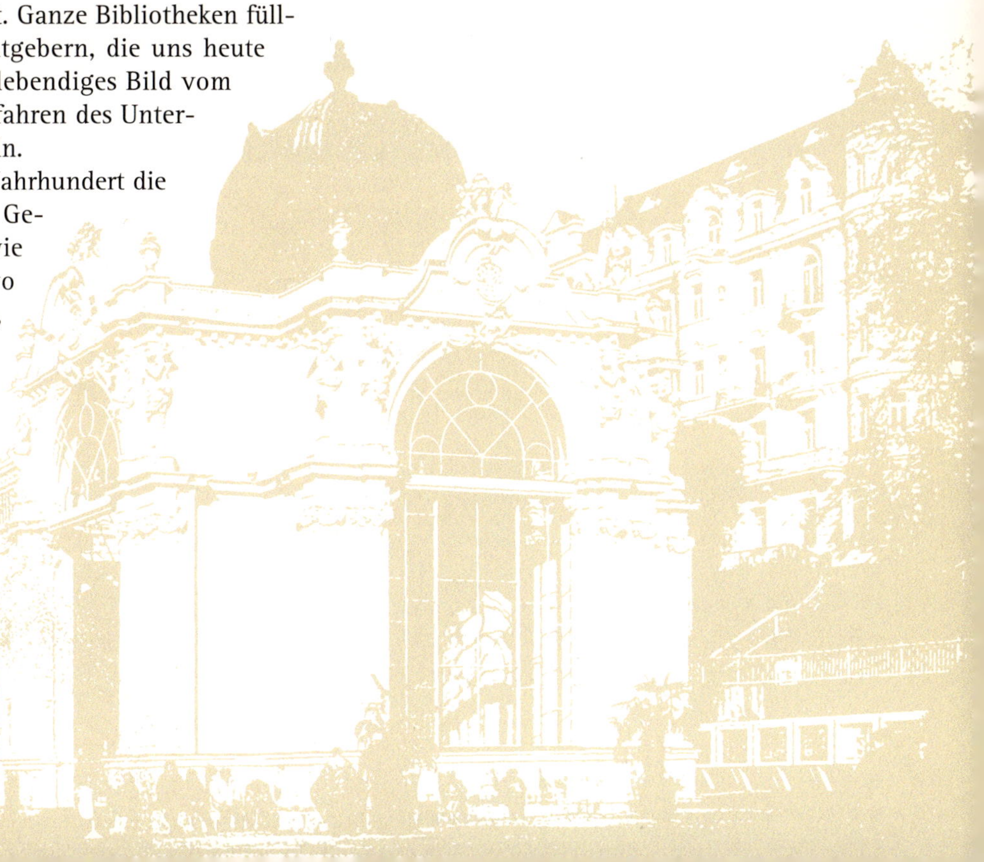

15

Bath, römische Therme und barocker Pump Room. Das Ensemble präsentiert sich noch heute unerwartet vollständig und wird weiterhin genutzt. Während zur Römerzeit im Thermalwasser gebadet wurde, kam im 18. Jahrhundert die Trinkkur in Mode. Deshalb errichtete man über der Quelle und dem antiken Bad eine Wandelhalle mit Brunnen, in der die Kurgäste vor Wind und Wetter geschützt das verordnete Quantum an Heilwasser bei einem Spaziergang zu sich nehmen konnten.

ten Kreise aus Polen und Russland traf man immer wieder in Spa oder Karlsbad. Wenn es auch weit mehr Gründe gab, ins Bad zu reisen als „nur" der Gesundheit zuliebe, so konnten die heilenden Wässer jetzt auch auf der Grundlage wissenschaftlicher Untersuchungen angewendet werden. In nahezu jedem bedeutenden Kurort publizierte ein Medikus zu dieser Zeit die erste Analyse der Quellen. Angesichts der gesellschaftlichen Bedeutung einer Badreise darf es nicht verwundern, dass den dafür benötigten Gebäuden viel Aufmerksamkeit geschenkt wurde. Für die Architekten entstanden neue Bauaufgaben, wie die Trink- und Wandelhallen, Logier- und Badehäuser oder die Gesellschaftsräume (Abb. 16). Auch der Bau von Freizeitwohnsitzen wird erstmals in Bath zu einer Herausforderung. Die Bäderarchitektur wird ihren Höhepunkt zwar erst im 19. Jahrhundert erleben, aber schon jetzt hinterlässt sie ihre ersten eindrucksvollen Spuren. Als eines ihrer schönsten Zeugnisse existiert noch heute das Barockbad von Pfäfers im Kanton St.Gallen. Andernorts entstehen kleine Schlösser oder herrschaftliche Landsitze als Kurbäder, wie es Bad Alexandersbad (vgl. Abb. 41), Bad Bertrich oder der Freienwalder Gesundbrunnen in der Mark Brandenburg belegen.

In der zweiten Hälfte des 18. Jahrhunderts wagte man es zunehmend, an die See zu reisen. Doch das Meer blieb vorerst nur Kulisse und Lieferant von Salzwasser, das man lieber in Badehäusern an Land nutzte. Den Gang ins Meereswasser erleichterten ab Mitte des Jahrhunderts in England die Badekarren. Neben den noch zaghaften Anfängen im Umgang mit Meereswasser können Orte wie Scarborough und Brighton ihren Gästen zusätzlich Mineralquellen bieten. In Scarborough lagen sie gleich an der Küste, bei Brighton etwas mehr im Hinterland. Als dies nicht reichte, kam ein deutscher Arzt auf die Idee, das Wasser einer weiteren Quelle mit Mineralien anzureichern und Brighton erhält den Beinamen „German Spa".

Von der Begeisterung für eine Kur wurde nicht zuletzt die Damenwelt ergriffen. In Ehekontrakten findet sich sogar die Klausel, dass die Dame des Hauses einmal im Jahr ins Bad fahren darf. Des Öfteren tat sie dies wohl ohne den

16

Karlsbad, Mühlbrunnkolonnade. Die Kolonnade ersetzte einen klassizistischen Vorgängerbau aus dem Jahr 1811. Der heutige Bau entstand erst Ende des 19. Jahrhunderts. Im Säulenwald verbergen sich mehrere Brunnen für die verschiedenen Quellen, die unter dem 132 m langen Gebäude austreten, und eine kleine Bühne.

Herrn Gemahl, und „so ist es nicht verwunderlich, daß alsbald eine neue Seite der Chronique scandaleuse eines Kurortes beschrieben werden konnte, amouröse Abenteuer passierten häufiger, und der Begriff des ‚Kurschattens' kam auf" (Křížek 1990, S. 165).

Von der Grand Tour zur Gelehrten- und Künstlerreise

Auf eine große Reise nach Italien zu gehen, war seit dem späten 16. Jahrhundert fester Bestandteil der Erziehung und Ausbildung des adligen Nachwuchses vor allem in England, Deutschland und Frankreich. Aber auch die Söhne reicher Bürgerfamilien wurden häufig auf eine Kavalierstour geschickt. Die lobenswerte pädagogische Maxime lautete: Lernen durch eigene Anschauung. Dafür startete man ein finanziell durchaus aufwändiges Unternehmen, denn der junge Mann trat die Studienreise mindestens in Begleitung eines Reisemeisters und eines Dieners an, manchmal aber auch mit einer größeren Schar Bediensteter, die mit Leibarzt, Koch, Sekretär, Zahlmeister, Maler und Musiker zu einer vielköpfigen Gesellschaft anwachsen konnte. Der eigene Kutscher samt Pferdeknechten sorgte für das zügige Vorwärtskommen der Reisegesellschaft, wollte diese unabhängig von den unterwegs angebotenen Transportmöglichkeiten sein. Diese kostspielige Variante musste man sich natürlich leisten können.

Der Erwerb eines breiten Allgemeinwissens, die Pflege von standesgemäßen Kontakten, aber auch Übung und Sicherheit im weltmännischen Auftreten, das nach der Heimkehr für eine diplomatische Laufbahn oder die Karriere in einem großen Handels- oder Bankhaus prädestinierte, zählten zu den Zwecken der Grand Tour. Jean-Baptiste Colbert, der Finanzminister König Ludwigs XIV., formulierte die didaktischen Ziele für die Kavalierstour seines Sohnes, der sich 1671 auf Reise begab: „Die beiden wichtigsten Gesichtspunkte, nach denen diese Reise unternommen werden soll, sind Sorgfalt und Fleiß: Sorgfalt, um bald die Befähigung zu erreichen, dem König in den Obliegenheiten meines Amtes zu dienen; Fleiß, um aus der Reise Nutzen zu ziehen und sie vorteilhaft dazu anzuwenden, um die einzelnen Fürstenhöfe und Staaten, die in einem immerhin beträchtlichen Teil der Welt wie Italien bestehen, sowie die verschiedenen Regierungsformen, Sitten und Bräuche, die man dort trifft, kennen zu lernen, um sich in den Stand zu setzen, dem König in allen wichtigen Angelegenheiten, die sich im Laufe seines Lebens ergeben sollten, behilflich sein zu können" (zit. in Brilli 1989, S. 36 ff.). Recherchen vor Ort unter der Anleitung eines Reisehofmeisters oder Lehrers sollten tiefere Einblicke in eine Vielzahl von „Studienfächern" gewährleisten und über Regierungsformen, Verwaltung und Gesetzgebung, Geschichte, Geographie, Wirtschaft und Militärwesen informieren. Auch galt es seine Kenntnisse des Französischen, Italienischen und Spanischen zu verbessern und sich im Tanzen, Fechten, Reiten, Ballspielen und Jagen zu üben. Mit diesem umfangreichen „Lehrplan" wurden die „Erziehungsberechtigten" des Kavaliers jedoch nicht allein gelassen. Francis Bacon veröffentlichte mit seinem Essay „Of Travel" (1625) eine wertvolle pädagogische und didaktische Handreichung, die rund zwei Jahrhunderte lang Gültigkeit behielt. „Reisen bedeutet bei der jungen Welt einen Teil der Erziehung, bei älteren Leuten einen Teil der Erfahrung" (zit. in ebd., S. 31 f.). Bacon hebt die Bedeutung der Sprach- und Ortskenntnisse der Lehrer hervor und stellt schließlich einen umfangreichen Pflichtenkatalog auf: „Was man sehen und beobachten muß, sind Fürstenhöfe, besonders wenn Gesandten Zutritt gewährt wird; weltliche und geistliche Gerichtshöfe, sobald Sitzungen abgehalten und Rechtsfälle abgehandelt werden; Kirchen und Klöster nebst den darin enthaltenen Denkmälern; Wälle und Befestigungen von größeren und kleineren Städten, wie auch Häfen und Werften; Altertümer, Ruinen, Bibliotheken, Universitäten mit ihren Vorlesungen und Disputationen, Handels- und Kriegsflotte; Gebäude und Gärten zu Staats- und Vergnügungszwecken in der Nähe großer Städte; Waffensammlungen, Zeughäuser, Lagerhäuser, Waren- und Wechselbörsen, Warenhäuser, Reit- und Fechtschulen sowie Kasernen und dergleichen; ferner Schauspiele, doch nur solche, welche von den besseren Klassen besucht werden; Schatzkammern für Juwelen und Staatsgewänder; Museen für Kunstgegenstände und Altertümer und schließlich alles, was an einem Orte Merkwürdiges vorhanden ist, worüber die Hofmeister oder Diener sorgfältig Erkundigung einziehen sollten. Prachtaufzüge, Mummereien, Festlichkeiten, Hochzeiten, Begräbnisse, Hinrichtungen und dergleichen Schaustücke sind zur Ausbildung des Geistes nicht notwendig, dürfen aber nicht gänzlich vernachlässigt werden" (ebd.). Auch für einen Diplomaten und Minister in spe war die Beschäftigung mit der Kunst unverzichtbar, wie es Colbert seinem Sohn ins Stammbuch schrieb: „Während seiner ganzen Reise möge er die Architektur studieren und Geschmack an Bildhauerei und Malerei gewinnen, um womöglich eines Tages mein Amt als Oberintendant der Bauten zu übernehmen“ (zit. in ebd., S. 38).

Wenn auch über den pädagogischen Wert der Grand Tour im Grundsatz nicht gestritten wurde, so war man doch geteilter Meinung, was das ideale Alter dafür anging. Gewöhnlich waren die Jünglinge zwischen 16 und 21 Jahre alt, wenn sie in die Ferne geschickt wurden. John Locke plädierte hingegen dafür, die jungen Herren erst reisen zu lassen, wenn sie größere Selbstständigkeit und Sicherheit im Urteil erlangt hatten und ihr Heimatland treffend mit der Fremde zu vergleichen vermochten. So begab sich mancher erst in fortgeschrittenerem Alter auf die Reise wie der dreißigjährige Johann Caspar Goethe, der gut 20 Jahre später seine mehr als 1000 Manuskriptseiten umfassenden Erinnerungen niederschrieb, die „Reise durch Italien im Jahre 1740“.

Solche persönlichen Berichte bildeten seit dem späten 16. Jahrhundert die Grundlagen für eine umfangreiche Reiseliteratur (vgl. Brilli 1989, S. 304 ff.). Zu den ältesten Werken dieser Art gehören „The Travels and Life of Sir Thomas Hoby ... written by Himself“ (1547 - 1564). Sir Thomas Hoby wirkte als englischer Botschafter in Paris und ergänzte seine Erlebnisse um Exkurse zu Geschichte und politischem Leben Italiens. Einem modernen Reiseführer schon ähnlicher ist Richard Lassels „Italian Voyage: or a Complet Journey through Italy“. Der Band erschien 1670. Seine Landeskenntnis hatte sich Lassel auf fünf Reisen zwischen 1635 und 1665 erworben, auf denen er als Mentor junge Adlige betreut hatte. In gleicher Mission war er auch in Flandern, Frankreich, Holland und Deutschland unterwegs. Dank einer umfangreichen Reiseliteratur und zahlloser gedruckter Berichte von Reise-Experten musste man sich also keineswegs unvorbereitet in das Abenteuer einer Grand Tour stürzen.

Die Reise konnte durchaus mehrere Jahre dauern, weil oft schon allein für den Aufenthalt in Italien ein ganzes Jahr angesetzt wurde. Colbert verordnete seinem Sohn einen wesentlich strafferen Zeitplan: „Was die Aufenthaltsdauer betrifft, so werden zwei Tage für Genua, zwei für Florenz, acht für Rom, drei oder vier für Neapel und seine Umgebung genügen. Nach der Rückkehr nach Rom dort weitere acht Tage, die womöglich mit der Heiligen Woche zusammenfallen sollen. Abreise am Ostermontag nach Loreto, von wo er die wichtigsten Städte der Romagna, Ravenna, Faenza, Rimini und andere, besuchen möge; ein halber Tag wird für jede einzelne genügen. In Venedig zwei oder drei Tage, Mantua und Turin ein bis zwei Tage ...“ (zit. in Brilli 1989, S. 37 f.). Johann Caspar Goethe nahm sich hingegen deutlich mehr Zeit: Am 14. Februar 1740 traf er pünktlich zum Karneval in Venedig ein, am 2. März machte er sich über Padua, Bologna, Rimini, Ancona und Loreto auf den Weg nach Rom, wo der überzeugte Protestant am 25. des Monats schriftlich festhielt, „daß ich nun gesund und munter, unbeschreiblich froh und jubelnd den wichtigsten Ort der katholischen Christenheit besichtigen kann“ (DIV [Hrsg.] 1986, S. 134). Doch schon nach fünf Tagen reiste er weiter nach Neapel mit dem Vorsatz, Roms Sehenswürdigkeiten auf dem Rückweg zu besuchen. Besonders faszinierte ihn die Besteigung des Vesuvs: „Die Eingeweide des Berges und seine innere Beschaffenheit lagen nun offen vor unseren Augen, und wohin wir uns auch wendeten, gerieten wir überall in höchste Bewunderung und tiefstes Staunen. Unsere eingebildete Angst verschwand, und jeder Sorge ledig spazierten wir am Krater entlang ... Zufrieden mit diesem Rundgang bereiteten wir uns dann darauf vor, in den Schlund hineinzusteigen, um die natürliche Beschaffenheit des Berges ein wenig auszuforschen. Daß wir eine große Zahl von Männern bei uns hatten, trug viel zu diesem Entschluß bei, und als wir sahen, daß sich einige unserer Führer bereits mit heiterer Miene im Inneren des Kraters ergingen, schoben wir alle unheilvollen Gedanken beiseite und ließen uns von denen hinunterlocken, die uns sonst gewiß auch gegen unseren Willen hinuntergezogen hätten. Um unserer Begierde Genüge zu tun und die vielen Merkwürdigkeiten zu sehen, stiegen wir also hinab, und zwar ohne jede Gefahr für unser Leben, von der doch sonst immer die Rede ist" (ebd., S. 197 f.). Am 19. April erreichte Johann Caspar Goethe noch rechtzeitig zur Karwoche Rom, wo er insgesamt einen Monat verbrachte. In Florenz und Venedig wohnte er den Feierlichkeiten zu Christi Himmelfahrt bei, bevor er rund vier Wochen später Richtung Mailand weiterreiste. Hier erlebte er die Hinrichtung zweier „Schurken" mit, die er detailliert schildert und mit der heimischen Justiz vergleicht. Letzte Stationen seiner Italienreise waren Turin und Genua, von wo er per Schiff über Marseille zurück nach Deutschland gelangte. Aus diesen Reiseverläufen wird ersichtlich, dass die Grand Tour ein relativ standardisiertes Programm zum Inhalt hatte: Man nahm an bedeutenden kirchlichen und weltlichen Festen teil, besuchte die Karwoche in Rom, den Karneval und die Vermählung des Dogen mit dem Meer an Christi Himmelfahrt in Venedig oder einige Frühjahrsmessen in Padua, Vicenza oder Reggio.

Als zweckmäßig erwies es sich in jedem Fall, bei der Reiseplanung die Jahreszeiten zu berücksichtigen. Es empfahl sich, im Herbst vor dem Einsetzen des Schneefalls die Alpen zu überqueren. Den Winter verbrachte man anschließend bevorzugt in Rom oder in Neapel. Mitte des 18. Jahrhunderts sollen sich in einer Wintersaison mindestens 40 000 Fremde in Rom aufgehalten haben (vgl. Brilli 1989, S. 41). Die wichtigsten Termine, die den „giro d'Italia" bestimmten, lagen im Frühjahr und Frühsommer, so dass man den Sommer entweder in Florenz verlebte oder sich vor Beginn der größten Sommerhitze gleich wieder auf den Weg Richtung Alpen machte.

Die Ausrüstung, die ein erfahrener Reisehofmeister zusammenstellen ließ, wirft ein bezeichnendes Licht auf den Reisealltag jener Zeit sowie die kleinen und großen Sorgen unterwegs. Kissen, Wolldecken, Betttücher, Bezüge, am besten noch die eigenen Faltbetten, Vorhängeschlösser und Universalriegel für Zimmertüren waren für die Übernachtung einzupacken, eine Flasche Lavendelöl wurde gegen üble Gerüche in den Schlafräumen mitgeführt. Ließ sich so viel Gepäck nicht transportieren, wurde geraten, sich in Hosen und Westen beziehungsweise langen Nachthemden zur Ruhe zu betten. Bei dem schlechten Zustand der Gasthöfe nimmt es nicht wunder, dass man gerne die adlige Verwandtschaft oder aus diplomatischen, geschäftlichen Gründen seinesgleichen aufsuchte. Aufgrund einschlägiger Erfahrungen wurde auch geraten, Pistolen und Messer mitzunehmen. Messer für die Mahlzeiten werden gesondert aufgezählt. Neben einer gut ausgestatteten Reiseapotheke, in der selbst eine Apothekerwaage nicht fehlen durfte, führte man auch eine Bücherkiste mit sich. Auf Handbücher der Geographie, der Flora und Fauna, der Schönen Künste, aber

17

Stourhead Garden, See mit Pantheon. Zu den Kopien historischer Bauten in diesem reizvollen Landschaftsgarten gehört neben einem Flora- und einem Apollotempel auch eine Palladio-Brücke. Im Gegensatz zum Original in Vicenza führt hier ein Rasenweg über die steinerne Brücke.

auch auf die klassischen Texte konnte man nicht verzichten. Um seine Reiseeindrücke festzuhalten, gehörte es zum guten Ton, Pinsel, Aquarellfarben, Malpapier und ein Skizzenbuch dabei zu haben.

Als Mitbringsel gingen vor allem Bilder, Kupferstiche, Gipsabdrücke und so manche Inspiration mit auf die Heimreise. Als besonders schönes Beispiel für die nachhaltige Wirkung einer Romfahrt kann der Landschaftsgarten von Stourhead Garden südöstlich von Bristol gelten (Abb. 17). Der junge Bankier Henry Hoare hatte sich 1738 auf eine für ihn höchst folgenreiche Grand Tour begeben. Nach seiner Rückkehr gab er seinen standesgemäßen Beruf auf und widmete sich ganz der Landschaftsgärtnerei. In den Hügeln von Wiltshire Downs schuf er sich im Gedenken an seine Grand Tour ein privates Arkadien. Eine kleine Kopie des römischen Pantheons, ein Tempel der Flora, ein anderer für Apollo, eine Statue des Neptun in einer künstlichen Grotte: Diese Elemente einer idealen Landschaft, wie sie zu jener Zeit in den Köpfen der Kunst- und Geschichtsbeflissenen existierte, fanden dort ihren Platz. Besonders Claude Lorrains Gemälde „Aeneas in Delos“ aus dem Jahr 1652 inspirierte Henry Hoare bei der Anlage des Parks. Selbstverständlich schmückte eine Sammlung von Bildern und Graphiken zu den Themen „Antike“ und „Italien“ Stourhead House und hält bis heute die Erinnerung an die Kavalierstour und die damals modernen Interessen betuchter Gesellschaftskreise wach.

Wenn auch das Programm einer Grand Tour auf die Erziehung des männlichen Nachwuchses ausgerichtet war und den Mädchen in der Regel keine gleichwertige Ausbildung zugestanden wurde, so ist doch eine beachtliche Reihe von unternehmungslustigen Damen überliefert. Vermutlich haben sich die wenigsten Frauen allein auf eine Italienreise begeben, sondern in Begleitung ihres Ehemannes und als Lehrerin oder Gouvernante. Die französische Schriftstellerin Anne Marie Du Bocage reiste 1757 nach Italien und veröffentlichte ihre „Lettres sur l'Angleterre, la Hollande et l'Italie“. Die englische Dichterin Anna Miller veröffentlichte 1770 ebenfalls „Letters from Italy". Überhaupt wählte man gern die Briefform zur Schilderung seiner Reiseeindrücke. Lady Mary Wortley Montagu kam zusammen mit ihrem Mann, dem englischen Botschafter in Konstantinopel, in den Vorderen Orient und den Mittelmeerraum. 1743 ließ sie sich in Italien nieder und schrieb von dort viele Briefe an ihre Tochter, die nach ihrem Tod 1762 als Buch erschienen. Die wohl bedeutendste Italienreisende an der Wende zum 19. Jahrhundert war Madame de Staël, deren Roman „Corinne, où l'Italie" großen Erfolg hatte.

Außer Acht gelassen werden darf dabei nicht, dass auch andere Länder auf dem Reiseplan standen. Frankreich galt als „Musterland der galanten Sitten, der modischen Eleganz und des geselligen Umgangs" (Siebers 1999, S. 50) und für die Einübung in das Benehmen bei Hofe empfahl sich auch Wien. „Das Gewühl in Wien ist noch stärcker, als in Paris ... Man siehet hier Leute aus allen Orten und Enden der Welt: Ungarn, Husaren, Heyducken, Polacken, Moscoviten, Persianer, Türcken, Mohren, Spanier, Italiäner, Tyroler, Schweitzer kurz von allen europäischen Völkerschaften" (zit. in ebd., S. 51), berichtet ein namentlich nicht bekannter Zeitgenosse 1717. Interessierte man sich mehr für die neuesten technischen und wirtschaftlichen Entwicklungen, kam eventuell auch ein Abstecher nach England oder in die Niederlande in Frage.

Die Grand Tour des 16. bis 18. Jahrhunderts wurde bald zum Vorläufer anderer Reisetypen, wie der Künstler- und der Gelehrtenreise. Besaß die Kavalierstour bei manchen den zweifelhaften Ruf, mit „den drey hauptschädlichen W – Wein, Weiber und Würffel" (zit. in ebd., S. 49) auch schon einmal eine verkappte Vergnügungsreise zu sein, wurde bei der Gelehrtenreise gern ihre Seriosität unterstrichen. So steht in Joachim Christoph Nemitz' Reiseführer „Séjour de Paris" (1718) zu lesen: „ Gelehrte machen sich in der Frembde mit Gelehrten bekannt / besuchen fleißig die Klöster und Bibliothequen / frequentieren die Zusammenkünffte der Academien und gelehrten Sociaeteten / und was mehr dergleichen zu ihrem propos dienet" (zit. in ebd., S. 47). Trotzdem konnte es vorkommen, dass eine solche Gelehrtenreise in enger Verbindung zu einer Grand Tour stand, nämlich dann, wenn der Gelehrte im Auftrag seines Fürsten mit einem Zögling unterwegs war. Im 18. Jahrhundert waren es vor allem drei Gründe, die einen Gelehrten zwangen, die heimische Studierstube zu verlassen (vgl. ebd., S. 52 f.). Zu Forschungszwecken reiste man zu Bibliotheken und Sammlungen, besuchte Kollegen und wissenschaftliche Gesellschaften oder beobachtete Naturereignisse. Eine Reise mit dem Ziel der beruflichen Fortbildung fand meist im Auftrag fürstlicher oder anderer Geldgeber statt. So wurden Architekten zur Vorbereitung neuer Projekte in die führenden Zentren der Baukunst nach Rom, Paris und Wien geschickt. Der dritte Reiseanlass betraf schließlich die Kontaktaufnahme mit berühmten Gelehrten, Staatsmännern oder Glaubensvertretern. Als Mekka aller Forschungsreisenden galt bis um die Mitte des 18. Jahrhunderts die niederländische Universität Leiden, die, 1575 als calvinistische Hochschule gegründet, im 17. Jahrhundert zur führenden Universität Europas avancierte.

Für Künstler blieb jedoch Italien das vorrangige Ziel: „Schließlich werden sich auch die Freunde der schönen Künste dort mehr als anderswo vervollkommnen können, da diese dort in größerer Blüte als an irgendeinem anderen Ort stehen in Anbetracht dessen, daß der Nationalgeist durch natürliche Neigung die Italiener selbst in diesen Dingen begünstigt, die darin mehr Erfolg haben als jeder andere. Es ist wahr – die schönste Musik und die wohlklingendsten Konzerte hört man in Italien. Und es ist Italien, das in der Malerei, Bildhauerei und Architektur den guten Geschmack hervorgebracht oder in anderen Fällen wiederhergestellt hat und von wo aus zumal die letztere den Rest Europas erobert hat", konstatierte der französische und in Rom ansässige Buchhändler François Deseine 1699 in seiner „Nouveau voyage d'Italie" (zit. in Brilli 1989, S. 38). So entwickelte sich im frühen 18. Jahrhundert die Überzeugung, nur in Rom könne man zum Künstler werden. Rompreise und andere Stipendien erleichterten den Begabtesten und Besten den Aufenthalt, der sich durchaus über mehrere Jahre erstrecken konnte. Die Künstlerszene Europas traf sich in Rom an der „Wiege der europäischen Kunst". Mindestens einmal im Leben musste man einfach dort gewesen sein. Als Zentren der künstlerischen Aus- und Weiterbildung, als Diskussionsforen und Schiedsgerichte in künstlerischen Streitfragen galten die Akademien, zum Beispiel die bereits 1577 in Rom gegründete Accademia di San Luca, an der sich die ausländischen Künstler einschrieben. Ihren Rom-Aufenthalt und den „giro", die Rundreise zu den Höhepunkten italienischer Kunst und Geschichte aus Antike und Renaissance, finanzierten die Künstler gewöhnlich durch den Verkauf von Gemälden und Zeichnungen oder indem sie ihre Dienste als Reiseführer, als „cicerone", anboten. Als Souvenirs besonders gefragt waren die Veduten, betont realistische Wiedergaben von Stadtansichten und Landschaften. Die Sammelleidenschaft der Reisenden sollte in der Heimat manche Privatsammlung italienischer Kunst begründen.

Viele zeittypische Reisetrends finden sich in einer Person vereint: Es war der Weimarer Minister, Dichter, Zeichner und Naturforscher Johann Wolfgang von Goethe, der sich 1786 inkognito als „Filippo Miller, Tedesco, Pittore" auf seine erste Italienreise begab. In aller Heimlichkeit brach er am 3. September auf: „Früh drei Uhr stahl ich mich aus Karlsbad, weil man mich sonst nicht fortgelassen hätte" (von Einem [Hrsg.] 1992, S. 9). Goethe war von Kindheit an mit der italienischen Sprache vertraut. Er hatte mit den drei Bänden von Johann Jakob Volkmanns „Historisch-kritische[n] Nachrichten von Italien", 1770/71 in Leipzig erschienen, einen aktuellen Reiseführer im ansonsten leichten Gepäck und besaß eine gut gefüllte Reisekasse. Am 1. November traf er in Rom ein, besichtigte fleißig die Sehenswürdigkeiten, suchte den geistigen Austausch, hielt seine Reiseeindrücke in Zeichnungen fest, beobachtete die Natur und sammelte Kunstgegenstände, die nach seiner Rückkehr das Haus am Frauenplan schmücken sollten. Erst 1816 erschien noch unter dem Titel „Aus meinem Leben" die Erstausgabe von Goethes „Italienischer Reise" mit dem berühmten Motto „Auch ich in Arkadien!", das ganz Italien zur Idylle (v)erklärte.

Rund ein halbes Jahrhundert nach Goethe begab sich auch König Ludwig I. auf eine Studienreise in den Süden zu den Stätten der antiken Kultur. Die bereits im 18. Jahrhundert begonnenen Ausgrabungen von Pompeji und die Entdeckungen in der verschütteten Stadt zogen Antikenbegeisterte und Bildungsreisende aus vielen Teilen Europas an. Zu ihnen gehörte auch der bayerische Landesvater. In seinem Gefolge reiste unter anderem der Architekt Friedrich von Gärtner, der beauftragt worden war, Grundrisse und architektonische Details aufzunehmen und die freigelegten Wandmalereien aus den römischen Häusern zu skizzieren. Auf besonderes Interesse stieß bei Ludwig I. das nach einem Wandgemälde

18

Aschaffenburg, Pompejanum. Als Anschauungs- und Studienobjekt für alle Daheimgebliebenen entstand oberhalb des Mainufers dieser Nachbau eines antiken Hauses. Abweichend vom historischen Vorbild und als Zugeständnis an die exponierte Lage erhielt das Pompejanum Aussichtsterrassen.

benannte „Haus des Castor und Pollux". In heimischen Landen, am Mainufer von Aschaffenburg, sollte nach seinem Vorbild das Pompejanum entstehen (Abb. 18). Dem Landesherrn ging es dabei nicht um eine Kopie des antiken Gebäudes zum privaten Vergnügen oder eine exotische Sommerresidenz im Park seines Schlosses Johannisburg. Das Pompejanum sollte vielmehr ein pädagogisch wertvolles Reisesouvenir für die Untertanen werden, ein Ort der Bildung und des Studiums der antiken Kultur, ein begehbares Modell in den Größenverhältnissen 1 : 1 für alle diejenigen, die sich nicht selbst auf die Reise an die originalen Stätten begeben konnten. Von 1840 bis 1848 entstand nach den Plänen Friedrich von Gärtners das markante Gebäude oberhalb des Mains, das jedoch keine exakte Kopie der pompejanischen Villa darstellt, sondern ein idealtypisches Beispiel römischer Wohnkultur mit einigen Zugeständnissen an die Hanglage, wie der Außentreppe und dem Belvedere im zweiten Obergeschoss. Passend zum Gebäude wurde auch die umgebende Landschaft gestaltet, so dass diese den Eindruck mediterraner Flora zu vermitteln vermochte. Viele Pflanzen aus dem Mittelmeerraum, wie Feigen, Agaven, Mandel- und Pfirsichbäume, konnten auch im Fränkischen gedeihen. Für empfindlichere Pflanzen musste man auf einheimischen Ersatz zurückgreifen. So setzte man Schwarzkiefern anstelle von Pinien und Pyramidenpappeln vertraten Zypressen. Wenn es Ludwig auch darum ging, italienische Architektur in mediterraner Landschaft nachzuahmen, so bezeichnete er seinen Sommersitz am Ufer des Mains doch als sein „Bayerisches Nizza"! Bei aller Begeisterung für die römische Antike war er eben touristisch vielseitig und durchaus an den neuesten Reisezielen seiner Zeit interessiert. In Nizza starb Ludwig auch 1868.

Die Grand Tour mit ihrem anspruchvollen Bildungsideal wurde allmählich von anderen Reisetypen verdrängt. Der Studienreisende des 19. Jahrhunderts jedenfalls erlaubte sich einen freieren Umgang mit den Denkmälern der Vergangenheit, oder wie Theodor Fontane 1874 in einem Brief aus Rom berichtet: „Die großen Sachen sind mit Liebe und Gewissenhaftigkeit absolviert; die tausend anderen für Kunst- und Kulturgeschichte lehrreichen Nummern, die noch bleiben, erheischen nicht das Auge eines Reisenden, sondern das eines Studierenden, die Arbeit eines Lebens. In dieser Erkenntnis schnüre ich frohen Mutes mein Bündel. Das Mögliche ist geleistet worden und wie ich kühnlich hinzufüge: für meine Verhältnisse gerade genug ..." (Haufe [Hrsg.] 1987, S. 465 f.)

Auf Wallfahrt

Im Zuge der Gegenreformation, die vom Trienter Konzil (1545 bis 1563) ihren Ausgang genommen hatte, erlebten die Heiligen- und vor allem die Marienverehrung einen neuen Aufschwung. Nach den politischen Wirren der Reformationszeit und dem Dreißigjährigen Krieg entstanden zahlreiche Wallfahrtsorte, deren Besuch besonders von dem neu gegründeten Jesuitenorden gezielt gefördert wurde. In einer Zeit, in der Pest, Kriege und existenzielle Not große Teile der Bevölkerung trafen, suchte man Hilfe bei wundersamen Gnadenbildern. Prozessionen und Umzüge bescherten ein intensives Gemeinschaftserlebnis. So entwickelte sich die Wallfahrt zu einem neuen, religiös motivierten Reisetypus.

Während die Pilgerreise, selbst wenn man sich aus Sicherheitsgründen zu Gruppen zusammenschloss, ein individueller Glaubensakt blieb, stand bei der Wallfahrt der gemeinschaftliche, zeremoniell gestaltete Weg im Vordergrund. „Wallfahrten sind außerliturgische, gemeinschaftliche und daher in der Regel prozessionsweise, in regelmäßigen Zeitabständen (meist alljährlich zu einem bestimmten Termin) unternommene Bitt- und Bußgänge zu bestimmten Gnadenstätten“ (Hans Dünninger zit. nach Plötz 1999, S. 31). Die gemeinschaftliche Prozession konnte durchaus eine mehrtägige Reise sein, die in der Regel zu Fuß unternommen wurde. Im 17. Jahrhundert kamen aber auch Schiffswallfahrten auf, bei denen eine Wegstrecke mit dem Boot zurückgelegt wurde. Die traditionellen Prozessionswege sind an Wegekreuzen, Bildstöcken oder Kapellen gut in der Landschaft zu erkennen. Festgelegt waren neben dem Prozessionsweg selbst auch die Rastplätze mit Einkehr- und Übernachtungsmöglichkeiten.

Altötting galt bereits im 14. Jahrhundert als Marienwallfahrtsort (Abb. 19). Als in den Jahren 1489 und 1490 zwei verunglückte Kinder nach Anrufung der Muttergottes wieder zum Leben erweckt wurden, schrieb man ihre Rettung der „Schwarzen Madonna“ zu. Das aus Lindenholz geschnitzte und durch Kerzen-

19

Altötting, Kapellplatz. Barocke Stadtplanung diente hier der machtvollen Inszenierung der Wallfahrt. Die ausgedehnte Rasenfläche bietet zahlreichen Pilgern Platz. Der Kranz von Kirchen und repräsentativen Gebäuden unterstreicht die Rolle Altöttings als „Herz von Bayern“ und „Shrine of Europe“. Auf dem Bild zu sehen sind die Gnadenkapelle, dahinter die barocke Jesuitenkirche St. Magdalena und rechts angeschnitten die Stiftkirche St. Philipp und Jakob.

rauch und Silberoxydation geschwärzte Marienbild war ein Jahrhundert zuvor als Geschenk eines Zisterzienserordens in die Stadt gelangt. Die Wunder begründeten die Wallfahrtsgeschichte von Altötting und viele Gläubige suchten dort Trost und Hilfe. Unter Kurfürst Ferdinand Maria von Bayern erlebte die Stadt im 17. Jahrhundert eine repräsentative Neugestaltung des Kapellplatzes. Die karolingisch-spätgotische Gnadenkapelle mit dem wundertätigen Bild der Muttergottes, in der die Herzen mehrerer bayerischer Herrscher beigesetzt waren, sollte durch einen barocken Kuppeldom überbaut werden. 1647 legte der Kurfürst persönlich den Grundstein zu dem von Enrico Zuccalli entworfenen Gotteshaus. Doch das Projekt kam nicht über die Fundamente hinaus, denn der Bauherr starb 1679 und sein Sohn, Kurfürst Max Emanuel von Bayern, musste aus Geldmangel auf einen Weiterbau verzichten. Verwirklicht wurden von den Plänen Enrico Zuccallis aber immerhin die Neuen Chorherrenstöcke (1677 – 1681) und die ehemalige Stiftsdekanei (1674 – 1677) am nördlichen Rand des Platzes. Den westlichen Abschluss bildet der Alte Chorherrenstock aus dem frühen 17. Jahrhundert. Im Kranz der geistlichen und weltlichen Gebäude um die rund 17000 Quadratmeter große Rasenfläche befindet sich auch das aus dem 17. Jahrhundert stammende Hotel zur Post, die ehemalige Hofwirtstaverne, deren Ursprünge bis in das 13. Jahrhundert zurückreichen. In den Jahren 1685 bis 1699 gab Domenico Zuccalli dem traditionsreichen Gasthaus sein heutiges Aussehen.

Der Aufschwung des Wallfahrtswesens schlug sich im 18. Jahrhundert auch in einer steigenden Zahl von Nahwallfahrten nieder. Grund hierfür waren zum Teil handfeste wirtschaftliche Gründe. Mit strengen Reglements versuchten Kirchenmänner und Landesherren zu verhindern, dass „Familienväter eine Woche oder länger ihre Haushaltungen ohne Vorstand ließen“ (Groß 1992, S. 79), dass die Gläubigen zu lange von ihrer Arbeit abgehalten wurden oder in andere Territorien zogen und dort ihr Geld ließen. „Wenn die Pilger zudem, statt Erbauung zu suchen, ‚müßig und schwärmend herumwanderten‘, müsse man solchen ‚Unfug‘ steuern“ (ebd.). Deshalb erließ der Trierer Kurfürst Klemens Wenzeslaus 1784 ein Verbot von Wallfahrten, die länger als eine Stunde Fußmarsch dauerten. Für Trier bedeutete dies einen beachtlichen finanziellen Verlust, denn Tausende von Pilgern wurden „ausgesperrt“ und das Geld, das sie bisher im Dom, in St. Matthias und den anderen Kirchen, aber auch in den Gasthöfen und Geschäften der Stadt gelassen hatten, fehlte in den wirtschaftlich schlechten Zeiten sehr. Angesichts der revolutionären Ereignisse im nahe gelegenen Frankreich zog es der kirchliche Landesherr einige Jahre später vor, seine Untertanen zu besänftigen, indem er die Einschränkungen bei der Wallfahrt wieder aufhob.

Ein „Richtiger Wegzeiger für die Reyß zu Land von Siegburg auff Trier“ von 1727 schildert minutiös den Ablauf einer Wallfahrt „zu dem heyligen weit in der Welt gerühmten deutschen Apostel Matthiam“ (Schmellekamp 2002, S. 12). Der heilige Matthias war in der Apostelschar an die Stelle des verräterischen Judas getreten und der Legende nach soll die heilige Helena dafür gesorgt haben, dass seine Reliquien nach Trier überführt wurden. 1127 fand die erste Matthias-Wallfahrt statt. Der Heilige Rock im Trierer Dom, eine Tunika Christi, sollte dagegen erst 1512 zum ersten Mal gezeigt werden. Während die Pilger im Mittelalter nicht nur aus dem Umland, sondern auch vom Niederrhein, aus Flandern, dem Odenwald, aus Franken und dem Bodenseeraum sowie dem Elsass kamen, um den 13. Apostel zu verehren, wurde das Einzugsgebiet seit dem

16./17. Jahrhundert deutlich kleiner. Es umfasste nun nur noch die Umgebung Triers, die Eifel, Luxemburg, den Köln-Bonner Raum und den Niederrhein. Zeugnisse der Mattheiser Wallfahrt sind bis heute die in dieser Region lebendigen St. Matthiasbruderschaften. Sie pflegen auch die zahlreichen Kreuze und Kapellen, an denen die Pilger bei der Fußwallfahrt Station machen. In Trier angekommen, war nicht sogleich das Apostelgrab das Ziel. Zuerst besuchten die Matthiaspilger die Stadtpfarrkirche St. Gangolf, am nächsten Tag den Dom, die Liebfrauenkirche und die Jesuitenkirche und dann erst zogen sie zum eigentlichen Ziel, zu St. Matthias. In der Regel waren drei Übernachtungen für eine korrekt und vollständig absolvierte Pilgerfahrt nötig. Verständlich ist da der Protest der Trierer Gastwirte gegen die massiven Einschränkungen der Wallfahrt durch den Kurfürsten. Allein in der Siedlung außerhalb der Klostermauern von St. Matthias – vor den Toren der mittelalterlichen Stadt – gab es bei rund 30 Häusern 15 Gastwirtschaften. Auf den beschwerlichen Fußweg nach Trier folgte die dreitägige Rückreise auf dem Wasser, auf Mosel und Rhein, wie ein Führer von 1744 berichtet. In einem Nachen sitzend, konnte man zwar die Gliedmaßen schonen, doch um eine Wallfahrt handelte es sich immer noch: „Ferners wird zu Wasser mit singen und betten eyffrig fortgefahren, biß jeder Pilgram nacher Hauß zurück angelangt" (ebd., S. 140).

Während die Matthias-Wallfahrt jedes Jahr stattfand, war die Heilig-Rock-Wallfahrt zu Trier eine weitaus seltenere Angelegenheit. Die bedeutendste Reliquie des Trierer Doms war seit 1512 bislang erst sechzehnmal zu sehen: neunmal im 16. Jahrhundert, einmal im 17. und je dreimal im 19. und 20. Jahrhundert. In den Jahren 1702 bis 1708 wurde an den Ostchor des Domes eine barocke Heiltumskammer zur Aufbewahrung des Heiligen Rocks angebaut. Doch gegen Ende des 18. Jahrhunderts ging der Heilige Rock in unruhigen Zeiten selbst auf Reisen. Immer wieder musste er an sicherere Aufbewahrungsorte weiter östlich gebracht werden, auf die Festung Ehrenbreitstein, nach Bamberg, Augsburg oder sogar nach Böhmen. Unter großer Anteilnahme von rund 230 000 Gläubigen kehrte die Reliquie im September 1810 wieder in den Trierer Dom zurück. Während im 18. Jahrhundert zwischen 15 000 und 30 000 Wallfahrer und eine nicht geringe Zahl von Individual-Pilgern nach Trier kamen, um den Heiligen Rock zu verehren (vgl. Groß 1992, S. 84), stieg die Zahl der Gläubigen im Laufe des 19. Jahrhunderts beachtlich: Vom 17. August bis zum 6. Oktober 1844 kamen ca. eine halbe Million Pilger, in den zwei Wochen der nächsten Wallfahrt im Herbst 1891 waren es gar mehr als eine Million.

Promenaden mit dem Trinkbecher

Das Trinken von Mineralwasser, ja sogar sein Versand in Krügen, Flaschen oder Fässern in viele Länder Europas hatte schon im 16. und 17. Jahrhundert Tradition und ist für diese Zeit etwa für Spa belegt. Doch um die Wende vom 17. zum 18. Jahrhundert veränderten die ersten Erkenntnisse der modernen Wasserheilkunde mit ihren Mineralwasser-Analysen die Hydrotherapie, was sich alsbald auf die Gestaltung der Kurorte auswirkte. Für eine Reihe von Bädern sollte der neue Trend, der dem Trinken von Mineralwasser den Vorzug vor dem bislang so

geschätzten Bad gab, erst einmal zu einem Bedeutungsverlust führen. Dies betraf etwa Baden bei Wien, Baden im Aargau, Plombières, Baden-Baden und Wiesbaden, deren warmes, schwach mineralisiertes Wasser man zum Trinken für ungeeignet hielt. Dagegen kamen Kurorte mit natürlichen, gewöhnlich kalten Säuerlingen wie Pyrmont, Schwalbach, Spa, Vichy oder Forges-les-Eaux immer mehr in Mode (Abb. 20). Eine Sonderstellung nahm Karlsbad ein, da sein Wasser sowohl für Bade- als auch für Trinkkuren geeignet schien (vgl. Křížek 1990, S. 124). 1705 veröffentlichte Friedrich Hoffmann, ein Medizinprofessor aus Halle, mit seiner „Dissertatio de thermis Caroliensibus" die erste bedeutende Untersuchung über die Thermalquellen von Karlsbad. Verfügte ein Badeort über ein Wasser, das nach den neuesten Analysen auch bei innerer Anwendung Heilung versprach, war seine Zukunft gesichert. Doch Voraussetzung hierfür waren zunächst umfangreiche Baumaßnahmen. Dazu gehörten vor allem das Fassen der Heilquellen in Brunnengebäuden und die Errichtung angeschlossener Räumlichkeiten, in denen der Kurgast bei leichter Bewegung die verordneten Wassermengen zu sich nehmen konnte. Mit der Wandelhalle oder Kolonnade wurde eine architektonische Lösung gefunden, die dem Kurgast auch bei schlechtem Wetter seine tägliche Promenade mit dem Trinkbecher erlaubte. Zwei Kurstädte, die bis heute ihr charakteristisches Ortsbild bewahrt haben, sollen hier vorgestellt werden: Es sind Bath und Karlsbad.

20

Bad Pyrmont, Hauptallee und Hylliger Born. Hier pflegte sich seit dem 17. Jahrhundert der europäische Hochadel zu treffen. Das Jahr 1681 ging sogar als „Fürstenjahr" in die Stadtgeschichte ein, weil sich seinerzeit rund 40 Angehörige europäischer Königs- und Fürstenhäuser in Bad Pyrmont zur Brunnenkur einfanden. Nur mit zusätzlichen Zelten für die unteren Ränge ließ sich der Gästeansturm bewältigen.

In Großbritannien gelang Bath im 18. Jahrhundert der Aufstieg zur Hauptstadt des gesellschaftlichen Lebens, zumindest über den Winter. Mehr als eine Million Liter 46° Celsius heißen Mineralwassers pro Tag waren ein überzeugender Grund, die Badesaison in die kühlere Jahreszeit von Oktober bis Mai zu verlegen. Schon die Römer hatten das Thermalwasser sehr geschätzt und in Aquae Sulis eine antike Badeanlage von bemerkenswerten Ausmaßen angelegt, die noch heute in einzigartiger Weise erhalten ist und besichtigt werden kann (Abb. 21). Im Mittelalter nutzte man die heilenden heißen Quellen, die einzigen in Großbritannien, in drei Badehäusern, dem King's Bath, Cross Bath und Hot Bath.

Anfang des 17. Jahrhunderts sollte Bath einen Neubeginn erleben. Ärzte hatten sich jetzt in Bath niedergelassen und boten ihren Patienten oftmals zugleich Gästezimmer an. Doch den Sprung zur „social capital" gelang Bath erst, als königlicher Besuch zur Regel wurde. Hofstaat und Adel folgten bald und die Kleinstadt mit ihren knapp 1200 Einwohnern entwickelte sich zu einem gefragten Badeort. Richard Beau Nash (1674 bis 1761) kam 1703 aus London an den Avon und wurde drei Jahre später zum Zeremonienmeister von Bath ernannt, wo das Spiel um Geld inzwischen unerwünschte Ausmaße angenommen hatte.

Der ehemalige Glücksspieler sorgte für Ordnung und prägte mehr als ein halbes Jahrhundert lang das gesellschaftliche Leben der Stadt. Nicht nur viele Badegäste, sondern auch namhafte Architekten kamen nach Bath. Sie gaben dem vornehmen Badeort sein bis heute charakteristisches Erscheinungsbild. 1987 wurde Bath als Weltkulturerbe unter Schutz gestellt.

Die Vorliebe der Architekten John Wood, Vater und Sohn, für die italienische Renaissance-Architektur des Andrea Palladio sollte das Stadtbild von Bath prägen: Kolossalsäulen und Tempelgiebel finden sich nicht nur an den repräsentativen Kureinrichtungen, sondern auch an den Wohnhäusern, zum Teil Zweitwohnsitzen wohlhabender Badegäste. Als herausragende Beispiele für die Bauten beider seien der Circus, 1754 von John Wood d. Ä. geplant und von seinem Sohn vollendet, sowie der Royal Crescent, den John Wood d. J. von 1767 bis 1774 errichtete, genannt.

Das Trinken des schwefelreichen Heilwassers war um das Jahr 1661 in Mode gekommen. Begnügte man sich anfangs noch mit einem schlichten Trinkwasserbrunnen, wurde an der Wende zum 18. Jahrhundert eine Trink- und Wandelhal-

21

Bath, römische Bäder und Pump Room. Die Südseite des Abbey Churchyard erhielt im 18./19. Jahrhundert ihre heutige Bebauung. Das Gebäude links bildet den Eingang zu den 1880 wiederentdeckten römischen Bädern. Im Obergeschoss befindet sich ein Konzertsaal. Das Gebäude rechts ist die Trinkhalle (Pump Room), die mit Säulen, Friesen und Ziergiebeln architektonische Vorbilder der Antike aufgreift.

22

Bath, Royal Mineral Water Hospital. Wer sich in dieses Hospital zur Behandlung begab, musste beim Eintritt drei Pfund als Pfand hinterlegen, egal ob arm oder reich. Nach erfolgreicher Kur erhielten die Patienten das Geld für die Heimreise zurück, versagten dagegen Mineralwasser und ärztliche Kunst, wurden davon die Kosten für die Beerdigung bestritten.

le errichtet. Der erste Pump Room konnte 1706 eröffnet werden. Diese Trinkhalle entwickelte sich immer mehr zum Mittelpunkt des gesellschaftlichen Lebens. Zum Ende des Jahrhunderts genügte sie den Ansprüchen nicht mehr, so dass in den Jahren 1791 bis 1796 die heutige Trinkhalle im Stil des Klassizismus – ebenfalls mit kolossalen Säulen und antiken Schmuckformen – gebaut wurde.

Im Südwesten schließt sich an den nach wie vor gern und gut besuchten Pump Room das King's Bath an. Von hier führt die 1791 noch mittelalterliche Bebauung passierende Bath Street zum Badeviertel mit drei historischen Bädern. Der Säulengang in den Erdgeschossen der Häuser zu beiden Seiten der Straße wurde vor allem als Sichtschutz für die Kurgäste auf dem Weg zwischen dem King's Bath und dem Badeviertel angelegt – Diskretion als Planungsgrundlage im georgianischen Städtebau! An der Hot Bath Street wurden die schon seit dem Mittelalter bestehenden Bäder im 18. Jahrhundert einer Verjüngungskur unterzogen. 1777 konnte das von John Wood d. J. erneuerte Hot Bath wiedereröffnet werden, sechs Jahre später das Cross Bath. Bereits 1718 hatte man mit dem Hetling Pump Room eine kleinere Trinkhalle in Betrieb genommen. Nördlich des Badeviertels wurde an den Upper Borough Walls 1737 das Royal Mineral Water Hospital eröffnet, das mit seinen Kolossalsäulen und seiner Fassadengestaltung ebenfalls in der Tradition Palladios steht (Abb. 22). Als Schauplatz und Bühne für die angenehmeren Seiten des Kurlebens dienten in der oberen Stadt nahe dem Circus die Assembly Rooms. John Wood d. J. errichtete den außen schlicht gehaltenen Bau, der nach seiner Eröffnung im Jahr 1771 schnell den beiden älteren Versammlungsräumen den Rang ablief.

Wie sehr königlich-kaiserliche Besuche – auch aus dem Ausland – das Renommee und die Entwicklung eines Badeortes befördern konnten, belegt auch das Beispiel von Spa. Hier war es Zar Peter der Große, der 1717 auf seiner Europareise am Sauerbrunnen des hl. Remaclus nach einem Monat Trinkkur Heilung fand. An das werbewirksame Ereignis erinnert noch das Gebäude des „Pouhon Pierre-le-Grand" („Brunnen Peters des Großen") von 1880 (Abb. 23). In der ehemaligen Wandelhalle zeigt das überdimensionale Bild von Antoine Fontaine mit dem Titel „Das Goldene Buch" (1894) knapp 100 Personen, die illustre Gästeschar, die vom 16. bis 19. Jahrhundert Spa einen Besuch abstattete, ein „Gotha", oder moderner ausgedrückt: ein „Who's who", wie er in schriftlicher Form schon 1751 in Spa eingeführt wurde.

Das Mineralwasser des Ardennenstädtchens schätzte man bis ins 19. Jahrhundert hinein ausschließlich als heilendes Getränk. Ab 1572/73 wurde es in die weiteren Niederlande, ab den 1580er Jahren auch nach Deutschland und Italien exportiert. Seit Beginn des 17. Jahrhunderts konnte man das gesunde Nass ebenso in England, Polen und Russland erhalten. „Wenn die Ärzte ratlos sind", so ein nicht näher bekannter Zeitgenosse anno 1614, „schicken sie ihre Kranken nach Spa." Unter den im Zitat angesprochenen Medizinern befanden sich auch Badeärzte aus Aachen, das sich im 17./18. Jahrhundert zum nächstliegenden Modebad entwickelte. Da man sich in Aachen im Schatten des Domes, wie schon zur Römerzeit und im Mittelalter, ins heiße Thermalwasser hineinsetzte, statt dieses zu trinken, gab es keine Konkurrenz zwischen Spa und Aachen und die Ärzte konnten sich die Gäste in seltener Eintracht gegenseitig zuschieben oder kombinierte Kuren verordnen.

Mit dem Trinkbecher in der Hand spazierte der Kurgast in Spa tagsüber durch den Kapuzinergarten. Wurde der Park vor dem abendlichen Gebet geschlossen, fehlte es den Kurgästen an einer geeigneten Grünanlage. 1758 wurde dieser Mangel behoben und ein Park mit dem ungewöhnlichen Namen „Parc de 7-Heures" („Sieben-Uhr-Park") eröffnet (Abb. 24).

23

Spa, Pouhon Pierre le Grand. Zar Peter der Große unterbrach seine Studienreise, die ihn in Belgien nach Namur und Lüttich führte, um in Spa eine Kur zu machen. Mehr als eine Inschriftentafel spendierte der genesene Monarch zwar nicht, aber der Erfolg seiner Kur sollte sich herumsprechen und Spa weithin bekannt machen.

Das aus medizinischen Gründen verordnete Spazierengehen leitete im 18. Jahrhundert im böhmischen Karlsbad markante bauliche Veränderungen ein. Der führende Badearzt David Becher verlangte von seinen Patienten, während des Heilwassertrinkens auf und ab zu spazieren, da die Bewegung die Aufnahme der Mineralien fördere. Zwei größere Bauaktivitäten waren die Folge dieser ärztlichen Verordnung: Zum einen wurden Schutzhütten errichtet, um die Kurgäste auf ihrem Spaziergang vor den Widrigkeiten des Wetters zu schützen. 1792 ersetzte man einen solchen Schutzbau im Zentrum des Kurbetriebs durch die elegantere Form einer Kolonnade, einen Vorgängerbau der heutigen Mühlbrunnkolonnade. Zum anderen begann man 1770/80 mit der Anlage eines ausgedehnten Wegenetzes in der Umgebung des Bäderviertels. Als eine der beliebtesten Touren mit dem typischen Schnabelbecher in der Hand entwickelte sich die Promenade zum Posthof, der zum gesellschaftlichen Treffpunkt im Wald vor den Toren der Stadt avancierte (Abb. 25). Zur Ausstattung des 1791 eröffneten Posthofs gehörten nicht nur Stallungen, sondern auch der mit Wandgemälden ausgeschmückte Blücher-Saal (heute Labitzky-Saal), in dem regelmäßig Konzerte unter dem Dirigenten August Labitzky stattfanden. Antonín Dvořáks Sinfonie „Aus der Neuen Welt" erlebte hier 1884 ihre europäische Uraufführung und gilt seitdem als unverzichtbarer Bestandteil der alljährlichen Eröffnung der Kursaison in Karlsbad.

Ein wichtiger Abschnitt in der Geschichte des Karlsbader Schnabelbechers begann im ausgehenden 18. Jahrhundert. 1792 wurde das erste Porzellan in der Stadt hergestellt, einen Schwerpunkt der Produktion bildete besagter Schnabelbecher, der die seit Mitte des 17. Jahrhunderts benutzten Keramikbecher ablöste. Bei Einführung der Trinkkur im frühen 17. Jahrhundert hatte man zunächst auf Gläser zurückgegriffen. Mit der Verwendung von Porzellan änderte sich die

24

Spa, Parc de 7-Heures. Einst für das abendliche Flanieren angelegt, bietet sich die Grünanlage mit ihren Denkmälern heute auch für einen Gang in die Geschichte Spas an. Ein Brunnen erinnert an die Gründer der Promenaden zu Spa, ein Denkmal zeigt den Bürgermeister Joseph Servais, der im 19. Jahrhundert das neue Badehaus errichten ließ.

25

Karlsbad, Posthof. Das Karlsbader Musikleben besaß mit dem Posthof und seinen beiden Sälen einen wichtigen Veranstaltungsort außerhalb von Stadt und Kurviertel. Überdachte Sitzplätze schützten im Freien den hellen, zarten Teint der kurenden Damen, ohne dass sie auf frische Luft hätten verzichten müssen.

Form der Becher, denn in einem oben engeren Gefäß mit kleinerer Öffnung ließ sich die Temperatur länger halten. Anfang des 20. Jahrhunderts kamen flache Formen in Mode, bei denen der Henkel zu einem Schnabel umfunktioniert wurde – eine Gefäßform, die sich seitdem großer Beliebtheit erfreut.

Vom Mittelalter bis ins frühe 17. Jahrhundert hatte man die Heilkraft der Karlsbader Quellen nur für Bäder genutzt. Der Anblick der reichlichen Ablagerungen der Mineralwässer, Sprudelstein und Erbsenstein, ließ die Kurgäste vor dem Genuss zurückschrecken und eben solche Steine im Bauch befürchten. Zwar wurde schon Anfang des 16. Jahrhunderts in einem Buch empfohlen, das Heilwasser nach italienischer Tradition auch zu trinken, doch sollte es noch rund 100 Jahre dauern, bis sich nach 1620 die Trinkkur in Karlsbad allmählich durchsetzte.

Das 18. Jahrhundert brachte für Karlsbad den Aufstieg zu einem europaweit gefragten Kurort. Besonders russische und polnische Gäste reisten an die Tepl, als berühmteste seien hier nur Zar Peter der Große sowie August der Starke, König von Polen und sächsischer Kurfürst, genannt. Ebenso kurte hier König Friedrich I., wenn auch die preußische Königsfamilie Bad Pyrmont bevorzugte. Kaiserin Maria Theresia und Kaiser Joseph II. weilten ebenfalls in Karlsbad. Die Prominenz des europäischen Kulturlebens durfte nicht fehlen und gab sich hier ein Stelldichein. Der anwesende Adel konnte schließlich als Mäzen gewonnen werden. Johann Sebastian Bach, Gottfried Wilhelm Leibniz, Johann Gottfried Herder, Friedrich Schiller kamen zur Kur. Im 19. Jahrhundert finden sich so klangvolle Namen wie Ludwig van Beethoven, Niccolò Paganini, Frédéric Chopin, Franz Liszt oder eben Antonín Dvořák.

Viele Gäste kamen zu jener Zeit weniger aus gesundheitlichen, sondern in erster Linie aus gesellschaftlichen Gründen. Joseph Carl Eduard Hoser überliefert in seiner Beschreibung von Karlsbad, wie ein gewöhnlicher Kurtag aussah: „Die Zeit des Aufstehens fällt zwischen 5 und 6 Uhr, und das erste Geschäft der Gäste ist, im Negligé die benöthigte Anzahl der Becher bey einem der hiesigen Brunnen zu trinken. Nach zwey Stunden ... ist diese Periode geendigt, und nun wartet jeder Kurgast entweder auf seinem Zimmer auf- und niedergehend die Wirkung des Brunnens vollends ab, oder er tut es auf einem kleinen Spaziergange ... Um neun Uhr sucht man sich endlich in einem der Säle ein seinem Geschmack oder Bedürfnis entsprechendes Frühstück, bey welcher Gelegenheit man sich wieder unter Musik und Tanz, womit die Dejeunées öfters begleitet sind, oder am Billard Bewegung und Unterhaltung zugleich, oder auch, wenn man vom Spaziergehen müde ist, Unterhaltung ohne Bewegung am Spieltische verschaffen kann. Im Sächsischen Saale frühstücken vorzüglich die Damen, daher auch hier kein Tabak geraucht wird. ... Während ein Teil der Brunnengesellschaft auf diese Weise sich unterhält, bringt ein anderer die Vormittagsstunden auf ... Spaziergängen zu, oder betrachtet in der Allée das bunte Gewühl der Vorbeywandelnden, oder sucht einen Freund auf ... oder macht eine neue Bekanntschaft.

Um 12 oder 1 Uhr geht man zu Tische, wobey man die Wahl hat, entweder bey einer bestellten gesellschaftlichen Tafel, oder allein auf seiner Stube zu essen. ... Die Unterhaltungen für den Nachmittag und Abend bestehen wieder ausser den Spaziergängen und kleinen Landparthien, im Theater, in Bällen, Concerts, Assembléen, und gemeinschaftlichen Abendessen ... Das Schauspiel fängt um 4 Uhr an, und dauert ungefähr 2 Stunden. Nach dem Schauspiel geht man

26

Karlsbad, Grand Hotel Pupp. Das traditionsreiche Grand Hotel beeindruckt nicht nur mit seiner üppig gestalteten Fassade, sondern auch mit der historischen Ausstattung seiner Säle. Ein Prunkstück von besonderem Rang ist der zweigeschossige Festsaal in einer Mischung aus Neobarock und Jugendstil.

auf den Ball, oder in die tägliche Assemblée auf dem Sächsischen Saale, oder in's Freye. Ist der Abend schön, so füllen sich die innern Spaziergänge von Karlsbad, die Wiese und Allée, noch einmal mit Spaziergängern an; dies dauert bis nach 9 Uhr, und um 10 Uhr – oder sollten wenigstens nach dem Willen der Aerzte – alle Kurgäste dem Gott des Schlummers schon ihr Opfer bringen" (Hoser 1797, S. 128 ff., zit. in Göres 1982, S. 36 f.).

Von einer anderen, nicht minder bedeutenden Seite des Kuralltags zeugt der Bericht eines anonymen Zeitgenossen aus dem Jahr 1788, der zeigt, in welchem Maße sich der Aufenthalt im Bad längst zum Statussymbol entwickelt hatte: „Da viele Reiche hierher kommen, oft nur in geringer Absicht auf Gesundheit und Brunnencur, sondern um in diesem beständigen Observanze zu schimmern, zu sehen und gesehen zu werden, so ist es kein Wunder, daß hier Luxus, Pracht und Verschwendung zu Hause sind, und die Göttin Mode Tempel und Herd hat. Kleidung, Schmuck und Equipage, Livréen, alles ist geschmackvoll, wenigstens modisch, mitunter prächtig bei den Bällen, wo es der Ton mit sich bringt, in voller Gala zu erscheinen" (zit. in Schubert 1980, S. 16). Die Besuche des Hochadels samt Hofgesellschaft ließen die Promenaden und Säle der Stadt zu einer Bühne der europäischen Diplomatie und Politik werden – und wie bei jedem Schauspiel gab es Hauptdarsteller und Statisten. Höchst „volksnah" gab sich dagegen Zar Peter während seiner beiden Aufenthalte in den Jahren 1711 und 1712, indem er persönlich bei den Bauarbeiten am Haus „Pfau" Hand und Kelle anlegte, drei Beine für einen Kartentisch drechselte, sich als Schmied betätigte und sich im Wettbewerb mit den Karlsbader Schützen als der Bessere erwies. Den Müßiggang genoss einer der berühmtesten Gäste von Karlsbad, Johann

Wolfgang von Goethe. „... Ich halte mich auch wie ein ächter Curgast und bringe meine Tage in einem absoluten Nichtsthun zu, bin beständig unter Menschen, da es denn nicht an Unterhaltung und den kleinen Abentheuern fehlt", schrieb er am 19. Juli 1795 in einem Brief an Friedrich Schiller (zit. nach Göres 1982, S. 121). Bei späteren Aufenthalten im 19. Jahrhundert, die sich über 15 oder 19 Wochen erstreckten, sollte sich dies ändern, denn der Minister nahm aus Weimar Akten mit und Sohn August begleitete ihn als Privatsekretär. Während dieser Reisen setzte der Dichter auch im Kurort seine schriftstellerische Arbeit fort. 1810 und 1812 beauftragten ihn die Karlsbader, Huldigungsgedichte für ihre kaiserlichen Gäste – Kaiser Franz I. von Österreich mit Gemahlin Kaiserin Maria Ludovika und Kaiserin Marie Louise von Frankreich – zu verfassen. Goethe sollte dies eine Einladung nach Teplitz einbringen, wo er der jungen Kaiserin Maria Ludovika ihren Badeaufenthalt mit Lesungen, Einführungen in die Literaturgeschichte und anregenden Gesprächen angenehmer machen sollte. Nach der Abreise der Kaiserin aus Teplitz zog es Goethe vor, gleich am nächsten Tag in sein geliebtes Karlsbad zurückzukehren.

Im 18. Jahrhundert hatte Karlsbad zwei Gesichter: Zum einen war es bereits ein Kurort von internationalem Ruf, wie es die hochrangigen Gäste beweisen, zum anderen immer noch ein Bauerndorf. So dienten den Kurgästen neben den Gasthöfen denn auch Privatzimmer in den Bauernhäusern als Quartier. 1701 wurde der Grundstein für den Sächsischen Saal gelegt, so benannt nach seinem berühmtesten Stammgast, August dem Starken, und der sächsischen Kellnerschar. Aus dieser „salle d'assemblée" sollte sich im Laufe des frühen 19. Jahrhunderts das berühmte Grand Hotel Pupp entwickeln (Abb. 26). Als entscheidender Einschnitt in der Stadtgeschichte erwies sich der große Brand von 1759, dem rund zwei Drittel der Häuser, meist Fachwerkbauten, zum Opfer fielen. Der Wiederaufbau von Karlsbad schloss verstärkt die Wiesen talaufwärts ein, denn die Grenzen der mittelalterlichen Stadt sollten nun nicht mehr gelten. Neue Gasthäuser entstanden an der Kurpromenade zwischen dem Sprudel und dem Sächsischen Saal, der gleich in der Nachbarschaft mit dem vom Bürgermeister Andreas Becher finanzierten Böhmischen Saal Konkurrenz erhalten hatte.

Neben Karlsbad boten sich im ausgehenden 18. Jahrhundert Teplitz und Franzensbad für Kuren an. Während Teplitz mit der Entdeckung seiner Heilquellen 792 zu den ältesten Kurbädern Europas gezählt werden kann, wurde Franzensbad erst 1793 gegründet (Abb. 27). Sein Mineralwasser ging jedoch schon seit dem 16. Jahrhundert in Fässern abgefüllt auf Reisen. Im 18. Jahrhundert transportierten vor allem Frauen das Quellwasser nach Eger, wo es für Trink- und Badekuren genutzt wurde. 1791 ließ der Arzt Bernhard Adler die Quelle überbauen und sorgte dafür, dass das freie Wasserschöpfen verboten wurde. Die Egerer Frauen wagten den Aufstand und zerstörten die Quellfassung. Der

27

Franzensbad, Pavillon der Franzensquelle. Das Tempelchen wurde zum Ausgangspunkt der Ortsentwicklung im frühen 19. Jahrhundert. In seiner direkten Umgebung entstanden Badehäuser und weitere Kuranlagen, während entlang der vom Quelltempel ausgehenden Narodní-Straße, der Hauptstraße von Franzensbad, Gasthäuser und Hotels errichtet wurden.

28

Marienbad, Hauptkolonnade. Die Wiener Architekten Miksch und Niedzielski schufen 1884 bis 1889 die einstmals Neue Kolonnade genannte Wandelhalle, eine 120 m lange und 12 m breite Konstruktion aus Gusseisen mit einem repräsentativen Kuppelbau als südlichen Abschluss.

Magistrat von Eger schritt ein und nach einer Intervention bei Kaiser Leopold II. in Prag konnte man mit allerhöchstem Wohlwollen Franzensbad gründen und den Säuerling damit gleich vor Ort nutzen.

Zur gleichen Zeit untersuchte der Arzt Dr. Jan Josef Nehr im Kloster Teplá die Heilwirkung des Wassers, das auf dem Klostergelände sprudelte. Anfang des 19. Jahrhunderts bauten die Mönche bei der Quelle ein erstes Kurhaus und gaben ihm den Namen Marienbad (Abb. 28). Abt Karl Kaspar Reitenberger, der ab 1813 der Klostergemeinschaft vorstand, förderte von 1817 bis 1823 die Gründung und Anlage eines Kurortes in dem noch unwirtlichen und sumpfigen Tal. Dabei erhielt er die Unterstützung von Goethe, der das Wasser des Kreuzbrunnens durch den renommierten Chemiker und Berater Herzog Carl Augusts Johann Wolfgang Döbereiner analysieren ließ. Doch die Zeitgenossen dankten es dem Abt nicht: Seine Feinde beschuldigten ihn, den Reichtum des Klosters zu vergeuden, und dem ambitionierten Gottesmann blieb nichts anderes übrig, als nach seiner Absetzung das aufstrebende Marienbad zu verlassen und nach Tirol ins Exil zu gehen. Zu den ersten Kurgästen in Marienbad zählte dann wieder Goethe, der sich hier 1821 von Ende Juli bis Ende August aufhielt. Goethes letzter Aufenthalt in den westböhmischen Bädern datiert vom Sommer 1823. Das war so nicht geplant. Er wollte wiederkommen. Aber in seinen letzten Lebensjahren fand Goethe den Weg dorthin nicht mehr.

Kurparks, Brunnenhäuser und Kolonnaden: Kurorte mit neuem Gesicht

Mit dem Siegeszug der Trinkkur im 18. Jahrhundert veränderte sich das Ortsbild der Kurorte dauerhaft. Viele von ihnen erhielten erst jetzt ihr unverwechselbares und charakteristisches Aussehen. Brunnen- und Wandelhallen, aber auch der Kurpark kamen in jener Zeit auf und sind bis heute für den „klassischen" Kurort unverzichtbar. Gebäude aus dem 18. Jahrhundert werden häufig noch immer genutzt, bei Neubauten orientiert man sich gern an der architektonischen Tradition. Auch die Lage der Kureinrichtungen blieb in der Regel unverändert, waren Brunnenhäuser und Parks einmal in repräsentativer Form angelegt. So hat sich das typische Bild eines Kurortes als ausgesprochen langlebig erwiesen. Insofern empfiehlt es sich, die Entstehung der Bäderarchitektur im 17. und 18. Jahrhundert sogleich im Zusammenhang mit ihrer weiteren Entwicklung zu sehen.

Grundsätzlich umfasst die Bäderarchitektur nicht nur die Kurmittelhäuser und Badegebäude mit ihren Becken und Wannen, sondern die gesamte bauliche Struktur, die in einem Badeort für alle Facetten des Kurlebens zur Verfügung steht, die Gesellschaftsräume eingeschlossen. Nach Rolf Bothe (vgl. Bothe 1984, S. 13) setzte die architektonische Entwicklung der Kurorte überhaupt erst als Folge der Trinkkur ein, denn fand das Baden noch im „stillen Kämmerlein" oder aber in einem etwas größeren Gemeinschaftsbad statt, erwartete der Kurgast nun mit seinem Badeglas oder dem Trinkbecher in der Hand in geeigneter Umgebung promenieren zu können (Abb. 29). Die Trinkhalle oder Kolonnade und das dazugehörende Brunnenhaus wurden zu neuen Bauaufgaben, aber auch die Anlage von Spazierwegen, Promenaden und Parks erfolgte (Abb. 30).

Repräsentation war von Anfang an ein wesentlicher Aspekt bei der Gestaltung eines Kurortes. „Der Adel – modischen Tendenzen gegenüber stets aufgeschlossen – erkor bald die Trinkkur zur neuen gesellschaftlichen Variante sommerlicher Vergnügungen" (Simon/Behrens 1988, S. 9). Die Reiseliteratur wartete mit Titeln wie „Amusements des eaux de Schwalbach" oder „Ergötzlichkeiten bey den Wassern zu Aachen" auf und manche Kurorte entwickelten sich zu Kopien fürstlicher Sommerresidenzen. Wenn die Majestäten bestimmte Orte bevorzugten und diese maßgeblich mitgestalteten, wie dies bei Freienwalde, Wilhelmsbad oder Bad Alexandersbad der Fall war, war schnell ein Modebad geboren.

29

Bad Pfäfers, Badezelle. Im Kellergeschoss des barocken Badegebäudes von 1630 mussten die Wannen aus dem Felsen geschlagen werden. Erst 1969 erlebte dieser historische Bau seine letzte Saison als Hotel und Bäderklinik.

Zum Zeitvertreib benötigten die Gäste Theater-, Konzert- und Ballsäle, die sich in der Regel unter dem Dach eines Gesellschaftshauses, im Englischen den „Assembly Rooms", vereinten. Anfang des 19. Jahrhunderts erhielt der „Cursaal"

30

Karlsbad, Mühlbrunnkolonnade. Josef Zitek schuf 1871 bis 1881 die Kolonnade im Stil der Neorenaissance. Sie bot einen geschützten Raum zum Flanieren und war vor allem am Vormittag, wenn auf ärztlichen Rat das Mineralwasser getrunken werden sollte, ein beliebter Treffpunkt der Gesellschaft.

ein neues Aussehen, denn die Architektur der römischen Renaissance wurde zum Vorbild, wie es Johann Gutensohn in Bad Brückenau 1827 bis 1832 realisierte. Sein Kursaal in Bad Ems (1837/39) gilt als das bedeutendste Kurhaus seiner Zeit (Abb. 31). Der historische Saal dient heute noch dem gesellschaftlichen und kulturellen Leben der Stadt.

Im weiteren Verlauf des 19. Jahrhunderts bestimmten zwei Trends die Funktionen des Kurhauses. In den Badeorten, die sich als gesellschaftlicher Treffpunkt zu den Modebädern oder „Weltbädern" zählten, machten die hohen Ansprüche der Gäste mancherlei Um- und Neubauten erforderlich. Man erwartete für Theater oder Spielbanken repräsentativere Räumlichkeiten, als sich diese unter dem Dach eines Kurhauses unterbringen ließen. In der Folge entstanden neue Gebäude ausschließlich für die genannten Zwecke, wie zum Beispiel in Baden-Baden das neue Theater von 1860/62 (Abb. 32). In den Orten, die eher aus medizinischen und therapeutischen Gründen aufgesucht wurden, entstanden Kurhäuser, die mit Trink- und Wandelhallen, mit Bädern oder auch mit Logierzimmern verbunden waren. Einen letzten Höhepunkt des repräsentativen Kurhausbaus brachte schließlich die Zeit zwischen 1895 und 1914. In der wilhelminischen Ära schätzte man neobarocke Paläste, die dem Großbürgertum und dem Adel noch einmal eine geeignete Bühne für ihre Selbstdarstellung boten, bevor der Ausbruch des Ersten Weltkriegs die strahlende Epoche abrupt beendete.

31

Bad Ems, Kursaalgebäude. Die beiden dreigeschossigen Seitentrakte flankieren den zweigeschossigen Mitteltrakt mit dem prächtigen Kursaal, der in seiner Gestaltung an Palasthöfe der Renaissance erinnert.

32

Baden-Baden, Theater. Heftige Diskussionen und Streit gab es um den Bau des Theaters, weil der erste, neobarocke Entwurf von Charles Dérchy den Badenern zu überladen geraten war. Der Architekt verstarb jedoch noch während der Planung. Aber auch die Entwürfe seines Nachfolgers Ludwig Lang gefielen nicht, so dass als dritter Architekt Charles Couteau engagiert wurde. Seinen Entwurf mit einer klar gegliederten Fassade durfte Lang schließlich realisieren.

33

Badenweiler, Schloss- und Kurpark. Besonders schön wirkt der exotische Baumbestand in der Ortsmitte von Badenweiler im Herbst, wenn sich zu den Grüntönen amerikanischer Nadelgewächse die rotbraune Palette einheimischer Bäume und das leuchtende Gelb ungewöhnlich großer Ginkgobäume gesellt, wie hier beim Hotel Römerbad.

So wie sich die führenden Architekten, vom Königlichen Hofbaumeister bis zum ersten Architekten kleinerer Landesfürsten, beim Bau von Kuranlagen, Badehäusern und anderer touristischer Infrastruktur engagierten, so übernahmen die berühmtesten Landschaftsarchitekten der Zeit die Gestaltung von Kurparks. Hermann Fürst Pückler-Muskau gestaltete den Park von Bad Muskau gleich selbst. Ein viel beschäftigter Gartenexperte war auch Peter Joseph Lenné, der unter anderem die Parks in Aachen, Freienwalde, Bad Homburg, Bad Oeynhausen und Swinemünde anlegte. Die Besonderheiten eines Kurparks definierte Fürst Pückler-Muskau wie folgt: „Ein Bad, ein öffentlicher Ort, machen ohnedies andere Ansprüche als solche, die nur für den Privatgebrauch bestimmt sind. Schattige Gänge und eine Menge anmuthiger und geräumiger Ruhepunkte werden hier hauptsächlich erfordert. So wie eine Wahl der Pflanzen, deren Blüthezeit auf die späte Jahreszeit des Sommers, als der hauptsächlichen Badesaison berechnet ist“ (Fuhs 1992, S. 122). Der Spaziergang ist einerseits ein Teil der Therapie, der Kur, andererseits aber auch ein geselliges Ereignis, das einen entsprechenden Rahmen benötigt. Der Kurpark wird zur Bühne, ob für die Plauderei und die gehobene Konversation oder die diplomatische Unterredung. Aber man bemüht sich bei der Gartengestaltung auch um Details, die schon eher die Sorge um das Wohlbefinden und die Genesung der Kurenden ausdrücken, beispielsweise um die Gartenbänke. In seiner fünfbändigen „Theorie der Gartenkunst“ (1779 bis 1780) lehnt Christian Cay Lorenz Hirschfeld Steinbänke ab und plädiert für graue oder weiße Holzbänke. Das Weiß wird besonders empfohlen, denn es sei heiter ohne aufzureizen und hebe sich deutlich vom Grün der Landschaft ab. Bis heute sind weiße Bänke aus den Kurparks kaum mehr wegzudenken. Zum Nachdenken über die Gesundheit regen im Kurpark besonders Statuen und Tempel von Göttinnen und verdienstvollen Ärzten an, so Hirschfeld. Der Gartenarchitekt Fürst Pückler-Muskau möchte dagegen dem Besucher seines Kurparks Muskau dabei helfen, „in dichtem Wald und Schluchten die tiefste Einsamkeit aufzufinden, wo seine Gedanken nichts stört“ (ebd., S. 123), und ihm so einen intensiven Kontakt zur Natur ermöglichen.

Die klimatisch günstige Lage von Badenweiler erlaubte dem Großherzoglichen Parkdirektor Ernst Krautinger in der zweiten Hälfte des 19. Jahrhunderts das erfolgreiche Pflanzen exotischer Bäume aus wärmeren Klimazonen (Abb. 33). Dafür hatte der Gartenchef von Studienreisen, die ihn unter anderem nach Kalifornien führten, junge Bäume mitgebracht, wie zum Beispiel die Weihrauchzeder, die Thuja oder den Mammutbaum. Nach dem Vorbild der Parkgestaltung durch den Fürsten Pückler-Muskau umgab Ernst Krautinger das Zentrum von Badenweiler mit einem englischen Landschaftsgarten. Damit erweiterte und vervollständigte er die Parkanlagen, die sein Vorgänger Johann Michael Zeyher begonnen hatte. Zu den Bauten, die Ernst Krautinger in seinem Landschaftsgarten neu errichten ließ, gehört die „Wandelbahn“ von 1882 am

Burgberg. Diese Wandelhalle mit ihren schlanken, gusseisernen Säulen diente den Kurgästen als überdachter und geschützter Ort für die ärztlich verordneten Promenaden an der frischen Luft. Wegen des Neubaus eines Kurhauses wurde die historische Wandelbahn 1969 abgerissen und in Teilen an einer anderen Stelle des Kurparks wieder aufgestellt.

Noch heute existiert eine Reihe historischer Kuranlagen, von denen an dieser Stelle einige exemplarisch vorgestellt werden sollen, weil sie einzelne Bauaufgaben der verschiedenen Epochen vom 18. bis zum 20. Jahrhundert repräsentieren. Das Alte Bad Pfäfers, das einzige erhaltene Barockbad der Schweiz, erlaubt bis heute einen guten Einblick in das Badeleben des 18. Jahrhunderts (Abb. 34). Das 1704 bis 1716 errichtete Haupthaus steht in der Nachfolge eines bereits um 1630 am Ausgang der engen Taminaschlucht errichteten Badegebäudes. Gerade wegen seiner abgeschiedenen Lage war das Alte Bad mit 70 Metern Länge und fünf Stockwerken eine bemerkenswerte bautechnische Leistung, ein „Palast in der Wildnis". Die Badereise war einst allen sozialen Schichten möglich: Es gab hier ein Armenbad, ein „Gemeines Wieber Bad", ein Bauernbad, ein herrschaftliches Bad, ein Fürstenbad und für die Mönche das Kapuzinerbad. Im Haupthaus verteilten sich die verschiedenen gesellschaftlichen Gruppen auf unterschiedliche Etagen, wobei der „Züriboden" als standesgemäßes Quartier der wohlhabenden, meist aus Zürich kommenden Gäste galt. In dieser Nachbarschaft besaß auch der Abt des Klosters Pfäfers zwei herrschaftliche Stuben. Als Zugeständnis an die zahlreichen protestantischen Gäste ließ er einen Betsaal einrichten. Für die Katholiken hatte man eine eigene Kapelle angebaut. Sie bildete den Übergang zum inzwischen abgerissenen Hinterhaus, wo das arme Volk in einem Hospiz sein Quartier fand. Der ehemalige „Krämergang" im Hauptgebäude verrät, dass man selbst in der wilden Taminaschlucht auf Einkäufe nicht verzichten musste, denn wandernde Händler versorgten die Gäste.

34

Bad Pfäfers, Kapelle. Für den geistlichen Beistand stellten die Mönche des Klosters Pfäfers ihren Kurgästen selbstverständlich geeignete Räumlichkeiten zur Verfügung: den Katholiken eine Kapelle und den protestantischen Gästen einen Betraum auf dem sogenannten Züriboden.

35

Bad Alexandersbad, Markgräfliches Schloss. Das einstige herrschaftliche Badehaus, in dem Gäste wie Friedrich Wilhelm III. und Luise von Preußen ihre Ferienwochen verbrachten, wird heute als Altersheim genutzt.

Den Äbten und Fürstäbten in Bad Pfäfers stand etwa der Trierer Erzbischof Johann Philipp von Walderdorff mit seinem kurfürstlichen Badeschloss (erste Saison 1788) in Bad Bertrich kaum nach. Selbstverständlich nutzten auch weltliche Landesherren die Gaben der Natur und ließen Bäder errichten. Sie traten als Investoren auf, indem sie zunächst einmal für sich und ihre Gäste Bade- und Logierhäuser erbauen ließen. Solcherlei Ambitionen sind beim Markgrafen Alexander von Ansbach und Bayreuth mit dem nach ihm benannten Alexandersbad (1783) im Fichtelgebirge genauso wie beim preußischen Königshaus zu beobachten (Abb. 35).

Noch im Rang von Kurfürsten traten die preußischen Herrscher bereits im späten 17. Jahrhundert als Förderer eines Badebetriebs und eifrige Bauherren in der Hügellandschaft des Oberbarnim in der Mark Brandenburg auf, genauer in Freienwalde an der Postroute zwischen Königsberg und Cleve. 1684 bestätigte Kurfürst Friedrich Wilhelm den Freienwalder Gesundbrunnen. 1706 fand König Friedrich I. von Preußen Gefallen an dem Ort und ließ sich vom Architekten Andreas Schlüter, der auch die Arbeiten am Berliner Schloss geleitet hatte, auf dem Brunnengelände ein Lustschloss errichten. Unter Friedrich Wilhelm I. wurde der Brunnen ausgebaut, denn für den Soldatenkönig entwickelte sich Freienwalde zu einem gefragten Heilbad für Angehörige des Militärs. Mit Friedrich Wilhelm II. fand der Freienwalder Gesundbrunnen Ende der 1780er Jahre erneut einen Förderer. Seine Majestät stellte Finanzmittel für den weiteren Ausbau zur Verfügung und in der Folge sollte der Badeort eine ökonomische und kulturelle Blütezeit erleben. Nach seinem Tod wählte Königin Friederike Luise den beliebten Badeort 1797 zu ihrem Witwensitz und ließ sich von David Gilly ein neues Schloss errichten. Im folgenden Jahr erbaute der Architekt Carl Gotthard Langhans das sogenannte Landhaus als Logier- und Badehaus. Von 1789 bis 1791 hatte Langhans bereits in Berlin am Brandenburger Tor gearbeitet. An diesem Beispiel wird deutlich, dass sich die bedeutendsten Architekten Preußens auch Bauaufgaben in Kurorten widmeten und dort ihre Spuren in der Bäderarchitektur hinterließen.

Seit Anfang des 18. Jahrhunderts betätigten sich die hessischen Landgrafen ebenfalls als Bauherren und förderten den Badebetrieb an verschiedenen Gesundbrunnen, also Quellen, die für Trinkkuren genutzt wurden. Hofgeismar, Wilhelmsbad und Bad Nenndorf bieten noch heute Kuranlagen mit Brunnentempeln und schlossähnlichen Bade- und Gästehäusern aus dem späten 18. Jahrhundert. In dieser Zeit begannen auch wohlhabende Bürger verstärkt in die Kurorte zu reisen. „Der soziale Umbruch, der sich um 1800 als Folge der Französischen Revolution zu vollziehen begann, war bald auch in den Bädern zu spüren. Das aufstrebende und erstarkende Bürgertum erhielt nicht nur große politische Bedeutung, es beanspruchte auch jene gesellschaftlichen Domänen der vormals Privilegierten für sich, wie sie sich insbesondere in den Bädern entwickelt hatten" (Simon/Behrens 1988, S. 10). Das Bürgertum imitierte das Reiseverhalten des Adels. „Das Beispiel der Großen und Reichen wirkt hier wie überall im Gebiet des Luxus und der Mode unvermerkt in absteigender Linie. Daher die Manie, auch der mittleren Stände, ohne krank zu seyn, blos der lieben Mode wegen, eine Badereise zu machen", war in der Oktoberausgabe des „Journal des Luxus und der Moden" aus dem Jahre 1805 zu lesen (zit. in König 1996, S. 221). Es gehörte von nun an dazu, den Sommer mit der Familie im Bad zu verbringen. Als Ferienwohnsitze dienten dem Großbürgertum Villen, möglichst in der Nähe der Kureinrichtungen. Die direkte Nachbarschaft zu den Brunnen und Wandelhallen blieb dagegen meist den vornehmsten Gasthäusern und Hotels vorbehalten.

Weil Ansprüche der Gäste an die Unterhaltungsmöglichkeiten stiegen, wurden Theater, Konzertsäle, Spielbanken und andere Räumlichkeiten für das gesellschaftliche Leben erforderlich. Damit erweiterte sich die Palette neuer Bauaufgaben um das Kur- und Gesellschaftshaus, auch Konversationshaus genannt. Die englische Variante eines Kur- und Gesellschaftshauses aus dieser Zeit lässt sich in Bath besichtigen. In den sogenannten Assembly Rooms versammelte sich die Badegesellschaft als „a stated and general meeting of the polite persons of both sexes, for the sake of conversation, gallantry, news and plays" (Heritage Services division of Bath & North East Somerset o. J., S. 6), so eine Definition aus dem Jahr 1751. Bereits 1742 hatte der schon erwähnte legendäre Zeremonienmeister Richard Beau Nash in einem Verhaltenskodex seine Regeln für das gesellschaftliche Leben festgelegt. Sie erlaubten es den gesellschaftlichen Aufsteigern, gemeinsam mit dem Adel nach allgemein akzeptierten Umgangsformen angenehme Tage zu verleben. Bath wurde auf diese Weise ein Ort der „polite society", während die „feinen Herrschaften" andernorts die nicht standesgemäße Gesellschaft recht erfolgreich auszugrenzen verstanden. In den 1771 eröffneten Assembly Rooms, die heute noch eine wichtige Rolle im Leben der Stadt spielen, fanden die Besucher elegante Räumlichkeiten im „Georgian style" vor, unter anderem einen Saal zum Teetrinken, in dem auch Konzerte stattfanden, einen weiteren Saal für das Kartenspiel, das mit Ausnahme der Sonntage auch im zentralen achteckigen Raum erlaubt war, sowie einen großen Ballsaal. Dieser bot rund

800 Tänzern Platz. Um sechs Uhr abends begann der Ball mit feierlichen ruhigen Tänzen, zwischen acht und neun Uhr ging es mit flotteren Volkstänzen weiter, gegen neun Uhr zog man sich zur Erfrischung in den Tea Room zurück, um anschließend mit weiteren „country dances" den Abend zu verbringen. Um elf Uhr endete das Tanzvergnügen offiziell und man verließ die Assembly Rooms. Ein derartiger Zeitplan galt auch für alle anderen Veranstaltungen oder Beschäftigungen. Es war üblich, dass alle Anwesenden zur gleichen Zeit das Gleiche taten. Individualität war hier weniger gefragt. Der Architekt des Gesellschaftshauses, John Wood d. J., hatte sich bei der Gestaltung der Wände auf die großen Menschenansammlungen eingestellt. Die hohen, von Gewölben überspannten Säle boten mit ihren Fensterreihen oben auf der Höhe eines zweiten Geschosses eine gute Entlüftung der Räume. Zurückhaltende Eleganz prägt die Säle mit ihren klassizistischen Säulen und Pilastern sowie den dekorativen Friesen.

Unverzichtbar für die Bäderarchitektur scheint zu allen Zeiten die Säule gewesen zu sein. Dies zeigt sich beispielsweise im Bäderviertel von Bath, wo man die Bath Street mit Säulenhallen, sogenannten Portiken, flankierte oder andernorts, wo mit der Renaissance-Architektur Palladios antike Bauformen wieder auflebten. Zur Zeit des Klassizismus wurde – nun auch in der übrigen Architektur – wieder eine von Säulen geprägte Bauweise gepflegt. Erst während des Jugendstils fanden in der Bäderarchitektur Säulen seltener Verwendung.

Ein typisches Beispiel einer klassizistischen Brunnen- und Wandelhalle aus dem frühen 19. Jahrhundert ist der Aachener Elisenbrunnen (Abb. 36). Er wurde zwischen 1823 und 1827 nach Plänen des Aachener Architekten Johann Peter Cremer errichtet, die von Karl Friedrich Schinkel überarbeitet worden waren. Im Mittelpunkt des 85 Meter langen Gebäudes steht ein Rundtempel als Brunnenhaus über der Mineralquelle. Die nach hinten geschlossene Rotunde öffnet sich zum Friedrich-Wilhelm-Platz mit sechs kannelierten dorischen Säulen, die eine

36

Aachen, Elisenbrunnen. Mit der Anlage des Elisenbrunnens erhielt Aachen neben dem alten Kurviertel um die Komphausbadstraße ein neues Badeviertel, das besser dem Zeitgeschmack des frühen 19. Jahrhunderts entsprach.

Fortsetzung in den beiden ebenfalls nach vorne offenen Säulenhallen finden. Die Endpunkte markieren zwei geschlossene Eckpavillons, in denen sich kleine Veranstaltungsräume, zum Beispiel für Kurkonzerte, befanden, sowie ein Zimmer, in dem die Kurgäste in den Morgen- und Abendstunden einen kleinen Imbiss zu sich nehmen konnten. In Baden-Baden entstand 1839 bis 1842 nach Plänen von Heinrich Hüsch der Backsteinbau einer Trinkhalle, der sich zwar deutlich von der klassizistischen Architektur abwendet, um stattdessen auf mittelalterliche Konstruktionsformen zurückzugreifen, aber immer noch eine Säulenfront aufweist (Abb. 37).

37

Baden-Baden, Trinkhalle. Vor der Wandelhalle erinnert eine Marmorbüste an Kaiser Wilhelm I., der mit seiner Gemahlin Augusta zu den Stammgästen an der Oos gehörte. Über 40 Jahre lang pflegte das Paar in der „Sommerhauptstadt Europas“ zu kuren und sich dort mit der Hautevolee zu treffen.

Ein eindrucksvolles Stilgemisch aus romanischer Architektur und mediterranorientalischen Elementen und ein Badevergnügen in sorgfältig restauriertem historischem Ambiente bietet das Graf-Eberhard-Bad in Wildbad im Schwarzwald. Nach einem Stadtbrand im Jahr 1742 mussten auch das größte Badehaus, das Herren- und Bürgerbad, sowie das Frauen- und das Armenbad erneuert werden. Im alten Armenbad wurde provisorisch ein Pferdebad, in dem man die lahmen und hinkenden Pferde pflegte, eingerichtet. Rund 100 Jahre nach dem Brand erhielt der Württembergische Hofbaumeister Nikolaus Friedrich von Thouret den Auftrag für den Neubau der Bäder und den Umbau des Königlichen Palais. Drei Bauphasen sollte das Graf-Eberhard-Bad bis Ende des 19. Jahrhunderts erleben, in der letzten Bauphase von 1896 bis 1901 wurde der Innenhof zu einer maurischen Empfangs- und Wartehalle, der „Alhambra des Schwarz-

38

Wildbad, Graf-Eberhard-Bad, maurische Halle. Bei der Gestaltung des Innenhofs im maurischen Stil wurden die Sandsteinsäulen mit gelblichem Stuckmarmor verkleidet und die Wände mit vielfarbigen Marmoreinlegearbeiten verziert. Für das arabische Ambiente sorgt außerdem ein Boden aus Marmorfliesen. Ein Marmorbrunnen bildet die Mitte des Raumes.

walds", umgewandelt (Abb. 38). Zum Abschluss dieses Bauabschnitts erhielten die Fenster sowie die Wand- und Bodenbeläge ihre Jugendstilgestaltung. Vier repräsentative Fürstenbäder entstanden und vervollständigten die Reihe der verschiedenen Baderäume. So gab es ein Großes und ein Kleines Herrenbad, das Gleiche noch einmal für die Damen und kleine Räume für Wannenbäder. In direkter Nachbarschaft des großen Graf-Eberhard-Bades entstand von 1882 bis 1892 auf dem linken Enzufer ein weiteres historistisches Badegebäude von beachtlichen Ausmaßen: das König-Karls-Bad. Mit solch repräsentativen Badepalästen, die jegliche Art von Luxus boten, versuchte man im späten 19. Jahrhundert, das Spielbankverbot von 1868/72 auszugleichen.

Sprunghaft steigende Gästezahlen zu Beginn des 20. Jahrhunderts machten in Bad Nauheim eine Erweiterung und Modernisierung der Kuranlagen erforderlich. Die alten Badehäuser des 1835 gegründeten Solebads, Fachwerkbauten in der Umgebung des Sprudels, hatten ausgedient. Die bahnbrechenden Erfolge von Professor Friedrich W. Beneke hatten dem Bad zu einem ausgezeichneten Ruf bei der Behandlung von Herz- und Kreislaufkrankheiten verholfen, so dass die Kapazitäten nicht mehr ausreichten. Zahlreiche Gäste aus dem europäischen Hochadel und dem Großbürgertum besuchten das „Weltbad" am Rande des Taunus. Für den Landesherrn, Großherzog Ernst Ludwig von Hessen und bei Rhein, der seit 1899 Vertreter des Jugendstils in einer Künstlerkolonie auf der Mathildenhöhe nahe seiner Darmstädter Residenz vereint hatte, kam nur ein Gesamtkunstwerk in Frage. Nach seiner Devise „Mein Hessenland blühe und in ihm die Kunst" sollten die neuen Badeanlagen technischen Fortschritt, Wirtschaftlichkeit und hohe ästhetische Ansprüche in sich vereinen. Deshalb berief er den jungen Architekten Wilhelm Jost (1874 bis 1944). Das Resultat: ein symmetrisch angelegter Badkomplex um einen geschlossenen Sprudelhof, der sich in seiner Gestaltung an den Ehrenhof eines barocken Schlosses anlehnt (Abb. 39). Auch in der Architektur griff Wilhelm Jost auf barocke Formen zurück, die sich jedoch mit ihrem üppigen Jugendstildekor deutlich vom historistischen Bauen unterscheiden. Die Ausschmückungen und die Steinmetzarbeiten der beiden Sprudelbecken und anderer Brunnen stammen von dem Darmstädter Bildhauer und Mitglied der Künstlerkolonie Heinrich Jobst, die Keramikarbeiten schuf Jakob Julius Scharvogel. Dabei verfolgten Architekt und Künstler das Ziel, die Wirkung der Gebäude von außen nach innen zu steigern. Die vergleichsweise schlicht gehaltenen Fassaden lassen kaum ahnen, welche Pracht und Freude am Gesamtkunstwerk sich in ihrem Inneren entfaltete. 1910/11 war der Sprudelhof vollendet und in den angeschlossenen Badehäusern standen den Kurgästen nun 240 Badezellen zur Verfügung.

Mit einem historischen Bad, das den Jugendstil in seiner späten Ausprägung mit den strengen Formen des Neoklassizismus verbindet, kann Wiesbaden aufwarten, wo von 1910 bis 1913 das Kaiser-Friedrich-Bad erbaut wurde. Die pom-

pöse Gestaltung und die im Vergleich zum Sprudelhof wesentlich größeren Dimensionen des Baukörpers machen deutlich, dass es sich um einen der letzten Großbauten Wiesbadens aus der Kaiserzeit handelt. Repräsentation schien jetzt wichtiger als die Lösung einer künstlerischen Aufgabe.

Bei der Gestaltung der Kurparks orientierte man sich am Modell des englischen Landschaftsparks, der auf den ersten Blick wie ein zufälliger Ausschnitt der Natur wirkt. Aber trotzdem gab es auch hier Möglichkeiten, mit etwas mehr Aufwand zu beeindrucken, wie es das Beispiel von Bad Homburg zeigt. Mit seinen 44 Hektar ist der dortige Kurpark der größte in Deutschland. Der Königlich-Preußische Generalgartendirektor Peter Joseph Lenné begann im Jahr 1854 zwischen dem Schwedenpfad und der Kisseleffstraße mit den Planungen. Nach seinem Tod 1866 setzte sein Nachfolger Ferdinand Jühlke die Arbeiten im östlichen Kurpark fort. Mehr als 80 Baum- und rund 140 Straucharten, darunter auch zahlreiche exotische Gehölze aus Asien und Nordamerika, wurden gepflanzt. Kaiser und Könige hinterließen besonders nachhaltig ihre Spuren in der Homburger Parkgestaltung, allen voran Kaiser Wilhelm II., der 1888 Homburg zu seiner Sommerresidenz erkoren hatte. In einer Mischung aus Bauformen der italienischen Renaissance und dem Baukörper eines barocken Schlosses errichtete Louis Jacobi in den Jahren 1887 bis 1890 das Kaiser-Wilhelm-Bad (Abb. 40). Das 25-jährige Regierungsjubiläum des Herrschers fand 1913 mit dem

39

Bad Nauheim, Sprudelhof. Großherzog Ernst Ludwig von Hessen verstand sich auch als Wirtschaftsförderer: „Schon lange fühlte ich, dass von der Regierung zu wenig für Bad Nauheim geschah. Ich hatte lange Kämpfe mit derselben gehabt, denn ich konnte zu Anfang den Herren nicht den Geschäftsgedanken beibringen, dass man viel in etwas hineinstecken muss, wenn man viel daraus herausholen will. ... Zuletzt ist Bad Nauheim doch das geworden, was ich erträumte. Alle Pläne habe ich selbst mit durchgearbeitet“ (zit. in Rippel 2000, S. 7).

40

Bad Homburg, Kaiser-Wilhelm-Bad. Wo einst gekrönte Häupter wie Kaiser Wilhelm II. ihre Kuranwendungen erhielten, findet der Gast heute in den restaurierten und sorgfältig sanierten Räumlichkeiten des „Kur-Royal" aktuelle Wellness-Angebote.

41

Bad Homburg, Siamtempel. Einen Einblick in thailändische Gebräuche bietet dieser exotische Tempel im Kurpark. Am Todestag von Chulalongkorn treffen sich hier Thais zum Gedenken an ihren König.

sogenannten Jubiläumspark auch seinen Niederschlag in der Gartenarchitektur. Höchstpersönlich hatte Seine Majestät drei Jahre zuvor den Rundtempel über der Auguste-Victoria-Quelle entworfen. Ein anderes gekröntes Haupt hinterließ im Kurpark ebenfalls unübersehbar seine Visitenkarte: Es ist König Chulalongkorn, der sich mit dem 1914 eingeweihten Siamesischen Tempel für eine erfolgreiche Kur sieben Jahre zuvor bedankte (Abb. 41).

Erste Annäherung an das Meer

Eine Reise ans Meer bedeutete anfangs keinesfalls, dass man auch ins Wasser gesprungen wäre! In Scarborough begann der Badetourismus im 17. Jahrhundert. Zunächst einmal wurde jedoch nur die Mineralquelle genutzt, die an der Küste austrat. Das magnesium- und schwefelhaltige Heilwasser war 1626 entdeckt worden. Vom Baden im Meer wird erst in den 1720er Jahren berichtet. Um 1735 zogen Pferde die Vorläufer der ersten Badekarren ins Wasser. Die Erfindung des Badekarrens – vermutlich handelte es sich dabei um eine Weiterentwicklung – wird jedoch Benjamin Beale zugeschrieben. Seine „bathing machine", auch „Beale's Machine" genannt, rollte 1750 in Margate zum ersten Mal in die Nordsee. Mit diesem Fahrzeug, einer Art Hütte auf Rädern, war es den Badegästen dank einer weit ausladenden Markise möglich, vor dem Wind und den Blicken Neugieriger geschützt in ihren Badekleidern ein Treppchen hinunter in die Fluten zu steigen, dort mehrmals unterzutauchen und sich dann in der mobilen Umkleidekabine wieder an Land fahren zu lassen. Man konnte sich beim kurzen Bad dazu noch von einem sogenannten „dipper" helfen lassen. Zum Ende der 1770er Jahre sollte Harrogate als „Queen of the Northern Watering Places" Scarborough den

Rang ablaufen. Einen „Run" auf und in das Wasser bemerkte der englische Schriftsteller, Politiker, Gartenexperte, Sammler und früher Förderer der Gotikmode Horace Walpole: „One would think that the English were ducks; they are for ever waddling to the waters" (zit. in Gilbert 1965, S. 238).

An der englischen Südküste wurden in der zweiten Hälfte des 18. Jahrhunderts die Grundlagen für den Aufstieg des mittelalterlichen Fischerdorfes Brighton zum Modebad der feinen englischen Gesellschaft gelegt. Auch hier betrachtete man das Baden zunächst als medizinische Therapie. Der Kranke tauchte ins Meerwasser, dessen Wirksamkeit Dr. Richard Russell 1752 in seiner „Dissertation on the Use of Sea Water" nachgewiesen hatte, und man trank das Wasser auch. Für die äußerlichen Anwendungen begab sich der Kurgast allerdings nicht ins Meer, sondern er suchte eines der Badehäuser auf. 1769 hatte Dr. John Awsiter das erste Etablissement dieser Art eröffnet, in dem herangepumptes Salzwasser für Kalt- und Warmbäder aufbereitet wurde. Zum Mittelpunkt des jungen Badeorts entwickelte sich „The Old Steine", eine Fläche, auf der einst die Fischer ihre Netze trockneten. Sie wurde ab 1780 zur Kurpromenade umgestaltet. Nachdem die ersten Kureinrichtungen, wie die Kurklinik von Dr. Russell und das Badehaus von Dr. Awsiter, die Entwicklung bereits eingeleitet hatten, sollten im frühen 19. Jahrhundert zwei weitere Meereswasser-Badehäuser folgen. Die größte Aufwertung erfuhr Brighton aber durch Pläne des englischen Königshauses, sich hier eine Sommerresidenz zu errichten. 1787 entstand der erste Royal Pavilion, 1816 bis 1820 der heutige „indische" Palast (Abb. 42). Der Bauherr Prince George, der spätere König Georg IV., sollte für Brighton ein höchst werbewirksamer Stammgast sein. Nun wurde es für den Londoner Hof zur Pflicht, seine Ferien ebenfalls am Strand von Brighton zu verbringen, und ein Bauboom veränderte das Ortsbild östlich des alten Fischerdorfes einschneidend. Der Royal Crescent wurde 1798 bis 1807 als erste Siedlung von herrschaftlichen Ferienwohnsitzen erbaut. Das gesellschaftliche Leben fand in jener Zeit in zwei Assembly Rooms statt, die an die beiden größten Gasthöfe des Ortes angebaut wurden. Wie in Bath sorgte auch hier ein Zeremonienmeister für den korrekten Umgang miteinander.

42

Brighton, Royal Pavilion. Die Bauten der Mogule Indiens mit ihren Zwiebeldächern und Minaretten standen Pate für den königlichen Ferienwohnsitz nahe dem Meer. Im Inneren zeigt sich hingegen das große Interesse des Bauherrn, des späteren Georg IV., an chinesischer Kunst.

Die ersten Seebadeanstalten auf dem europäischen Festland entstanden zwischen 1767 und 1776 an der französischen Atlantikküste und am Ärmelkanal. Hier stand gleichfalls die medizinische Betreuung im Vordergrund, wie es das 1776 in Dieppe eröffnete Krankenhaus zur Meerwasserbehandlung belegt. Ähnliche Einrichtungen folgten in Deauville, Trouville-sur-Mer, Boulogne und Biarritz. Dem reinen Vergnügen galt das Baden im Meer noch nicht.

An der Ostsee übernahm Doberan die Pionierrolle. 1793 verordnete der Medizinalrat Professor Samuel Gottlieb Vogel seinem Patienten Herzog Friedrich Franz I. von Mecklenburg-Schwerin Seebäder am Heiligen Damm. Zwei Jahre später wurde der Grundstein für

43

Heiligendamm. Dem mecklenburgischen Herzog Friedrich Franz I. missfiel es, dass seine wohlhabenden Untertanen ihre neu erwachte Begeisterung für das Meer nicht an der heimatlichen Küste befriedigten und in die Ferne strebten. So gründete er am Ostseestrand die „Weiße Stadt" mit ihren Logier-, Bade- und Gesellschaftshäusern. Eine Renaissance erlebte das erste deutsche Seebad nach der Wende und konnte 1993 sein 200. Jubiläum feiern.

ein erstes Badehaus gelegt, denn man nutzte zunächst auch hier das angewärmte Meerwasser nur in Wannen. Der große Aufschwung zum Modeseebad des deutschen Adels und des Großbürgertums sollte in Doberan nach dem Bau des klassizistischen Kurhauses (1814 bis 1816) einsetzen (Abb. 43). Auch in Travemünde waren im ausgehenden 18. Jahrhundert die ersten Aktivitäten zur Gründung eines Seebads zu beobachten. Wohlhabende Lübecker Kaufleute suchten einen geeigneten Ort, um sich am Meer Sommerresidenzen zu errichten, und fanden ihn an der Travemündung. Ab 1802 durfte sich die Villensiedlung offiziell „Seebad" nennen. Zur gleichen Zeit bemühte man sich auch auf der Ostfriesischen Insel Norderney, ein attraktives Ziel für Badegäste zu werden. Doch es sollte noch bis zum Jahre 1819 dauern, bis ein großer Erfolg zu vermelden war: Norderney wurde zum Staatsbad des Königreichs Hannover erhoben.

Aber nicht nur aus medizinischen Gründen kamen die ersten Mutigen in die Seebäder. Ein neues Naturverständnis lockte die Menschen ans Meer, das ebenso wie das Hochgebirge im ausgehenden 18. Jahrhundert viel von seinem Schrecken verloren hatte. Das Meer und seine Küstenlandschaften wurden nicht mehr länger als bedrohlich empfunden, sondern romantisch verklärt. Nach Meinung der Badeärzte war ein Aufenthalt am Meer zwar vor allem für das körperliche Befinden von Vorteil, kam jedoch auch der seelischen Gesundheit zugute: „Daher konnten Metzger und seine Kollegen, die Herren Doctores Sass (Travemünde), Vogel (Doberan), Hecker (Putbus), Kind (Swinemünde), Haffner (Zoppot) und Heerbrand (Cranz) in ihren Empfehlungen über Nutzen und Gebrauch des Seebades die psychische Wirkung des Ortswechsels und den Eindruck, den das Baden in offener See macht, ausdrücklich hervorheben" (Tilitzki/Glodzey 1984, S. 516). Schon der 1793 von dem Königsberger Medizinprofessor Johann Daniel Metzger veröffentliche Beitrag „Ueber den Mangel an Anstalten zu Seebädern in Preussen" erwähnte die positive Wirkung der Seebäder auf Seele und Gemüt.

III. Reisen im 19. Jahrhundert

Mit Volldampf voraus!

Im Jahr 1705 meldete der Engländer Thomas Newcomen eine Kolbendampfmaschine zum Patent an; sie war die erste einsatzfähige Kraftmaschine, die mit Dampfdruck arbeitete. Über die folgenden Jahrzehnte fand sie vor allem als Wasserpumpe im Bergbau Einsatz. Der entscheidende Durchbruch in der technischen Entwicklung gelang jedoch erst James Watt, der 1769 seine erste Dampfmaschine der Öffentlichkeit präsentierte und von da an kontinuierlich verbesserte. Die viel effizientere Technik, die Watt entwickelt hatte, verhalf binnen Jahrzehnten der Industriellen Revolution zum Durchbruch. Watt verdiente kräftig daran; ab 1773 half ihm der Finanzier Matthew Bolton, die Maschinen zu produzieren und zu vermieten. Schon zu Beginn des 19. Jahrhunderts wurden Dampfmaschinen erfolgreich als Antrieb von Schiffen und Schienenfahrzeugen erprobt. Bereits zur Jahrhundertmitte fanden Eisenbahn und Dampfschiff in Europa und Amerika weite Verbreitung. Ihre Erfindung hatte nicht zuletzt eine Revolution auf dem Reisesektor zur Folge (Abb. 44).

Dank der neuen Verkehrsmittel erhöhte sich die Zahl der Reisenden beträchtlich, so dass sich erstmals in der Geschichte des Reisens von Massentourismus sprechen lässt. 1856, in einer hervorragenden Saison, verkaufte allein die Preußisch-Rheinische-Dampfschiffahrts-Gesellschaft über eine Million Billette für eine Fahrt auf dem Rhein (Abb. 45). Aber auch der Verkehr zu Lande profitierte von der neuen Technik, die sich nun auch in der Praxis bewährte: 1804 brachte der britische Ingenieur Richard Trevithick das erste von einer Dampfmaschine angetriebene und damit selbständig fahrende Fahrzeug auf die Schiene. George Stephenson entwickelte die Technik weiter und konstruierte ab 1813 Dampfloks für den Bergbau. 1821 erreichte er, dass die als Pferdebahn auf Schienen geplante Verbindung von Stockton nach Darlington als Dampfeisenbahn realisiert wurde. Die 39 km lange Strecke sollte 1825 eröffnet werden und bildete den Ausgangspunkt für die Gründung der Stockton & Darlington Railway Company (1825 bis 1863). Es handelte sich in diesem Fall um die erste

Eisenbahn, auf der Personen befördert wurden, denn die Vorgängerbahnen hatten ausschließlich dem Gütertransport im englischen Kohlenbergbau gedient. Stephensons Lokomotivenwerk sollte nicht nur England, sondern auch den europäischen Kontinent mit Zugmaschinen beliefern. Die erste deutsche Bahn, die 1835 zwischen Nürnberg und Fürth verkehrte, wurde ebenfalls von einer Stephenson'schen Lok gezogen, dem berühmten „Adler". Als Bausatz in 19 Kisten war die Lokomotive mitsamt dem Mechaniker und späteren ersten Lokführer, William Wilson, auf Schiffen und Fuhrwerken von England nach Nürnberg gebracht worden. Im Mai 1835 fuhr auch in Belgien zwischen Brüssel und Mechelen die erste Eisenbahn. 1839 wurde als erste Fernstrecke die 115 Kilometer lange Verbindung zwischen Leipzig und Dresden eröffnet und 1840 umfasste das europäische Streckennetz bereits 2925 Kilometer.

Neue Reiseziele und Regionen kamen in Mode. Man sah die Landschaft nicht mehr nur mit den Augen eines Feldherrn oder Bauern, sondern begann ihre Schönheit zu bewundern. So wurden denn auch Landschaften, die vor noch nicht allzu langer Zeit bei den Reisenden Ablehnung, ja Furcht ausgelöst hatten, zu gefragten Zielen. Diese Entwicklung hatte sich bereits im 18. Jahrhundert abgezeichnet, doch erst im 19. Jahrhundert sollte sie für den durchschnittlichen Reisenden zum Tragen kommen. Die Alpen entwickeln sich zum „playground of Europe". Die Briten waren bei der Entdeckung des Gebirges für den Tourismus federführend. So wurde denn auch der erste Alpine Club 1857 in London gegründet und der Alpinismus stark von englischen Bergsteigern geprägt. Eine Pionierrolle muss man den Briten auch bei der Entdeckung der Alpen für den Wintersport zugestehen. Beobachtet man die englischen Rodler am Cresta Run in St. Moritz, scheinen die Zeiten des historischen Wintersports unverändert lebendig.

Der Bau von Bergbahnen machte es auch dem weniger sportlichen Gast möglich, bis in die Höhen des ewigen Eises und in die Gipfelregionen vorzudringen, die bisher nur einzelne naturbegeisterte, unerschrockene Wanderer erreicht hatten. Und wo man ohne Anstrengung hingelangt, wo eindrucksvolle Panoramen warten, möchte der Reisende auch ein Quartier finden. Aber nicht in einer bescheidenen Unterkunft bei der dort lebenden und arbeitenden Bevölkerung! Ein Grand Hotel mit allem zeitgemäßen Luxus musste es schon sein.

Wie das Hochgebirge verlor auch das Meer seinen Schrecken für die Touristen. Man suchte die Nähe der wogenden See, doch blieb das Meer oftmals Kulisse, denn das Bedürfnis, sich in den Fluten zu erfrischen, am Strand zu liegen und sich zu bräunen, kannte man noch nicht. Näherte man sich dem Meerwasser also noch mit einer gewissen Zurückhaltung, so erlebten die Seebäder an der Ostsee,

44

Vierwaldstätter See, Dampfschiff „Stadt Luzern". Die historischen Raddampfer verkehren nicht nur für Sonderfahrten, sondern sind vollständig in das moderne Transportnetz der Schweizer Bahnen integriert.

45

Köln, Rheinfront am Leystapel. Der Stapelplatz der mittelalterlichen Hansestadt wurde im 19. Jahrhundert zur wichtigen Schiffsanlegestelle. Vor der Kulisse des Domes und der romanischen Kirche Groß St. Martin legen heute die Schiffe für kürzere Ausflüge in den Köln-Bonner Raum und zum Mittelrhein ab.

dem Mittelmeer und dem Atlantik doch ihre erste Blütezeit (Abb. 46). Die bekannten Bäder im Binnenland blieben unverändert gesellschaftliche Treffpunkte. Neu auf der touristischen Landkarte waren die Solebäder, und der Pfarrer Sebastian Kneipp machte Bad Wörishofen zum ersten Kneipp-Kurort. Das wohlhabende Bürgertum kopierte den Adel und dessen sommerliche Flucht aufs Land und so trafen sich nun beide Gruppen in der Sommerfrische.

46

Berck-Plage. Berck-Plage an der nordfranzösischen Opalküste entwickelte sich mit der Gründung eines „Hôpital Maritime" für Kinder in den 1860er Jahren zu einem bedeutenden Seeheilbad.

Die romantische Rheinreise

Zu Beginn des 19. Jahrhunderts wurden der Rhein und das Rheintal zu beliebten Reisezielen. Zwar hatten einzelne Reisende schon weit früher ein Auge für die Besonderheiten des Mittelrheintals (Abb. 47). So berichtet ein namentlich nicht bekannter Venezianer von seiner Studienreise im Jahr 1708: „Ich sah inmitten des Flusses den Rattenturm [Mäuseturm bei Bingen], einen Zeugen der göttlichen Gerechtigkeit. Ich fuhr dann weiter und genoß 120 Meilen weit allerliebtes Land, voller Weinreben, eine Festung oder Zitadelle nach der anderen, zwischen Mainz und Coblenz sieht man beinah jede halbe Stunde eine ..." (Anonimo Veneziano 1708, zit. in Schrattenecker 1999, S. 91). Doch sollte dieses positive Urteil einstweilen die Ausnahme bleiben. Noch Ende des 18. Jahrhunderts beschrieb der weit gereiste Geograph, Völkerkundler und Schriftsteller Georg Forster in seinem Reisetagebuch „Ansichten vom Niederrhein, von Brabant, Flandern, Holland, England und Frankreich im April, Mai und Junius 1790" die Zustände im Rheintal recht kritisch: „In diesem engeren, öderen Teile des Rheintals herrscht ein auffallender Mangel an Industrie. Der Boden ist den Einwohnern allerdings nicht günstig, da er sie auf den Anbau eines einzigen, noch dazu so ungewissen Produktes, wie der Wein, einschränkt. Aber auch in ergiebigeren Gegenden bleibt der Weinbauer ein ärgerliches Beispiel von Indolenz und daraus entspringender Verderbtheit des moralischen Charakters. Der Weinbau beschäftigt ihn nur wenige Tage im Jahr auf eine anstrengende Art; bei dem Jäten, dem Beschneiden der Reben u.s.w. gewöhnt er sich an den Müßiggang, und innerhalb seiner Wände treibt er selten ein Gewerbe, welches ihm ein sicheres Brot gewähren könnte" (zit. in Schneider 1983, S. 73). Auch Forsters Blick auf die späterhin von den Romantikern so geschätzten Burgen und Ruinen war zunächst nüchtern: „... im engen Felstal, von höheren Bergrücken umschlossen, und, wie ein Schwalbennest, zwischen ein paar schroffen Spitzen klebend, ängstlich, hängt hier so mancher zertrümmerte, verlassene Wohnsitz der adelichen Räuber, die einst das Schrecken des Schiffenden waren" (ebd., S. 72). Diese Beobachtungen notierte Forster bei Boppard, doch nur wenige Stromkilometer abwärts, zwischen Koblenz und Andernach, stellt er erfreut fest: „Die schön gewölbten Berggipfel erheben sich hier mit reichlicher Waldung, welche das Malerische der Gegend, sobald sie mit frischem Laube geschmückt sein wird, um vieles erhöhen muß. Die Nähe von Koblenz rief uns bald zum zweitenmal hervor [an Deck]. Hier öffnet sich ein Reichtum der Natur und der Verzierung, den das Ufer des Rheins, seit der Gegend, wo der Fluß die Schweiz verläßt, nirgends zeigt. Schöne Formen von Gebirgsrücken, Baumgruppen und Gebäuden wechseln hier mit einander ab; die Hügel tragen eine dichte Krone von Wäldern, das neue kurfürstliche Schloß prangt am Ufer, und der Ehrenbreitstein hängt herrlich und erhaben auf dem jenseitigen Gebirge" (ebd., S. 76 f.).

Bei Forster finden sich schon die Modewörter der Zeit, die aus den Berichten späterer Rhein-Reisender nicht mehr wegzudenken sein werden: malerisch, schön und erhaben oder auf Englisch „picturesque, beautiful and sublime". Anfang des 19. Jahrhunderts kamen die Reisenden in Scharen ins Mittelrheintal, allen voran die Engländer. Der Weg durch das Rheintal war bei den Briten zunächst nur bei der Rückkehr von der Grand Tour beliebt, weil die Route während der Unruhen im Umfeld der Französischen Revolution als sicher galt. Aber bald entwickelte sich das Rheintal zum eigenständigen Reiseziel. Dafür gab es verschiedene Gründe. Die Industrialisierung war in England Anfang des 19. Jahrhunderts schon weiter fortgeschritten als auf dem Kontinent, bei vielen weckte sie eine Sehnsucht nach der Vergangenheit, die eine Rheinreise befriedigen sollte. Zudem war Mitte des 18. Jahrhunderts der englische Landschaftspark mit seiner naturnahen Gestaltung aufgekommen. Er unterschied sich fundamental von den streng geometrisch angelegten Barockgärten und beflügelte die Begeisterung für das Rheintal, das als eine Art übergroßer Landschaftspark empfunden wurde.

47

Drachenfels und Drachenburg. Die Attraktivität des Mittelrheintals beruht seit jeher auf der abwechslungsreichen Folge von sehenswerten Burgen und Bergen. Die erste Burg auf dem Drachenfels ließ der Kölner Erzbischof Arnold I. im 12. Jahrhundert errichten. Im späten 19. Jahrhundert entstand unterhalb der Ruine die neugotische Drachenburg für einen aus Bonn stammenden Pariser Bankier.

Auch die englischen Dichter begeisterten sich für den Rhein. Lord Byron erlebte die Rheinlandschaft 1816 auf der Reise von England in die Schweiz. In der Villa Diodati am Genfer See lernte er den Dichter Percy Bysshe Shelley und seine 19-jährige Begleiterin Mary Godwin kennen, die ebenfalls im Sommer das Rheinland bereist hatten. Während dreier verregneter Junitage entstand dort eines der berühmtesten literarische Werke, die der Rheinromantik huldigen: Mary Godwin, die spätere Mary Wollstonecraft Shelley, entwarf den Schauerroman „Frankenstein, or the Modern Prometheus“ (1818), der teilweise im Rheinland spielt. Den Namen der Hauptfigur entlieh sie der Burg Frankenstein bei Darmstadt. Ihre eigene Reise durch Frankreich, Holland, Deutschland, die Schweiz und die Gletscher von Chamonix beschrieb sie 1817 in einem Reisebericht. Byron verfasste zur selben Zeit den dritten Canto seines Versepos „Childe Harold's Pilgrimage“ (1816), dessen Titelheld auf seiner Pilgerfahrt ebenfalls den „majestätischen Rhein“ bewundert. In beiden Werken trafen sich englische Schauerromantik und deutsche Rheinromantik in ihrer Begeisterung für die pittoresken Landschaften und erhabenen Burgruinen des Rheins. Lord Byrons Epos verhalf mit seiner gefühlsbetonten Landschaftsbeschreibung dem Rheintal zu einer ungeahnten Popularität. Noch ein halbes Jahrhundert später findet sich in John Murrays Handbuch für Reisende auf dem Kontinent der Hinweis, dass es sich bei den entsprechenden Passagen „um eine akkurate Beschreibung“ (Murray 1867, S. 261) des Rheintals handele. Die literarische Verklärung der Rheinlandschaft, des schluchtartigen Tals mit seinen steilen Felsen, der von Burgen gekrönten Berge und die Begeisterung für das Mittelalter waren den Briten Motivation genug, sich auf die Reise zu begeben.

Neben der Literatur beflügelten auch die Malerei und Graphik das Interesse am Mittelrhein. Die ersten werbewirksamen Bilder schuf der Reverend und „Gelegenheitskünstler“ John Gardnor, der 1787 das Rheintal von Basel abwärts bereist hatte. 1788 erschien sein Prachtband „Views taken on and near the River Rhine“ mit 32 Aquatintaradierungen. Das Buch sollte in einer handlicheren Ausgabe zum unentbehrlichen Reisebegleiter und Andenkenbuch werden. Bedeutende Rheinlandschaften schufen auch Maler wie William Turner, Robert Batty,

48

Oestrich, Hotel Schwan. Das 1628 gegründete Gasthaus diente auch als Pferdewechselstation für die Post und die Treidelschifffahrt. Die Stallungen der Pferde waren im heutigen Mittelhaus untergebracht. Zusätzlich wurden eine Brauerei und – für den Rheingau eigentlich selbstverständlich – ein Weingut betrieben.

William Tomblesons oder Clarkson W. Stanfield. So ging es beim Anblick der malerischen Flusslandschaft weniger darum, selbst Unbekanntes zu entdecken. Vielmehr zog man es vor, das aufzuspüren und nachzuempfinden, was Künstler, Maler und Literaten, dem neuen Zeitgeist entsprechend, vorgegeben hatten. Die Erwartungen der Gäste waren weitgehend gleich: „So fand man die am flachen Ufer gelegenen Orte wenig attraktiv ... Die Landschaften mussten in der Regel zumindest eine Burg, ein mittelalterliches Gebäude oder dramatische Felsen aufweisen, um die Begeisterung der Reisenden zu wecken. Als besonders pittoreske Orte galten Bingen und der Mäuseturm, die Pfalz bei Kaub, Köln, Koblenz mit Ehrenbreitstein, die Loreley, Oberwesel, Bacharach und Andernach, der Drachenfels mit Rolandseck und Nonnenwerth, St. Goar und St. Goarshausen mit ihren Burgen Rheinfels und Katz" (Euskirchen 2002, S. 397). Damit waren die „klassischen" Ansichten des Rheintals definiert, die bis auf den heutigen Tag von Touristen aller Herren Länder bestaunt werden.

Die deutschen Reisenden hatten zu Beginn des 19. Jahrhunderts ganz andere Motive als ihre englischen Zeitgenossen. Sie verklärten und mystifizierten den Fluss und seine Geschichte. „Wie bei keinem anderen Strom sah man mit dem Rhein politische Geschichte und historische Geschicke verbunden, der Rückblick in die Vergangenheit sollte sie deutlich werden lassen: in der Erinnerung an das rheinnahe salische Kaiserhaus, an die rheinischen Bischöfe, an den Rheinischen Städtebund des Mittelalters, an die rheinische Achse der Freien Reichsstädte, an die Rheinische Allianz, an den Rheinbund, an die von Napoleon initiierte Conféderation du Rhin. Der Flußmythos vermittelte ein Gefühl des Weiterlebens der Vergangenheit, er erwies sich als eine treffliche Formel, die Erinnerung an die Geschichte zu bewahren – und zu reaktivieren" (Gassen/Holeczek 1992, S. 14 f.). Im Laufe des 19. Jahrhunderts sollte der Rhein als „nationaler" Strom auch in den Auseinandersetzungen mit Frankreich eine wichtige Rolle spielen, die eine politische Rheinromantik auslöste.

Um den Rhein rankten sich viele Sagen und Legenden. Die heute bekannteste ist wohl die Sage von der Loreley. Schon im Mittelalter gab es Erzählungen über „Hanselmänner", die am Loreleyfelsen mit seinen gefährlichen Strudeln hausen sollten. Erst Clemens Brentano erfand jedoch die Frauenfigur, die späteren Dichtungen zugrunde lag. In seiner Ballade „Zu Bacharach am Rheine" (1801) tritt die schöne Loreley als „Zauberin" auf, die „so schön und feine" war, dass sie jedes Herz brechen konnte. Brentanos Loreley leidet unter der magischen Wirkung ihrer Schönheit auf die Männer so sehr, dass sie sich schließlich von einem hohen Felsen in den Rhein stürzt. Zahlreiche literarische Adaptionen des Stoffes in Vers und Prosa folgten, unter anderem von Joseph von Eichendorff und Heinrich Heine. Heines lyrische Ballade „Ich weiß nicht was soll es bedeuten" (1823) machte aus der Loreley endgültig jene schöne Frauenfigur, die ihr goldenes Haar kämmt, während, angelockt von ihrem Gesang, am Fuß des Felsens die Schiffe zerschellen. Der Loreley-Mythos verbreitete sich auch dank Friedrich Silchers Vertonung von Heines Gedicht bald in ganz Deutschland und weit darüber hinaus. Die Sammlungen von Rheinmärchen und Sagen dienten auch als Reiseführer, die Schauplätze der spannenden Geschichten besuchte man gern. Dazu gehörten beispielsweise der Mäuseturm bei Bingen, die Wernerkapelle in Bacharach, die Burgen Liebenstein und Sterrenberg bei Bornhofen oder das Rolandseck und der Drachenfels. Die romantischen Dichter trafen sich im Brentanohaus in Winkel und unternahmen von dort Ausflüge ins Rheintal. Clemens Brentano und Achim von Arnim sammelten 1802 auf einer Rheinreise alte deutsche Volkslieder, die unter dem Titel „Des Knaben Wunderhorn“ (1805–1808) erschienen. Mittelalterliche Bauwerke und die wilde, erhabene Landschaft des Mittelrheintals – „Spuren menschlicher Kühnheit an den Ruinen der Natur, kühne Burgen auf wilden Felsen – Denkmale der menschlichen Heldenzeit, sich anschließend an jene höheren aus den Heldenzeiten der Natur“ (Schlegel 1805, zit. in Schneider 1983, S. 108) – wurden für Reisende gleich welcher Herkunft zur Attraktion.

Die Aufhebung der napoleonischen Kontinentalsperre 1816 ließ den für einige Jahre unterbrochenen Reisestrom aus England wieder fließen.

Die Engländer erwiesen sich auch in der Transportfrage als besonders fortschrittlich. Die Zeiten, in denen man eher gemächlich mit Segelboot und Treidelkahn reiste, waren endgültig vorbei (Abb. 48). 1816 steuerte James Watt höchstpersönlich das erste aus London kommende Dampfschiff den Rhein aufwärts bis Köln. Eine bald darauf beantragte Konzession für den Personenverkehr wurde den Engländern aber verwehrt und so sollte es noch bis zum Frühjahr 1827 dauern, bis die im Vorjahr gegründete Preußisch-Rheinische-Dampfschiffahrtsgesellschaft mit der „Concordia“ den Liniendienst zwischen Köln und Mainz aufnehmen konnte. Das hölzerne Dampfschiff mit seiner englischen Einzylinder-Niederdruckmaschine war in den Niederlanden gebaut worden. Die Fahrtzeiten verkürzten sich durch den Einsatz von Dampfschiffen beachtlich, so dass der Begriff „Schnellreisender“ erstmals in den Untertiteln der Reiseführer auftaucht und auf diese Weise Eingang in die Geschichte des Tourismus findet. Die Bergfahrt von Köln nach Mainz war mit dem Dampfschiff in gerade einmal 83 Stunden zu bewältigen, während man zuvor zwei bis drei Wochen dafür benötigt hatte. Trotz des enormen Zeitaufwandes hatten die Reisenden über die Jahrhunderte hinweg das Segelboot und den Treidelkahn dem noch beschwerlicheren Landweg vorgezogen. Die kürzere Fahrzeit sollte entscheidende Veränderungen im Beherbergungswesen zur Folge haben: Die Gasthöfe am Ufer hatten nun das Nachsehen, denn mit dem Ausbau der Dampfer zu schwimmenden Hotels mussten die Reisenden nicht mehr wie früher für die Übernachtung an Land kommen (Abb. 49).

49

Köln, touristische Infrastruktur in der Mitte des 19. Jahrhunderts. Die meisten Hotels fanden sich zum einen am Kölner und am Deutzer Rheinufer, zum anderen bei der Posthalterei in der Glockengasse, waren also mit Schiff oder Kutsche gut zu erreichen. Die Eisenbahn sollte erst mit der Eröffnung des Centralpersonenbahnhofs 1859 erste Beherbergungsbetriebe anziehen.

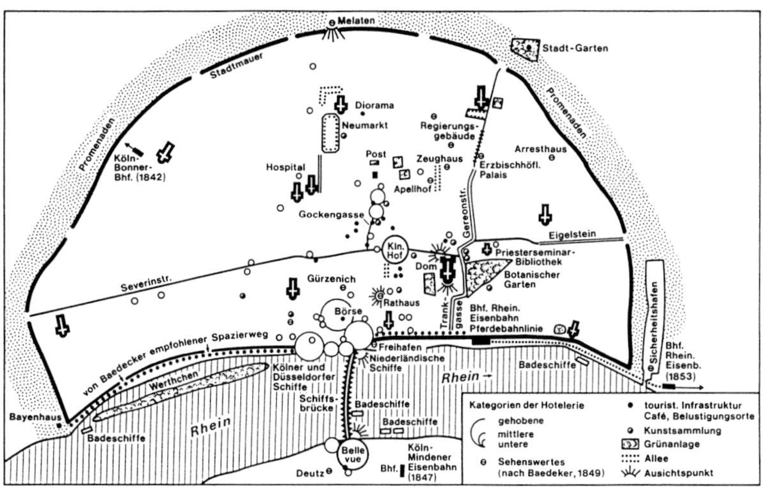

50

Burg/Schloss Stolzenfels. Die Stadt Koblenz schenkte die Ruine 1823 dem preußischen Kronprinzen Friedrich Wilhelm, der als Burgenliebhaber bekannt war. Unter der Vorgabe, den erhaltenen mittelalterlichen Baubestand zu bewahren, setzten die Festungsbaumeister von Ehrenbreitstein die Schinkel'schen Pläne um.

Selbst die eine oder andere Besichtigung konnte sich der Reisende bei schlechtem Wetter sparen, denn eine Bibliothek an Bord verfügte natürlich über aktuelle Reiseliteratur und Bildbände. Die namhaftesten englischen Maler, stellvertretend sei hier noch einmal William Turner genannt, der das Rheintal 1817 zum ersten Mal bereist hatte, lieferten mit ihren Zeichnungen, Aquarellen und Kupferstichen die Illustrationen für die Reisebücher. Die Rheinromantik leitete auch eine neue Epoche in der Reiseliteratur ein. 1836 brachte der Londoner Verleger John Murray seinen ersten Reiseführer, das erste „red handbook", mit dem Titel „Holland, Belgien und das Rheinland" heraus. Im selben Jahr veröffentlichte Karl Baedeker in Koblenz das erste seiner berühmten roten Reisehandbücher, die „Rheinreise von Straßburg bis Düsseldorf". Der Text war eine erweiterte und aktualisierte Neuauflage der 1828 von Professor Johann August Klein herausgegebenen „Rheinreise von Mainz bis Köln – Handbuch für Schnellreisende". Das Bedürfnis nach schneller Information bescherte dem Delkeskamp'schen Panorama, einem Leporello, beste Verkaufszahlen. Der auf ein handliches Format zusammengefaltete, 2,84 m lange Stahlstich mit den Sehenswürdigkeiten zwischen Köln und Mainz gehörte in jedes Reisegepäck und wird bis heute im Rheintal an die Touristen verkauft.

Das große Interesse an mittelalterlichen Ruinen erschöpfte sich keinesfalls in der Betrachtung und dem Besuch der historischen Gemäuer. Wer es sich leisten konnte, erwarb eine verfallene Burg und baute sie entsprechend seinen Bedürfnissen und seiner Vorstellung vom Mittelalter wieder auf. Selbst im preußischen Königshaus pflegte man die Leidenschaft für Ruinen. Kronprinz Friedrich Wilhelm und seine Brüder erwarben 1834 die Ruine Sooneck und ließen sie als neugotisch-klassizistisch-biedermeierliches Jagdschloss wieder aufbauen. Zwischen 1836 und 1842 wurde nach den Plänen des preußischen Oberbaudirektors Karl Friedrich Schinkel auf den Grundmauern der 1689 im Pfälzischen Erbfolgekrieg zerstörten Burg Stolzenfels bei Koblenz ein königlicher Feriensitz in neogotisch-italienischem Stil errichtet (Abb. 50). Mit dem ockerfarbenen Wandverputz, den Zinnenkränzen und den flachen Dächern tauchen Anklänge an den englischen „castle style“ auf. Die Gartenanlagen schuf Peter Lenné.

Manches mittelalterliche Bauwerk im Rheintal sollte jedoch gerade in ruinösem Zustand die größte Aufmerksamkeit erregen und zu einem wichtigen Ziel der im Geiste der Rheinromantik Reisenden werden. Allen voran ist hier die gotische Ruine der Wernerkapelle in Bacharach zu nennen (Abb. 51). Bei der Zerstörung der Burg Stahleck im Jahr 1689 durch französische Truppen erlitt auch die unterhalb der Burg liegende Grabes- und Wallfahrtskirche für den angeblich 1287 in Oberwesel von Juden ermordeten Jungen Werner schwere Schäden. Die Kapelle verfiel im Laufe der Zeit zusehends, Gewölbe und Dächer stürzten ein, es entstand eine der bekanntesten Sehenswürdigkeiten des romantischen Rheintals.

Eine andere Attraktion war der verfallene Bergfried der Burg auf dem Drachenfels. Der Blick auf die Insel Nonnenwerth unterhalb des Drachenfelses ist besonders lohnend. Noch „romantischer“ ist wohl nur noch der Blick von der Burgruine Rolandseck durch einen efeubewachsenen Fensterbogen auf das gegenüberliegende Rheinufer. 1839 stürzte der letzte originale Bogen der Burg Rolandseck ein. Auf Initiative des Dichters Ferdinand von Freiligrath baute der Kölner Dombaumeister Ernst Friedrich Zwirner den „Rolandsbogen“ wieder auf. Die malerische Aussicht auf die Ruinen, um die sich auch die dramatische Liebesgeschichte des Ritters Roland rankt, bewog König Friedrich Wilhelm IV., den „Romantiker auf dem Thron“ 1855/56, dazu, die Bahnlinie von Bonn nach Rolandseck zu verlängern und den dortigen Bahnhof mit seiner ungewöhnlichen Zweiteilung in Auftrag zu geben. Im Erdgeschoss diente der Bau als ganz gewöhnlicher Bahnhof, das Obergeschoss nutzte Seine Majestät als königlichen Freizeitwohnsitz. Die Nutzung als Bahnhof hat sich bis heute erhalten, im Obergeschoss ist inzwischen ein Kunstmuseum eingerichtet worden.

51

Bacharach, Burg Stahleck und Wernerkapelle. Im Chor der ehemaligen Wallfahrtskirche in den Weinbergen oberhalb des Städtchens Bacharach wurde der Lokalheilige Werner beigesetzt. Die gotische Ruine galt im 19. Jahrhundert als Pilgerziel der Romantiker. Die Burg Stahleck wurde 1689 von französischen Truppen zerstört und erst in den 1920er Jahren als Jugendherberge wieder aufgebaut.

Die Entdeckung des Hochgebirges

Viele Reisende hatten die Schweiz schon auf dem Weg nach Italien kennen gelernt, aber als eigenständiges Reiseziel war die Furcht und Schrecken erregende Bergwelt für die wenigsten vorstellbar. Die Passage durch die Schöllenschlucht auf dem Weg zum Gotthardpass beschrieb ein Wanderer als überaus bedrohlich: „Weiterhin hört man zuweilen noch einförmiges Geräusch aus dem Abgrund; zuweilen noch das ersterbende Getöse eines Bachs, der aus unersteiglichen Höhen stürzt und im Sturz verfliegt. Ringsum steigen die Berge der Schöllenen senkrecht, glatt und kahl in grausenhafter Nacktheit empor; schwarze Mauern 100 – 1000 Fuß hoch. Man wandelt wie auf dem tiefen Boden eines ungeheuren Felskessels, oder vielmehr an einer Rippe desselben, längs welchem die Straße sich, unter überhangendem Gestein, windet. Oft scheint der Ausweg zu fehlen; und wenn er wieder erscheint, öffnet er nur die Aussicht in noch furchtbarere Wüstenei. Man erblickt den Strom der Reuß, statt tief unter den Füßen, vor sich droben. Er bricht da durch den Riß der Berge zwischen dunkel-glänzenden Klippen; schwindelt jählings in die Tiefe hinunter, und zerschellend im finstern Geklüft, steigt er als Wasserstaub gespenstisch unter dem hohen Bogen der Teufelsbrücke wieder auf und umgaukelt sie, unter ewigem Donner und Windsturm, mit Wolken, die einander drängen und jagen. Die Straße verliert sich, denn anderer Raum fehlt für sie, in eine finstere Höhle des gegenüberliegenden Felsen. Der Ausweg vom Thal der Schrecken droht Eingang eines noch grauenvollern Schauspiels zu werden“ (Zschokke 1842, S. 63).

Welcher Wandel in der Wahrnehmung der Landschaft musste sich vollzogen haben, damit eine solch entsetzliche Wildnis aus Fels und Eis zu einem beliebten Reiseziel werden konnte? Um diese Frage zu beantworten, ist ein kurzer Blick zurück auf die Literatur des 18. Jahrhunderts nötig. 1732 erschien Albrecht von Hallers Gedicht „Die Alpen“. Vier Jahre zuvor war der junge Mediziner gemeinsam mit dem Naturforscher Johannes Gessner von Basel zum Neuenburger und Genfer See gewandert, dann das Rhônetal entlang, über Leukerbad und die Gemmi bis ins Berner Oberland. Er hatte Pflanzen gesammelt und die Bergwelt bestaunt. In seinem Gedicht schwärmt Haller von der Schönheit und Erhabenheit der Hochgebirgslandschaft und idealisiert das Leben ihrer klassenlos und frei lebenden Bewohner. Auf diese Weise nahm er die Zivilisationskritik späterer Jahrzehnte unter dem Motto „Zurück zur Natur“ vorweg. Sein Loblied auf die einfache Bergbevölkerung war für die damalige Zeit, die in vieler Hinsicht das Leben am französischen Hof als vorbildhaft betrachtete, befremdlich, wenn nicht unverständlich. Trotzdem fand das Gedicht weite Verbreitung, es wurde in alle europäischen Sprachen übersetzt und erlebte noch zu Hallers Lebzeiten über 30 Ausgaben (vgl. Oppenheim 1977, S. 38). Ein anderer Bestseller mit Auswirkungen auf das Reiseverhalten sollte Jean-Jacques Rousseaus „Julie oder die neue Héloïse – Geschichte zweier Liebenden am Fuße der Alpen“ (1761) werden. Der unglückliche Held des populären Liebesromans findet Trost in der Höhe der Walliser Alpen, wo „man in der reineren und dünneren Luft freier atmet, sich körperlich leichter und geistig heiterer fühlt ... Es scheint, daß man, sobald man sich über die Wohnstätten der Menschen erhebt, alle niederen und irdischen Gefühle zurückläßt und daß die Seele, je mehr sie sich den ätherischen Regionen nähert, etwas von ihrer ursprünglichen Reinheit zurückerhält “ (zit. in Perfahl 1984,

S. 43). Als Folge der Romanlektüre beobachtete der Philosoph Christoph Meiners im Jahr 1788 wahre Fremdenströme am Genfer See und in den umgebenden Bergen. Auch er besuchte „die heiligen Orte der Héloïse von Rousseau, wohin jetzt alle Fremden von Lausanne aus wallfahrten und wo sich besonders Engländer mit der ‚Héloïse' in der Hand wochenlang aufhalten“ (zit. in Löschburg 1977, S. 110).

Der Wunsch, dieses alpenländische Arkadien zu besuchen, in dem seine Bewohner im Einklang mit sich selbst und der Natur leben, aber auch das verstärkt aufkommende naturwissenschaftliche Interesse am Hochgebirge lockten die ersten Schweizreisenden. Auch Johann Wolfgang von Goethe folgte bald dem Ruf der Berge. 1775 brach er zu seiner ersten Schweizer Reise auf, mit der Besteigung der Rigi (1798 m) als Höhepunkt. Er machte auch einen Abstecher zum Kaltbad: „Um 12 nach dem kalten Bad oder 3 Schwestern Brunn. Dann die Höhe 1/2 3 in Wolken und Nebel rings die Herrlichkeit der Welt“ (zit. in Perfahl 1984, S. 44). 1779 reiste er mit Herzog Karl August und einer kleinen Hofgesellschaft u. a. ins Berner Oberland und 1797 standen Schaffhausen, der Gotthardpass und Zürich auf dem Programm. Während seiner dritten Schweizreise betätigte sich der Weimarer Minister – ganz im Trend der Zeit – auch als Geologe, Mineralien- und Gesteinssammler.

Ehrgeizige Forscher waren in der zweiten Hälfte des 18. Jahrhunderts bereit, alle bis dahin existierenden Grenzen zu überschreiten. Die Erstbesteigung des Mont Blanc sollte den Beginn des Alpinismus markieren. 1785 ließ der Genfer Geologe Horace-Bénédict de Saussure zur Vorbereitung der Besteigung bei der Pierre Ronde eine Hütte bauen, die als erste hochalpine Unterkunft gilt. Am 8. August des folgenden Jahres gelang es dem Arzt Dr. Michel Paccard und dem Kristallsucher Jacques Balmat, die beide aus Chamonix stammten, den mit 4807 m höchsten Alpengipfel zu besteigen (Abb. 52). Am 3. August 1787 stand Saussure selbst auf dem Mont Blanc: „Was ich gesehen hatte und mit der größten Klarheit sah, war die Gesamtheit aller dieser hohen Gipfel, deren Bau ich schon so lange zu kennen wünschte. ... und ein einziger Blick beseitigte Zweifel, die Jahre der Arbeit nicht hätten aufklären können“ (zit. in Perfahl 1984, S. 52). Das wissenschaftliche Interesse war jedoch zunächst nur für wenige Männer Motivation, sich bis in die größten Höhen, bis in die Fels- und Eisregionen der Alpen vorzuwagen. 1809 erreichte Marie Paradis aus Chamonix als erste Frau den Gipfel des Mont Blanc. Sie hatte weder naturkundliche noch sportliche Ambitionen. Einige Bergführer hatten die Magd zu der Tour überredet. „... die Fremden werden dich dann sehen wollen und dir Geld geben“ (ebd., S. 59 f.), hatten sie ihr versprochen. Große Anstrengungen und mancherlei Mühe waren der Preis für diese Berühmtheit: „Ich wurde gepackt, gezogen, gestoßen und endlich kamen wir oben an. Ich konnte nicht sehen, nicht atmen, nicht sprechen, sie sagten, daß es ein Jammer war, mich anzusehen“ (ebd.).

Die tieferen und weniger gefährlichen Lagen des Hochgebirges hatten die Reisenden zu dieser Zeit schon längst für sich erobert. Im Berner Oberland bildete sich ab dem späten 18. Jahrhundert eine mehr oder weniger festgelegte touristische Route heraus. Die Bergsteiger reisten per Schiff von Thun nach Interlaken oder Unterseen. Zur Anpassung an die Höhe und auch um das Freiwerden des gewünschten Quartiers in einem der Bergdörfer abzuwarten, verbrachten sie häufig erst einmal mehrere Wochen am Thuner oder Brienzer See, bevor der Aufstieg begann. Andere Regionen besaßen ebenfalls ihre „Warteplätze“:

52

Chamonix, Denkmal für Jacques Balmat und Michel Paccard, denen im August 1786 die Erstbesteigung des Mont Blanc gelang. Im folgenden Jahr führte Balmat auch Horace Bénédict de Saussure, der für die Besteigung des Berges einen Preis ausgesetzt hatte.

53

Lauterbrunnental. Das Tal im Berner Oberland lockt mit seinen tosenden Wasserfällen nach wie vor zahlreiche Besucher an. Neben dem Mont-Blanc-Massiv gehörte es zu den frühesten touristischen Zielen in den Alpen.

Für einen Aufenthalt im Oberengadin, zum Beispiel in St. Moritz, akklimatisierte man sich mit einem Zwischenaufenthalt in Bergün (Kurhaus Bergün). Interlaken und Unterseen waren während der Sommerzeit von Reisenden aller Nationen übervölkert, sei es dass diese eine Molkekur machen oder von hier aus ins Hochgebirge aufbrechen wollten. Im Kaufhaus von Unterseen erhielt man Führer, Wagen und Pferde für die Reise in die Lütschinentäler. Zu den Orten, die über „die betretenste Heerstraße aller Lustwanderer" (Zschokke 1842, S. 311) leicht zu erreichen waren, gehörte Lauterbrunnen. Der Zug der Gebirgswallfahrer pilgerte zu den zahlreichen Wasserfällen, die über die hohen Felswände ins Tal der Lütschine stürzen (Abb. 53). Glücklich schätzen konnten sich diejenigen „Bergpilger", die ein Quartier im Pfarrhaus von Lauterbrunnen gefunden hatten, denn die Übernachtungsmöglichkeiten waren noch äußerst knapp: Die Bauernhäuser boten kaum Raum für Gästebetten und selbst das älteste Gasthaus, das Haus „Zum Bären", verfügte nur über ein, zwei Zimmer. Aus diesem Grund hatten der Bernische Staat und die Gemeinde von Lauterbrunnen 1780/82 das beliebte Pfarrhaus erweitern lassen und es den Wünschen der Besucher entsprechend mit Lauben, also überdachten Balkonen, ausgestattet. Hier saß man geschützt, bestaunte bei einer Tasse Tee das Naturschauspiel der Staubbachfälle und schmiedete Pläne für den weiteren Aufenthalt. Als Reiseführer diente die 1777 erschienene „Kurze Anleitung für diejenigen, welche eine Reise durch die merkwürdigsten Alpgegenden des Lauterbrunnentales, Grindelwald und über Meyringen auf Bern, machen wollen". Der Berner Pfarrer und Naturforscher Jakob Samuel Wyttenbach hatte dieses erste Reisehandbuch über das Berner Oberland verfasst. In seinem Haus in Bern verkehrten Adlige, Wissenschaftler, Dichter und Maler aus dem In- und Ausland. Für Reisende stellte sich bei einem Aufenthalt im Berner Land häufig die Frage, ob sie im Pfarrhaus oder im Wirtshaus absteigen sollten. In der Regel waren die Pfarrhäuser die bessere Adresse, wie es Karl Gottlob Küttner 1785 in seinen „Briefen eines Sachsen aus der Schweiz" am Beispiel von Grindelwald schildert: „Es ist hier ein erträgliches Wirtshaus, in dem wir wohnen. Heute speissten wir beym Pfarrer und überzeugten uns, dass man in seinem Hause besser aufgehoben ist, als in jenem. Seitdem hier ein Wirtshaus ist, kann man nicht geradezu beym Pfarrer einkehren, allein man kann z. B. einen Gruss von jemand bringen, der da gewesen ist, oder sagen, man habe von vielen Reisenden gehört, wie wohl er sie empfangen habe usw., so ist man allemal willkommen und fährt besser" (zit. in ebd., S. 22). Das Pfarrhaus von Grindelwald war seit dem späten 18. Jahrhundert ein gefragtes Quartier, denn der Ort konnte bequem erreicht werden, so dass „auch viele Frauenzimmer diesen Weg machen" (zit. in Rubi 1986, S. 86). In den Jahren 1805 bis 1818 führte der Pfarrer von Grindelwald sogar ein Fremdenbuch. So logierte beispielsweise 1814 Marie

Louise von Habsburg im Pfarrhaus und vertrieb sich im Berner Oberland die Zeit, während ihr Gemahl Napoleon auf Elba seine Rückkehr auf den französischen Thron vorbereitete. Der preußische Kronprinz Friedrich Wilhelm war mit einer kleinen Reisegesellschaft und dem nötigsten Personal, unter anderem mit Kammerdiener und Kammerlakei, dem Königlich-Preußischen Backmeister und dem Königlichen Leibfriseur, zwei Monate zuvor Gast in Grindelwald. Die rund zwanzigköpfige Gesellschaft ließ sich erwartungsgemäß nicht in den sieben Zimmern des Pfarrhauses unterbringen, so dass in den Bauernhöfen der Umgebung weitere Quartiere für Ross und Reiter beschafft werden mussten. Die Pfarrersgattin hatte zwei Tage lang die Ehre, als Königliche Ferienköchin zu dienen, und der Herr Pfarrer fungierte an der Table d'hôte als Kellner.

Natürlich zog das Berner Oberland auch die Dichter und Maler an. Goethe wurde schon erwähnt. Er besuchte im Oktober 1779 die Staubbachfälle und verfasste in Erinnerung daran das Gedicht „Gesang der Geister über den Wassern". Lord Byron holte sich 1816 vor der Bergkulisse des Lauterbrunnentals Inspirationen für sein dramatisches Gedicht „Manfred". Bei den Schweizer Malern sind vor allem die sogenannten Kleinmeister wie Niklaus Sprüngli, Gabriel Lory d. Ä., Gabriel Lory d. J. sowie Marquard Wocher zu nennen. Größere Formate schufen Maximilien de Meuron, Alexandre Calame und der gebürtige Tiroler Joseph Anton Koch. Die englische Landschaftsmalerei war bereits im 18. Jahrhundert mit William Pars, im 19. Jahrhundert mit William Turner vertreten. Zu Beginn des 19. Jahrhunderts fällt bei Darstellungen des Berner Oberlandes das Motiv des Unspunnenfestes auf, das z. B. Franz Niklaus König, Carl Urban Keller und Louise Vigée-Lebrun aufgriffen. Das Unspunnenfest war 1805 abgehalten worden, um die Wiedervereinigung der Stadt Bern mit dem Berner Oberland zu feiern und um die Schweizer Hirtenbräuche in Wettbewerben wieder aufleben zu lassen. Zahlreiche adelige Gäste reisten aus ganz Europa zum Unspunnenfest und gaben so dem Fremdenverkehrsgewerbe Anschub. Ab 1832 bot das Berner Oberland noch eine andere Attraktion von europäischem Rang: Das Berghaus Faulhorn in 2680 m Höhe war das höchstgelegene Wirtshaus in Europa. Noch heute gilt es als das am höchsten gelegene Berghotel der Schweiz.

54

Zermatt, Alexander Seiler. Der Wegbereiter der Hotellerie in Zermatt war ebenfalls Posthalter und setzte sich auch für die Einführung des Telegrafenbetriebs ein. Er förderte den Straßenbau, finanzierte die erste Matterhornhütte, begann mit dem Aufbau einer Sammlung für das heutige Alpine Museum, organisierte Kurse zur Ausbildung von Bergführern und gründete die Landwirtschaftliche Gesellschaft.

In Zermatt begann die Geschichte der Hotellerie ebenfalls in einem Pfarrhaus. Doch verbot die Walliser Regierung den Geistlichen „das Wirten" und so übernahm der Arzt Joseph Lauber diese Aufgabe zunächst im Nebenberuf. Drei Doppelzimmer richtete er für die Gäste in seinem Haus an der Dorfstraße ein. Zermatts Aufstieg vom ärmlichen Bergbauerndorf zum bedeutenden Bergsteiger- und Fremdenverkehrsort bewirkten aber letztlich drei aus dem Goms stammende Bauernsöhne. Der älteste von ihnen war Josef Seiler, der 1847 zum Kaplan von Zermatt ernannt wurde. Von der Schönheit der Landschaft begeistert, versuchte er seinen jüngeren Bruder Alexander (1819–1891) dazu zu bewegen, sich im Gastgewerbe des Bergdorfes zu engagieren (Abb. 54). Doch es dauerte einige Jahre, bis sich der Seifensieder und Kerzenzieher entschloss umzusatteln: 1853 pachtete Alexander Seiler zusammen mit seinem jüngeren Bruder Franz für zwei Jahre die „Laubersche Herberge". Im Jahr zuvor hatte der Staatsrat Josef Anton Clemenz aus Visp in Zermatt schon das Hotel Mont Cervin mit 14 Fremdenbetten eröffnet. 1854 kauften die drei Seiler-Brüder das Haus des Arztes Lauber und bauten es zum Hotel Monte Rosa aus, das nun 35 Gästen Platz bot. Im selben

55

Zermatt, Grand Hotels Seiler. 1855 begann der Aufstieg des Familienunternehmens mit dem Hotel Monte Rosa in Zermatt. Die Seiler Hotels AG befindet sich bis heute unverändert im Besitz der Familie, die mit rund 300 Mitarbeitern fünf Hotels der Vier- und Fünf-Sterne-Kategorie in Zermatt führt.

Jahr pachten Alexander und Franz Seiler das Berggasthaus auf dem Riffelberg, das drei geistliche Herren als Investoren hatten errichten lassen. Weitere Hauskäufe, nicht nur in Zermatt, sondern auch im Goms, folgten: 1857 erwirbt Alexander die Herberge am Rhônegletscher in Gletsch, die er später zum Hotel Glacier du Rhône ausbaut, 1867 ist es das Hotel Mont Cervin, das er dem Staatsrat Clemenz abkauft (Abb. 55). 1871 gelangt das Hotel Jungfrau am Eggishorn oberhalb von Fiesch in seinen Besitz und 1879 pachtet er von der Gemeinde den Zermatter Hof. Seiler lässt mit ganz geringen Staatssubventionen Straßen und Wege ausbauen. Ab 1867 hat er das Amt des Posthalters von Zermatt inne. Seine Bemühungen um den Telegraphenbetrieb im Dorf sind 1873 endlich erfolgreich. 1884 kann er nach sechsjähriger Bauzeit das Hotel Riffelalp mit 150 Gästebetten in 2222 m Höhe eröffnen, die dazu gehörende, von Seiler finanzierte anglikanische Dreifaltigkeitskapelle wird zwei Wochen später geweiht. Bereits 1871 war im Dorf die anglikanische Kirche St. Peter ihrer Bestimmung übergeben worden.

Mit der Erstbesteigung des Matterhorns durch englische Bergsteiger und Führer aus Zermatt und Chamonix geriet Zermatt 1865 in die Schlagzeilen. Das Drama um den Absturz von vier der sieben Alpinisten um Edward Whymper brachte dem Dorf ungeahnte Publicity. Wegen seiner eindrucksvollen Form wurde das Matterhorn zu einer besonderen Attraktion und Herausforderung. Schon drei Jahre nach der Erstbesteigung wurde in 3818 m Höhe eine erste Schutzhütte auf dem Hörnligrat erbaut, auf Initiative und Kosten Alexander Seilers sowie des 1863 gegründeten Schweizer Alpen-Clubs.

Zur gleichen Zeit entwickelte sich auch Chamonix vom bloßen Durchreiseort zum Reiseziel. Die allerdings geschätzten Gästezahlen stiegen von rund 5000 im Jahr 1850 auf circa 12 000 im Jahr 1865 und bis 1892 noch einmal auf das Doppelte (vgl. Debarbieux 1990, S. 21). Standen von der Erstbesteigung 1786 bis Mitte des 19. Jahrhunderts durchschnittlich ein bis zwei Bergsteiger pro Jahr auf dem Gipfel des Mont Blanc, waren es zwischen 1860 und 1864 im Durchschnitt schon 35 Alpinisten pro Jahr (vgl. ebd., S. 22). Für die Folgezeit lassen sich die Zahlen nicht mehr ermitteln. Aber nun rückten auch die anderen Vier- und Dreitausender der Mont-Blanc-Gruppe ins Visier der Bergsteiger. Wie schon für Horace Bénédict de Saussure das wissenschaftliche Interesse am „Dach Europas“ im Vordergrund stand, so lockte die Forschung auch in der zweiten Hälfte des 19. Jahrhunderts. Höhepunkt der Arbeiten war die Errichtung zweier Observatorien auf dem Mont Blanc. Das Observatorium in Nähe des Gipfels versank schon bald wieder im Eis. Eine längere Lebensdauer war dagegen dem Observatorium in rund 4300 m Höhe beschieden, das der forschende Autodidakt und Astronom Joseph Vallot 1890 hatte errichten lassen. Ein Anbau diente den Bergsteigern dort als Schutzhütte. In den tiefer gelegenen Regionen bemühten sich – anders als in Zermatt – viele Einheimische, der wachsenden Gästeschar Unterkunft und Verpflegung zu bieten. Führte ein viel begangener touristischer Weg über sein Grundstück, nutzte der Eigentümer die Gelegenheit und baute einen sogenannten Pavillon, um die Wanderer mit Erfrischungen und Milchprodukten zu versorgen. Rund ein Dutzend Häuser boten inzwischen den Gästen Quartier, der Bauboom bei den großen Hotels sollte allerdings erst mit der Eröffnung der Bahnlinie 1904 einsetzen.

In anderen Alpenregionen profitierte der Tourismus zu diesem Zeitpunkt schon längst vom Eisenbahnverkehr. Die Reisenden nutzten die Bahn für die Anreise einmal vor Ort, waren es die Bergbahnen, die es einem allgemeinen Publikum überhaupt erst möglich machten, in größere Höhen vorzudringen. Die bedeutendste Herausforderung für die Schweizer Ingenieure war die Überwindung der steilen Hänge, doch die Erfindung der Zahnradbahntechnik half, das Problem zu lösen. Wenn auch die erste Zahnradbahn der Welt 1869 auf den Mount Washington im US-Bundesstaat New Hampshire fuhr, folgte die erste europäische Bahn schon zwei Jahre später von Vitznau auf die Rigi (Abb. 56). 1875 wurde der bekannteste Aussichtsberg der Zentralschweiz auch über die Ostseite von Arth aus erschlossen. 1889 war die Technik so weit fortgeschritten, dass auch die steilen Hänge des Pilatus von einer Bahn befahren werden konnten. Bis zu 48 % Steigung, also ein Höhenunterschied von 480 m auf 1000 m Strecke, wurden hier gemeistert. Neben den markanten Aussichtsbergen benötigten zahlreiche Hotels in exponierter Lage eine eigene Zahnradbahn als Zufahrt. Für sein Hotel bei den Gießbachfällen am Brienzer See beauftragte der Hotelier den Aargauer Maschinenbauingenieur Roman Abt mit dem Bau einer Standseilbahn. Kostengünstig entwickelte der Ingenieur 1879 eine eingleisige Streckenführung mit einer Begegnungs- und Ausweichstelle für die Bahn aus der Gegenrichtung: Das „System Abt“ war erfunden und ging in Serie. 1898 wurde die Strecke der Visp-Zermatt-Bahn bis zum Gornergrat verlängert (Abb. 57). Die erste elektrisch betriebene Zahnradbahn mit einer maximalen Steigung von 20 % führte jetzt bis auf 3089 m Höhe zum höchstgelegenen offenen Bahnhof der Schweiz. Auf halber Strecke war seit 1899 das Umsteigen in die höchste Straßenbahn Europas, die Riffelalptram möglich, die eine 500 m lange Trasse befuhr.

56

Rigi Kaltbad, historische Lok (Nachbau). Die 1873 in Betrieb genommene Dampflok der Rigibahn stammt aus den Centralbahnwerkstätten in Olten. Die 200 PS starke Zugmaschine konnte die Waggons mit maximal 7,5 Stundenkilometern den Berg hinaufschieben.

Das wohl eindrucksvollste Beispiel für einen Hotelkomplex in extremer Lage sind die Bürgenstock-Hotels am Rande eines steil abfallenden Berghanges in rund 400 m Höhe über dem Vierwaldstätter See. 1871 kaufte Franz Josef Bucher-Durrer (1834 bis 1906), Sohn einer Obwaldner Bauernfamilie, die Alp Tritt auf dem Bürgenstock. Er ließ das Gelände in einzigartiger Panoramalage durch eine Straße von Stansstad aus erschließen und konnte 1873 das Hotel Bürgenstock, das heutige Grand Hotel, eröffnen. Um den Gästen seiner beiden Hotels - des Grand Hotels und des Park Hotels – die beschwerliche Anreise mit dem Maultier oder dem Fuhrwerk zu ersparen, initiierte der Hotelier den Bau einer elektrisch betriebenen Standseilbahn, die im Sommer 1888 ihren Betrieb aufnahm. In den Jahren 1900 bis 1905 erhielt der Hotelkomplex mit dem Hammetschwand-Lift einen weiteren Zugang. Der höchste freistehende Aufzug Euro-

57

Zermatt, Gornergratbahn-Bahnhof. Nach dem Höherlegen der alten Endstation konnte am 1. Juni 1909 der „Burgenbau" in 3089 m ü. NN eingeweiht werden. Während die Gornergratbahn im ersten Betriebsjahr 1898 an gerade einmal 45 Tagen fuhr, ist sie inzwischen rund ums Jahr unterwegs.

pas (Talstation 961 m ü. NN, Bergstation 1114 m ü. NN) war eine technische Sensation, denn die Aufzugskabine fuhr zunächst durch einen Felsschacht und dann in einem 150 m hohen Eisengerüst, das an einer Felswand über dem Vierwaldstätter See schwebend befestigt war. Diese einzigartige Attraktion lockte so viele Besucher auf den Bürgenstock, dass die vorhandenen 340 Hotelbetten auf dem Berg bald nicht mehr ausreichten. Bereits vor der Fertigstellung des Liftes konnte 1904 als dritter Betrieb das Palace Hotel mit weiteren 160 Betten eröffnen. Die Aktivitäten von Franz Josef Bucher-Durrer sollten sich jedoch nicht auf den Bürgenstock beschränken. Ihm gelang der Aufbau eines internationalen Hotelimperiums mit Häusern in Luzern, Lugano, Genua, Mailand, Rom und Kairo. Der Bau einer Reihe von Berg- und Straßenbahnen, nicht nur in der Schweiz, wurde zu einem weiteren Betätigungsfeld des vielseitigen Unternehmers.

Weitblick und Geschäftssinn des Hoteliers Johannes Badrutt-Berry (1819 bis 1889) brachten die ersten Wintergäste nach St. Moritz. Badrutt wünschte sich eine bessere Auslastung seines Hotels „Engadiner Kulm" und hatte die Idee, eine zweite Saison für das Bergdorf zu schaffen. Während des Sommers fanden vor allem Badegäste den Weg zu den Heilquellen im tiefer gelegenen St. Moritz Bad, die Paracelsus schon 1535 besucht hatte. In seinem Werk „Von den Tartarischen Krankheiten" lobte er die Wirkung dieses Sauerbrunnens und empfahl den Heilungsuchenden wärmstens eine Kur in St. Moritz Bad. 1856 kaufte Badrutt, der schon in Samedan als Gastwirt gearbeitet hatte, die Pension Faller in St. Moritz Dorf, die er zuvor schon gepachtet hatte. Ihre Räume werden noch heute von der Verwaltung des Kulm Hotels genutzt (Abb. 58). Ursprünglich war der Hotelier Bergbauer und Säumer gewesen, der aus seiner Heimat Schanfigg, einem Tal zwischen Chur und Arosa, auswandern musste. Mit einer Lotterie bestimmte man zu jener Zeit die Familien, die das Tal verlassen mussten, denn der karge Boden konnte nicht das Überleben aller sichern. Die Hochzeit mit der Churer Arzttochter Marie Berry verhalf Badrutt zu einigem Vermögen. Aus der Ehe gingen elf Kinder hervor, die zweite Generation der Hoteliersdynastie. Das Problem für den engagierten Hotelier war, dass eine Reise ins winterliche Hochgebirge, womöglich zum Wintersport, für die Touristen noch völlig neu und auch kaum vorstellbar war. Die während des Winters fehlenden Verkehrsverbindungen, der hohe Schnee und die Lawinengefahr hätten auch jede Reise in die Hochtäler vereitelt. Aber Johannes Badrutt war erfinderisch und er kannte nicht nur die sonnenreichen Winter des Engadins, sondern auch die Mentalität der englischen Gäste, so dass er eine Einladung mit einer Wette verband. Sollte schlechtes Wetter im Winter den Aufenthalt beeinträchtigen, würde er ihnen die Reisekosten erstatten, lautete 1864 die Abmachung zwischen dem Hotelier und den Briten zum Ende ihres Sommeraufenthalts. Die ersten Wintergäste der Tourismusgeschichte mussten mit dem Schlitten von Chur, der damals nächsten Bahnstation, abgeholt werden. Mehr als 80 Kilometer Schlittenfahrt stand den Reisenden bevor, bis sie das Oberengadin erreicht hatten (Abb. 59). Das Wetter spielte mit, die Gäste blieben fast zwei Monate und die Nachricht von angenehmen Wintertagen in St. Moritz machte im englischen Königreich die Runde, so dass von Jahr zu Jahr auch im Winter immer mehr Gäste kamen. Aus diesem Anfangserfolg heraus entwickelte sich ein vielfältiger Wintersport, der entscheidend vom englischen Freizeitverhalten geprägt werden sollte und bis heute an seinem Ursprungsort, dem Kulm Hotel St. Moritz, gepflegt wird. Im Winter 1880/81 wurde erstmals auf dem europäischen Kontinent auf den Rinks oder Eisflächen des En-

58

St. Moritz, Kulm Hotel. Ein Stück Tourismusgeschichte erzählen die verschiedenen Erweiterungen des historischen Hotels, dessen Kernbau, die ehemalige Pension Faller, sich hinter dem linken Gebäude befindet. 1886/87 erfolgte der Anbau des West- und Mittelkulms, 1911 derjenige des Neukulms.

59

Arlberg-Region, Schlittenfahrt (Foto von 1927). Abseits der Bahnstrecken war im Winter der Pferdeschlitten das zuverlässigste Verkehrsmittel.

gadiner Kulms Curling betrieben. 1884 ließ Johannes Badrutt auf dem weiträumigen Gelände des Hotels eine Schlittenbahn anlegen, den Cresta Run, der 1212 m bis zum Dorf Celerina hinunterführt. Seit Januar 1885 fanden dort Wettbewerbe statt, bei denen die Herren bäuchlings auf einem flachen, schweren Schlitten liegend die Naturbahn abwärts rasten, mit einer Geschwindigkeit von 140 km/h am Ziel. Aus den ersten Cresta-Schlitten entwickelten sich der heutige Skeleton-Schlitten und der Skeleton-Sport. Für den bereits populären Schlittschuhlauf stellte das Hotel ebenfalls Eisflächen bereit. Der Skilauf blieb einstweilen den Skandinaviern vorbehalten und trat erst später auch in den Alpenländern seinen Siegeszug an.

Nur wenige Wochen nach dem Eintreffen der ersten Wintergäste in St. Moritz kamen Anfang 1865 die ersten Reisenden mit einem Pferdeschlitten auch nach Davos. Es handelte sich um einen Arzt und einen Buchhändler aus Deutschland, die beide an Tuberkulose litten. Eine neue touristische Saison war damit eröffnet, denn man stellte bald fest, wie heilsam ein Aufenthalt gerade im Winter sein konnte. Bereits 1874 zählte Davos mehr Gäste im Winter als im Sommer. Seit dieser Zeit war der aufstrebende Lungenkurort besonders bei den Engländern beliebt, die neben dem Heilklima vor allem das sportliche Angebot des Bündner Dorfes schätzten. Dazu gehörte auch das Schlitteln, die Holzschlitten mit dem Namen „Davos“ sind noch heute ein Begriff. Das Eislaufen wurde ebenso gepflegt. 1877 wurde die erste Natureisbahn in Betrieb genommen, sechs Jahre später der erste Eislaufclub der Schweiz gegründet. Im Winter 1883 veranstaltete man erstmals internationale Schlittenrennen auf der Strecke von Wolfgang nach Klosters. Die gute Nachfrage bei den Gästen spiegelte sich auch in einem bemerkenswerten Ausbau der Hotels wider: Das Angebot stieg von 216 Fremdenbetten im Jahr 1870 auf 1474 Betten 20 Jahre später. Mit der Eröffnung der Bahnlinie von Landquart nach Davos im Juli 1890 war die Grundlage für weiteres Wachstum gegeben.

Zur selben Zeit profitierte man auch im bayerischen Schliersee vom Anschluss an die Eisenbahn. Nachdem das Rodeln und Skilaufen im Englischen Garten in München verboten worden war, reisten die Wintersportfreunde in die Berge am Schliersee, um dort ihrer Leidenschaft zu frönen. Auch nach Garmisch und Partenkirchen konnten die Gäste ab 1889 mit der Bahn anreisen. 1904 brachte sogar erstmals ein Wintersport-Sonderzug die Münchener zu den vier Jahre zuvor errichteten Rodel- und Eisbahnen am Rießersee, Hausberg und Gundiberg. Zaghafte Anfänge des Wintersports zeigten sich auch in den deutschen Mittelgebirgen. Im Harz, im Thüringer Wald und im Erzgebirge bestaunte man die ersten Zeitgenossen, die auf Brettern durch die Landschaft rutschten. 1891 wurden in Todtnau und München die ersten deutschen Skiclubs gegründet, 1892 der „Verband steirischer Skiläufer" und der „Österreichische Skiverein" aus der Taufe gehoben. Unerwartet spät reagierten die Engländer. Die britischen Skiläufer organisieren sich erst 1908 in einem Alpine Ski Club.

Das Skilaufen, wie es sich um die Wende vom 19. zum 20. Jahrhundert in den Alpen beobachten ließ, war nach heutigen Begriffen Tourenskilauf. Oft waren es die Bergsteiger, denen die Wartezeit bis zum Sommer zu lang wurde, die sich jetzt mit Skiern auf den anstrengenden Weg zu den Hängen und Gipfeln machten. An technische Aufstiegshilfen war dabei noch lange nicht zu denken! In Vorarlberg erfuhr die kleine Gemeinde Lech durch den noch jungen und kaum entwickelten Skilauf eine ungeahnte Belebung. Mit der Eröffnung des Arlberg-Eisenbahntunnels drohten die Passstraße und das Hospiz in einen Dornröschenschlaf zu fallen, doch den ersten Wintersportlern kam das Haus sehr gelegen. Auch das einzige Gasthaus in Zürs, die Alpenrose, profitierte von der neuen Nachfrage während des Winters. Als Pioniere des Skilaufens erwiesen sich am Arlberg besonders die Pfarrer aus Warth und Lech, die in den 1890er Jahren das Skilaufen noch heimlich übten, um dann ihre Gänge zu den abgelegenen Höfen auf diese Weise zu erledigten.

Wenn auch Norwegen als „Wiege" des modernen Skilaufs gilt, so ist dort im späten 19. Jahrhundert noch kaum Wintertourismus zu beobachten. Es sind aber auch in Norwegen wieder englische Sportler, die als erste Touristen in die Geschichte eingehen, wie 1867 in Gjeilo Lord Garvagh aus London. 1880 wurde seinem Sohn der Bau der „Lordehytta", der wohl ersten Ferienhütte, gestattet. Im selben Jahr öffnete auch das erste Hotel, das Gjeilo Hotell, seine Pforten. In Christiania (heute Oslo) hatte man 1875 den ersten Skiclub und zwei Jahre später die erste Skischule gegründet. Große Aufmerksamkeit erfuhr das Skilaufen durch die Grönlandexpedition des norwegischen Forschers Fridtjof Nansen. 1888 durchquerte er auf Skiern Grönland von der Ost- zur Westküste und veröffentlichte anschließend einen Reisebericht, der das Skilaufen in Europa wie den Vereinigten Staaten von Amerika erst richtig populär machte. Die erste Skifabrik nahm 1896 in Christiania die Produktion auf, eine weitere folgte in Telemark.

Schon als der Skilauf als Sport noch in den Anfängen steckte, bot der englische Reiseveranstalter, Hotelier und ehemalige Missionar Sir Henry Lunn die ersten Wintersport-Pauschalreisen an. Im Winter 1898/99 führte er beispielsweise eine „Package-Tour"– eine Skitour – nach Chamonix durch. 1902/03 öffneten er und weitere Hoteliers in Adelboden, acht Jahre später ebenso in Kandersteg, Wengen und Mürren ihre Häuser auch während des Winters für die Gäste.

Badeorte als Treffpunkte der Gesellschaft

Unter den Badeorten im Binnenland spielte Bad Pyrmont eine herausragende Rolle, denn die Reise zum Heiligen Born besaß im preußischen Königshaus eine lange Tradition. Es wurde dort schon im 17. Jahrhundert gekurt, als man noch im Rang der Kurfürsten von Brandenburg stand. Der „Hyllige Born" ist die älteste und berühmteste der Pyrmonter Heilquellen und damals wie heute der Mittelpunkt des Kurbetriebs. Zum säulenumstandenen Kuppelbau über der Quelle führt die 1667/68 angelegte Hauptallee, die älteste Kurparkanlage der Welt. An dieser Promenade mit ihren hohen Linden reihten sich die wichtigsten Gebäude aneinander: gleich in der Nachbarschaft zum Heiligen Born das 1777 eröffnete fürstliche Badelogierhaus mit seinen 130 Gemächern und 12 Badekabinetten und die Allee abwärts das Ballhaus, das Kurtheater und ein Café-Haus. Die Hauptallee war im Sommer 1806, als Königin Luise hier für fast sechs Wochen kurte, allein den adligen Gästen vorbehalten (Abb. 60). Dem gemeinen Volk standen nur die parallelen Wege offen und selbstverständlich die Seiteneingänge zur Wandelhalle und zum Heiligen Born. Höchst seltene Einblicke in eine königliche Reisekasse bieten die Rechnungsbücher von 1806, die sich heute im Geheimen Staatsarchiv Preußischer Kulturbesitz Berlin befinden. Aus der „Privatchatoulle" Ihrer Majestät der Königin flossen 9297 preußische Reichstaler an Pyrmonter Kaufleute, für wohltätige Zwecke, Trinkgelder sowie Medikamente. Die offizielle Reisekasse, die König Friedrich Wilhelm III. seiner Gemahlin bzw. dem Hofstaatssekretär Bußler mitgegeben hatte, umfasste 17 221 Reichstaler. Davon bestritt man die Ausgaben für die Hofküche, die Reinigung der Wäsche, die Ausrichtung der verschiedenen Feste im Ballsaal, „Dejeuners, Thee's und Bälle", die Einrichtung für Luises Quartier in Pyrmont und letztendlich die Reisekosten. Bad Pyrmont galt als ein ausgesprochen teures Pflaster, wobei die königlichen Herrschaften selbst darunter zu leiden hatten, dass ihre Anwesenheit die Preise sprunghaft steigen ließ, wie Zeitgenossen stöhnten. Zur damaligen Zeit verdiente ein Handwerksgeselle rund 100 Reichstaler im Jahr.

In der Mitte des 19. Jahrhunderts begann ein Kurstädtchen an der Oos, Bad Pyrmont den Rang abzulaufen. Die Gunst des preußischen Königshauses und anderer Monarchen, zahlloser Adliger, Künstler und

60

Bad Pyrmont, Hauptallee mit dem ehemaligen „Fürstlichen Badelogierhaus". Eine holländische Aktiengesellschaft investierte in den Pyrmonter Badebetrieb und ließ dieses noble Gästequartier errichten, das damals wie heute zu den besten Adressen der Stadt gehört.

61

Baden-Baden, Kurhaus. Blickfang der Fassade ist der gewaltige Portikus mit seinen korinthischen Säulen. In den niedrigeren Eckbauten richtete der Großherzogliche Baudirektor Friedrich Weinbrenner auf der linken Seite das Promenadenhaus, auf der rechten Seite das Theater ein.

erfolgreicher Fabrikanten gehörte nun Baden-Baden. Man traf sich im 1821 bis 1824 nach Plänen des Großherzoglichen Baudirektors Friedrich Weinbrenner erbauten Kurhaus, dem „Neuen Konversationshaus" (Abb. 61). Hinter der relativ schlichten klassizistischen Fassade liegen prachtvoll gestaltete Räumlichkeiten verborgen: ein Lesekabinett mit ausländischen Zeitungen und Zeitschriften, Galerien, Gesellschaftsräume, Ballsäle, ein Restaurant und ein Speisesaal für die Table d'hôte, Räume für das „Hazard"-Spiel und im rechten Flügel ein Theater. Der Genuss des heilenden Wassers und das Promenieren mit dem Glas in der Hand fanden seit 1842 in der nur wenige Schritte entfernten Trinkhalle einen geeigneten Rahmen (Abb. 62). Der Großherzogliche Baudirektor Heinrich Hübsch, Schüler und Nachfolger Friedrich Weinbrenners, errichtete die Anlage mit einer 90 m langen Wandelhalle. Im Inneren der nach Osten offenen Halle bieten 14 Fresken von Jakob Götzenberger, 1844 ausgeführt, dem Kurgast Erbauliches aus der Stadtgeschichte sowie Ansichten von Ausflugszielen in der näheren Umgebung der Stadt. 1860 bis 1862 wurde in der Nachbarschaft des Kurhauses am Goetheplatz ein neues, neobarockes Theater erbaut, da der Spielbankpächter Edouard Bénazet (1806 bis 1867) in den alten Theaterräumen Spielsäle einrichten und in prächtigem französischem Neorokoko gestalten ließ. Hintergrund der Umbauten war das Bemühen, die verschiedenen Publikumsschichten zu trennen: Die sogenannte feine Gesellschaft fühlte sich von der steigenden Zahl nicht standesgemäßer und weniger betuchter Gäste gestört. Auf Betreiben von Edouard Bénazet wurde aus der Lichtentaler Allee, dem ehemaligen Verbindungsweg vom Goetheplatz zum Kloster Lichtenthal, der ursprünglich durch Wiesen und Felder führte, in den Jahren 1850 bis 1870 ein Landschaftspark mit zum Teil exotischem Baumbestand. Monsieur Bénazet – auch „Roi de Bade" genannt – hatte maßgeblichen Anteil daran, dass die kleine Kurstadt an der Oos in den Rang einer Sommerhauptstadt Europas aufstieg.

Das 19. Jahrhundert brachte nicht nur die große Blütezeit einiger altehrwürdiger Badeorte, sondern auch die Gründung neuer Solebäder, beispielsweise in

Sachsen-Anhalt. 1802 wurde in Schönebeck-Bad Salzelmen bei Magdeburg das älteste Solebad Deutschlands gegründet. Das Soleheilbad entwickelte sich aus der seit dem Mittelalter bedeutenden Salzgewinnung. So wurde das 1873 m lange Gradierwerk, das Friedrich der Große zwischen 1756 und 1777 anlegen ließ, nun von zwei ganz unterschiedlichen Wirtschaftszweigen genutzt. Ein rund 300 m langer Abschnitt des Gradierwerks dient noch heute der Freiluftinhalation. Dabei atmet der Kurende die salzhaltige Luft ein, wenn das solehaltige Wasser über die dornigen Äste der hölzernen Anlage tropft.

Ähnlich gestaltete sich die Nutzung des „weißen Goldes“ in Bad Kösen. Zur Salzgewinnung kam in der ersten Hälfte des 19. Jahrhunderts die Verwendung zu medizinischen Zwecken hinzu, die im Jahr 1859, als das Solebad den Status eines Kurortes erhielt, die Salzgewinnung gänzlich ersetzte. Ein 320 m langes und 18 bis 20 m hohes Gradierwerk, aber auch der 175 m tiefe Solschacht der Borlachquelle mit dem Borlachturm sowie weitere technische Einrichtungen sind bis heute an der Saale zu besichtigen (Abb. 63).

An der Ahr entstand ebenfalls ein neues Heilbad. Die drei Dörfer Wadenheim, Beul und Hemmessen schlossen sich 1875 unter dem gemeinsamen Ortsnamen

62

Baden-Baden, Trinkhalle. Mit dieser Wandelhalle brachte Heinrich Hübsch seinen „neuen Styl“ nach Baden-Baden, indem er auf eine strenge, in Weiß gehaltene Raumgestaltung des Klassizismus verzichtete: Unverputztes Mauerwerk aus rötlichen und gelblichen Backsteinen sowie Tonfliesen bilden den Hintergrund für 14 große Fresken.

63

Bad Kösen, Borlachturm. Der Turm erinnert an den Kurfürstlich-Sächsischen Bergrat Johann Gottfried Borlach (1686 bis 1768), den Begründer des neuzeitlichen sächsischen Salinenwesens.

Neuenahr zusammen. Der Titel „Bad" wurde dagegen erst 1927 verliehen. Der Badeort verdankt seine Existenz zwei geschäftstüchtigen Männern. Der Ahrweiler Kaufmann Georg Kreuzberg hatte 1852 auf seinem Weinberg zwischen Wadenheim und Hemmessen eine Mineralquelle, die Apollinarisquelle, entdeckt und erschlossen. Gemeinsam mit dem Bonner Geologieprofessor Gustav Bischof unternahm der Kaufmann Probebohrungen in der Gemarkung Beul. Die beiden wurden fündig und erbohrten bis 1856 drei Thermalquellen, die sich für einen Kurbetrieb eigneten. Im Mai 1856 erhielten die beiden Investoren die Genehmigung, die Quellen für Trinkkuren und medizinische Bäder zu nutzen. Am 28. Juli 1858 fand in Anwesenheit der Prinzessin Augusta von Preußen die Weihe der Heilquellen und damit die feierliche Gründung des Badeortes statt. Im folgenden Jahr konnte im gerade fertig gestellten Kurhotel, dem Vorgänger des heutigen Thermal-Badehauses, die erste Kursaison beginnen: 166 Gäste wagten die Kur auf einer Baustelle (Abb. 64). 1860 waren es schon 506 Kranke, die im aufstrebenden Bad Heilung suchten, das „als ersten Eindruck den des Unfertigen" (Janta/Rieck zit. in Landschaftsverband Rheinland 1991, S. 124) bot. „Hütten neben Hotels, Sandwüsten neben Parkanlagen, Ziegenställe neben Wagenremisen, Filetvorhänge neben Papierscheiben" (ebd.), so ein Zeitgenosse über die Gründerjahre von Bad Neuenahr. Aus den ersten Jahren stammt noch der 3,5 ha große Kurpark, den der Königlich-Preußische Gartenbaudirektor Peter Joseph Lenné zunächst als terrassenförmige Anlage größeren Ausmaßes plante, dann jedoch in den Jahren 1858 bis 1861 in schlichterer Form realisierte (Abb. 65). Auf der Ostseite des Parks mit seinem bis zu 200 Jahre alten Baumbestand wurde zum Abschluss der Arbeiten der „Große Sprudel" erschlossen, eine Quelle, die aus 91 Metern Tiefe 34° C warmes Thermalwasser hervorbringt. Gegenüber dem Haupteingang des Kurparks entstand 1898/99 ein neoklassizistischer Badetempel (vgl. Abb. 68), das Thermal-Badehaus Bad Neuenahr, nach Plänen der Kölner Architekten Bernhard Below und Emil Schreiterer, einem der führenden deutschen Architektenbüros jener Zeit.

64

Bad Neuenahr, Thermal-Badehaus. Im Stil eines antiken Tempels bestimmt ein Portikus mit Kolossalordnung den Eingangsbereich und die zum Kurpark orientierte Fassade.

65

Bad Neuenahr, Kurpark. Die Gartenanlage mit ihrem bis zu 200 Jahre alten Baumbestand erhält im Sommer durch eine mediterrane Bepflanzung eine besondere Note. Dazu trägt auch die Dekoration des Parks mit Vasen und Pergola-Elementen bei.

Die Gründung eines repräsentativen Kurbereiches von herrschaftlichen Dimensionen, eines „Versailles" für den Kurgast, schwebte dem Architekten Bernhard Simon (1816 bis 1900) Mitte des 19. Jahrhunderts in Ragaz vor (Abb. 66). Der Schweizer, der zuvor in St. Petersburg gearbeitet und im Kanton Glarus die 1861 abgebrannte Kantonshauptstadt gleichen Namens wieder aufgebaut hatte, wollte sich erstmals im Hotelbau engagieren. Schließlich erhielt er vom Kanton St. Gallen den Auftrag, in der engen Taminaschlucht oberhalb von Ragaz in der Nachfolge des barocken Bad Pfäfers Badeanlagen zu planen und zu errichten. Seit 1840 wurde das Thermalwasser mit Hilfe von Lärchenholzrohren ins Rheintal geleitet, um dort auf einem günstigeren Bauterrain intensiv genutzt zu werden. Aus den zum Kloster Pfäfers gehörenden Bauten am Ausgang der Taminaschlucht war bereits ein kleines Badehotel mit 33 Zimmern und 6 Bädern, der Hof Ragaz, die Keimzelle des späteren Bad Ragaz, geworden (Abb. 67). Einen anderen Teil des Thermalwassers nutzten die Einheimischen ab 1868 im Dorfbad. Am 28. März 1868 wurde der Kauf- und Konzessionsvertrag auf 100 Jahre über die Domäne Ragaz, das ehemalige Klostergut mit dem Hof Ragaz, die Wasserwerke und Bad Pfäfers unterzeichnet. Darin verpflichtete sich der Investor, auf seinem Grund „einen großartigen Gasthof samt Garten und Parkanlagen" (Natsch 2000, S. 95 f.), eine Trinkanlage und neue Badeeinrichtungen spätestens bis zum Saisonbeginn 1870 fertig zu stellen. Eine weitere Auflage war die Errichtung eines Kursaales. Der klassizistische Bau wird heute noch in seiner ursprünglichen Form genutzt. Am 1. April 1868 erfolgte der erste Spatenstich für den Quellenhof, der bereits 14 Monate später seine Tore öffnen konnte. Das lang gestreckte klassizistische Gebäude bildete die eine Seite einer vierflügeligen Anlage aus drei Hotels und einem Bad mit Trinkhalle parallel zum Hangfuß. Mittelpunkt des Ensembles war der Kursaal. Nach Nordosten, zum Rhein hin, soll-

66

Bad Ragaz, Bernhard-Simon-Grab. Der gebürtige Schuhmachersohn aus dem Kanton Glarus trat in Ragaz als Investor, Architekt und Bauherr auf. Für 1,658 Millionen Franken hatte er den Zuschlag für den Bau einer Kuranstalt auf der Domäne Ragaz-Pfäfers erhalten.

67

Bad Ragaz, Hof Ragaz. Als erstes Hotel ließ sich ohne große Umbaumaßnahmen das einstige Gästehaus des Abts vom Kloster Pfäfers nutzen. Das viergeschossige Gebäude aus dem Jahre 1774 verfügt bis heute über Teile seiner Rokoko-Ausstattung, die bei der Umwandlung in ein modernes Hotel erhalten blieben.

ten sich die im Vertrag aufgeführten Garten- und Parkanlagen ausdehnen, mit ihrem symmetrischen Wegenetz als Abbild Versailler Gartengestaltung gedacht. Doch zur Verwirklichung dieser Pläne sollte es nicht kommen. Schon 1868, mit dem Bau des Quellenhofs war gerade begonnen worden, hatte man mit schweren Unwettern und zwei Überschwemmungen zu kämpfen. Das Gelände war wenig geeignet für das Vorhaben. Trotzdem konnte Bernhard Simon den Quellenhof und eine Erweiterung des Hotels Hof Ragaz realisieren. Die hotelnahen Grünanlagen fielen bescheidener aus und an der Stelle des Parks ist mittlerweile zwischen dem Quellenhof und dem Rhein ein Golfplatz entstanden.

68

Bad Ischl, Franz-Carl-Brunnen. Der neugotische Brunnen (1881) auf dem Schröpferplatz erinnert an Erzherzog Franz Carl und seine häufigen Aufenthalte in Bad Ischl, das er stets schätzte und förderte.

In Österreich avancierte im 19. Jahrhundert ein Salinenort zum bedeutendsten Heilbad des Landes: Es handelt sich hierbei um Ischl, das als kaiserliche Sommerresidenz und bevorzugter Kurort der Habsburgermonarchie zu einem gesellschaftlichen Treffpunkt von europäischem Rang wurde. Nachdem schon der Salinenarzt Dr. Josef Götz versucht hatte, die Heilkraft der Solebäder nachzuweisen, empfahl auch der Wiener Arzt Dr. Franz de Paula Wirer einen Kuraufenthalt und brachte 1822 die ersten 40 Badegäste nach Ischl. Im folgenden Jahr eröffneten die beiden Mediziner die erste Solebadeanstalt Österreichs. 83 Mal kurte Kaiser Franz Joseph I. in Ischl – vermutlich ein einsamer Rekord! Selbst seine Existenz verdankte der Monarch dem jungen Badeort an der Traun. 1829 sollte eine Kur in gesunder Umgebung und entspannter Atmosphäre dem erzherzoglichen Paar Franz Carl und Sophie endlich den lang ersehnten Nachwuchs bescheren. Im August des folgenden Jahres wurde mit Franz Joseph, dem späteren Kaiser Franz Joseph I., der erste der vier sogenannten „Salzprinzen" geboren. Die Familie pflegte jedes Jahr wiederzukommen und so wandelte sich der alte Salzhandelsplatz zu einem Modebad Europas (Abb. 68). 1826 öffnete die Post als erstes Hotel im Salzkammergut ihre Pforten, nachdem zuvor auch in Ischl der Pfarrhof den Gästen als erstes Ferienquartier gedient hatte, wie zum Beispiel noch für Erzherzog Rudolf, den Fürsterzbischof von Olmütz. Der ehemalige Anlegeplatz der Salzschiffe wurde 1830 auf Veranlassung von Dr. Wirer zur Sophien-Esplanade, der ersten Kurpromenade von Ischl, umgestaltet (Abb. 69). Der Kurpark hinter den Häusern der heutigen Esplanade folgte bald darauf und mit der Inthronisation Franz Josephs im Dezember 1848 stieg Ischl dauerhaft in den Rang einer kaiserlichen Sommerfrische auf. Dies beschleunigte das Wachstum des Badeortes, der jedoch durch einen großen Brand im Juli 1865 schwere Schäden in seinem Zentrum erlitt. Schon vor der nächsten Sommersaison waren dank der finanziellen Unterstützungen durch königliche und kaiserliche Gäste die Schäden wieder behoben. 1875 konnte das Kurhaus eröffnet werden und zum Ende des Jahrhunderts desgleichen die Hotels Elisabeth und Zur Post, deren Gebäude noch immer existieren (Abb. 70). Den offiziellen Titel „Bad" erhielt Ischl erst im Jahr 1906.

Zu den ältesten Seebädern Frankreichs zählt Dieppe. Dieppe profitierte von seiner verkehrsgünstigen Lage, so dass die Stadt Mitte des 19. Jahrhunderts aufgrund der guten Eisenbahn- und Schiffsverbindungen zum „Vorort" von Paris und London aufstieg. Die Anfänge des Badetourismus in Dieppe reichen bis in die 1820er Jahre zurück, als man für die Fahrt mit der Postkutsche von Paris aus noch 15 Stunden benötigte. Zu den treuesten Besuchern zählte hier die Herzogin Marie-Caroline von Berry, die ab 1824 alljährlich standesgemäß die Badesaison zu eröffnen pflegte. In Begleitung des Bürgermeisters oder des Badearztes – beide korrekt in Hofkleidung – stieg die Dame mit ihrem Hofstaat unter den Blicken einer großen Zuschauerrunde ins Meer. Zunehmend mischte sich auch englischer Adel unter die Schar der Gäste, so dass eine englische Villenkolonie oberhalb der Klippen entstand.

Das eindrucksvollste Beispiel für den historischen Tourismus in der Normandie ist zweifellos der Badeort Cabourg. Nicht nur die Gründung von Cabourg durch den Pariser Geschäftsmann Henri Durand-Morimbau im Verein mit Theaterleuten und Literaten, sondern auch der außergewöhnliche Städtebau in den Dünen geben dem Ort bis heute sein charakteristisches Aussehen. 1853 entdeckte der Geschäftsmann die sandige Region bei dem armen Fischerdorf, die bislang nur für die Hasen bekannt war, die man am königlichen Hof als Delikatesse schätzte. Im folgenden Jahr gründete er eine „Société Thermale", um die eisenhaltige Mineralquelle des nahe gelegenen Dorfes Brucourt zu erschließen. Doch dieses Ziel wurde bald wieder aufgegeben und stattdessen entstand der Plan, ein Seebad von Rang – „la reine des plages" – zu gründen. Die Gesellschaft kaufte das Terrain zwischen dem Fischerdorf Cabourg und dem Strand und der Architekt Paul Leroux aus Caen wurde mit dem Entwurf eines Badeortes beauftragt, der deutliche Anleihen beim absolutistischen Städtebau aufweist: Es entstand ein Straßenstern, der jedoch kein Schloss, sondern ein Casino als Mittelpunkt besitzt (Abb. 71). Dieser Straßenfächer prägt nach wie vor Cabourg, hat heute allerdings Grand Hotel und Casino zum Zentrum. Dem ersten, 1855 noch aus Holz errichteten Casino folgte 1868 ein zweiter Bau, den man jedoch näher an der Strandpromenade platzierte. 1908 entstand das heutige Gebäude ganz in der Nähe des im Jahr zuvor eingeweihten Neubaus des Grand Hotels.

Das erste Grand Hôtel de la Plage hatte man 1862 ebenfalls in schneller Holzbauweise in den Mittelpunkt des Straßensterns zwischen Casino und Strand gesetzt. Da Cabourg nach dem Bau der Eisenbahn ab 1884 nur noch fünf Stunden Fahrtzeit von Paris entfernt lag, konnte sich das Städtchen bestens entwi-

69

Bad Ischl, Wirer-Denkmal im Kurpark. Der Arzt Franz de Paula Wirer (1771 bis 1844) machte sich um das österreichische Soleheilbad in besonderer Weise verdient. Man errichtete deshalb noch zu Lebzeiten ein Denkmal für ihn. Bei der Enthüllung im Jahr 1839 war der Geehrte so sehr gerührt, dass er der Gemeinde die Kosten für das Standbild ersetzte.

70

Bad Ischl, Kurhaus. Das repräsentative Gebäude bot diverse Unterhaltungsmöglichkeiten für die zahlreichen Gäste, die bei leidlich guter Gesundheit waren. Für seinen Entwurf wählte der oberösterreichische Architekt Hyacinth Michel vor allem die italienische Palastarchitektur der Renaissance zum Vorbild.

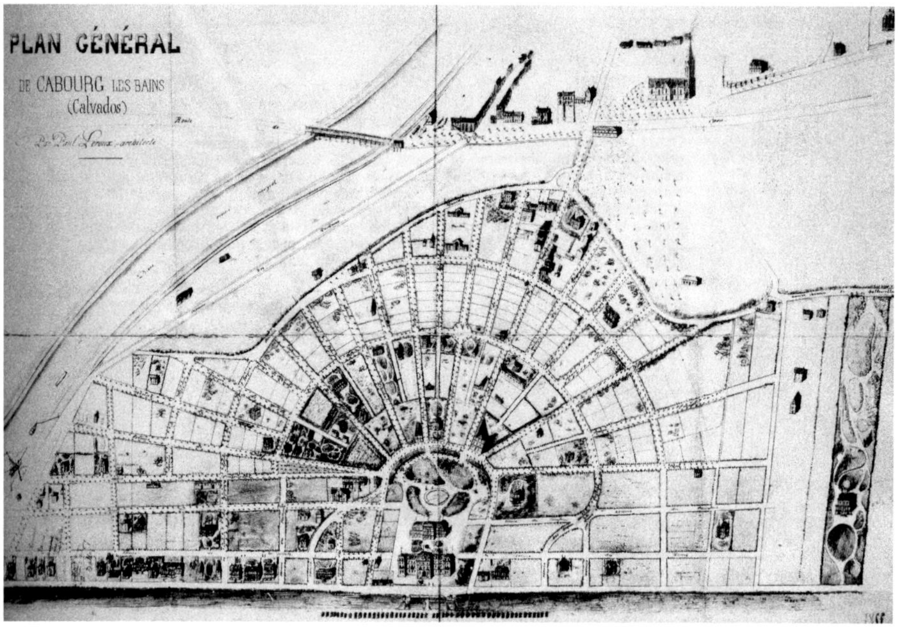

71

Cabourg, Stadtplan. Während die Straßen im absolutistischen Städtebau auf die Residenz des Herrschers ausgerichtet waren, laufen sie im Seebad Cabourg fächerförmig auf das Casino und das Grand Hotel zu.

ckeln. Aber schon kurz nach der feierlichen Eröffnung am 15. August 1855 hatten die Bauarbeiten für die ersten Villen begonnen, die als Ferienhäuser dienten. 1861 fragt man sich bereits, ob Cabourg nicht bereits ein Stadtviertel von Paris sei, und man war stolz, die Abende dank eines Gaswerks in glänzendem Licht verbringen zu können. Die Erschließung des Dünengeländes, spöttisch „le petit sahara" genannt, schritt zügig voran, stets in einer gewissen Konkurrenz zum benachbarten Seebad Trouville. Eine Villenarchitektur in üppigstem Eklektizismus, der noch durch Materialvielfalt gesteigert wurde, bestimmte seitdem das Ortsbild (Abb. 72). Architekten und Bauherren kombinierten, was der Baukasten der europäischen Architekturgeschichte hergab: Ziegel, Kalksteinquader, Feuersteinknollen, Holz, Keramik, Mosaike, Steinreliefs und Skulpturen. Glatte Wände und gerade Baufluchten schienen verpönt und so wurden Türme, Erker, Balkons und Terrassen an die schon im Grundriss unregelmäßigen Gebäude angefügt. Viele Bauten tragen die Handschrift von Emile Mauclerc, der zu den viel beschäftigten Architekten an der normannischen Küste gehörte.

Englische „Entwicklungshilfe" und Arbeitsbeschaffungsmaßnahmen brachten dem Tourismus in den 1820/30er Jahren an der Côte d'Azur einen bemerkenswerten Aufschwung. Doch schon seit dem späten 18. Jahrhundert hatte sich in Hyères als ältestem Fremdenverkehrsort an diesem Küstenabschnitt des Mittelmeeres eine englische Kolonie entwickelt, die wegen des milden Klimas vornehmlich im Winter aufgesucht wurde. Auch Nizza beherbergte in seiner Villenkolonie im Vorort La Croix zahlreiche ausländische Familien mit temporärem Wohnsitz. Zur Unterhaltung der Gäste waren 1777 ein Theater und ein Kasino errichtet worden. Doch auch hier wie an den anderen Küsten Europas war das Meer nicht viel mehr als eine Kulisse und ein oftmals wilder Ort, den man nicht unnötig aufsuchte. Zudem fehlte es in Nizza auch an einer Strandpromenade. Ein kalter Winter des Jahres 1822, der der Landwirtschaft schwere Schäden zufügte, bewog englische Gäste dazu, mit dem Bau einer festen Strandpromenade eine Arbeit zu finanzieren, von der sie sich selbst einen Nutzen versprachen. Seitdem erinnert der Boulevard des Anglais an die britischen Bauherren (Abb. 73). Auch die Einrichtung von Piers lockte englische Touristen an die Mittelmeerküste, wie es die Seebrücke – „la jetée“ – von Nizza aus dem Jahr 1885 beweist (Abb. 74). Bereits einige Jahre zuvor hatte der englische Ingenieur und Architekt James Brunlers nach dem Vorbild des Piers in Brighton einen ersten Bau nahezu vollenden können, doch im April 1883 brannte dieser kurz vor seiner Eröffnung ab. Die zweite Seebrücke weist im Unterschied zum rund 500 Meter langen englischen Vorbild einen wesentlich kürzeren Steg auf. Bei der Gestaltung der Dachlandschaft scheint den Architekten der Royal Pavilion (vgl. Abb. 90) inspiriert zu haben. Von den Türmchen fühlt man sich an die Architektur der Mogule, an Vertrautes aus Britisch-Indien, erinnert. Im Zweiten Weltkrieg zerstörten deutsche Truppen die exotische Ferienkulisse. Der Küstenbereich vor der Seebrücke erlebte in den 1880er Jahren starke Veränderungen: Der untere Lauf und die Mündung des Paillons wurden kanalisiert und abgedeckt. Auf diese Weise gewann man am Übergang von der Alt- zur Neustadt und zugleich in der Nähe der Promenade des Anglais wertvolles Bauland. Mit dem monumentalen Gebäude des Städtischen Casinos (1881 bis 1884 errichtet, 1979 abgerissen) und dem südlichen Teil der Place Masséna wurde der kanalisierte Fluss in

72

Cabourg, Villa. Mit ihrer verspielten Formenvielfalt ist diese Villa ein typisches Beispiel für eine „résidence sécondaire“ aus der Gründerzeit des Seebads. Die geschlossenen Fensterläden lassen vermuten, dass sie wohl nach wie vor als Ferienwohnsitz genutzt wird.

einer ersten großen Aktion überbaut. Zu Beginn der 1890er Jahre gestaltete man die Mündung des Paillons um, indem man auch sie kanalisierte und auf dem neu gewonnenen Terrain einen öffentlichen Park anlegte, der die Place Masséna in angemessener Form mit der Strandpromenade verbinden sollte. 1914 wurde der Jardin Public zu Ehren des belgischen Königs in Jardin Albert I. umbenannt (Abb. 75).

Einen guten Eindruck vom Veranstaltungsangebot der Zeit vermittelt Victor Ottmann: „Das Festprogramm, das den Vergnügungssüchtigen aus allen Ländern in Nizza geboten wird, ist überreich ausgestattet. Im Januar wird die Sportwelt durch die großen Pferderennen herbeigelockt, dann beginnt der Karneval mit einer Fülle von Augen- und Ohrenschmäusen, Bällen, Korsofahrten, Umzügen, Blumenschlachten, und daran schließen sich die sportlichen Veranstaltungen, wie Segeljacht- und Motorbootregatten, Fliegerkonkurrenzen, Automobilrennen usw., für welche die besten Kräfte der ganzen Welt gewonnen werden. Im Prachtbau des Casino Municipal und in dem auf Eisenpfählen im Meer errichteten Maurenschloß der Jetée-Promenade bekommt man, ebenso wie in der Großen Oper, vortreffliche Konzerte zu hören und Theatervorstellungen zu sehen, auch sind dort, um einem tiefgefühlten Bedürfnis abzuhelfen, ein paar Säle für Glücksspiele eingerichtet. Und da alle Nachbarorte der Azurküste mit ihren mannigfachen Zerstreuungen in kürzester Zeit erreicht werden können, so braucht der ‚Kurgast' von Nizza nur die Sorge zu haben, daß seine Nerven und seine Finanzen auf derselben Höhe verharren, wie seine Lebenslust" (Ottmann o. J., S. 22).

73

Nizza, Boulevard des Anglais. Ein Reisender berichtete: „Auch sind die Spaziergänge und Ausflüge äußerst mannigfaltig, die Mehrzahl der Fremden, von denen ja nur ein kleiner Teil aus Gesundheitsrücksichten nach Nizza kommt, tummelt sich freilich auf der Promenade des Anglais, der bekannten Strandpromenade, durch deren Anlage in den Jahren 1822 bis 1824 die englische Kolonie den Bettlerscharen Arbeit geben wollte" (Hörstel 1907, S. 142).

74

Nizza, Jetée (Seebrücke). Exotisch-orientalisch oder historisch anmutende Architektur ist nicht erst seit den Tagen von Disneyland in vielen Ferienorten gefragt. Schon im ausgehenden 19. Jahrhundert erfreute man sich an „einem phantastischen maurischen Bau auf Eisenstäben über dem Meere, der im Lichtglanz erstrahlend und sich badend abends einem Märchenschloß gleicht" (Hörstel 1907, S. 142).

Abb. 120. Jardin public mit dem Denkmal „Nice à la France". Im Osten das städtische Kasino. Nach einer Photographie von J. Giletta in Nizza. (Zu Seite 142.)

75

Nizza, Jardin Albert I. Die historische Aufnahme von 1907 zeigt die mittlerweile nicht mehr existierende Umrahmung des Platzes. Links sind die zu einem Betrieb vereinigten Hotels d'Angleterre et de Grande-Bretagne und das Städtische Casino (1881 bis 1884 erbaut) zu sehen. Die beiden Brückenbögen am rechten Bildrand markieren die Mündung des kanalisierten und überbauten Flusses Paillon.

Ein halbes Jahrhundert später als in Nizza bildete auch in Cannes eine englische Villenkolonie den Ausgangspunkt für den Aufstieg zur „Winterhauptstadt Europas". 1834 durfte Lord Brougham, Lordkanzler von England in Italien, wegen Quarantänebestimmungen seine Reise nach Italien nicht fortsetzen und musste im einzigen Gasthof des Fischerstädtchens Quartier nehmen. Bei diesem Zwangsaufenthalt entdeckte er die Reize dieser Küste. Zwei Jahre später ließ er die Villa „Eleonore-Louise" in Erinnerung an die verunglückte Italienreise im Stil der italienischen Renaissance errichten. Auf seinen jährlichen Reisen nach Großbritannien warb er erfolgreich für die Côte d'Azur, so dass im Westen der Stadt ein „Quartier Anglais" entstand. Cannes entwickelte sich zu einem Winterluftkurort, zum „Aristokraten unter den Winterstationen an der französischen Riviera" (Hörstel 1907, S. 146), doch die dominierende Stellung von Nizza sollte unangetastet bleiben. Man baute die Villen und ersten Hotels nicht in Strandnähe, sondern in den etwas geschützteren Lagen der Hänge. Selbst im Sommer badete man nicht im Mittelmeer, sondern in Badehäusern, wo man nicht nur auf das natürliche Salzwasser zurückgriff. Wenn es medizinisch indiziert war, mischte man auch künstliche Mineralwässer für die Gäste. Der Aufenthalt an der Côte d'Azur diente bis in die 1860er Jahre in erster Linie der Erholung und der Gesundheit, die Aspekte Sport und Vergnügen sollten erst danach an Bedeutung gewinnen. 1867 fanden die ersten Pferderennen statt, 1873 wurde das Tontaubenschießen eingeführt und im Jahr darauf der erste Tennisplatz in Gebrauch genommen. 1859 gründete man die Société des Régates, 1863 den Yachtclub und auch mit dem Bau des Cercle Nautique wurde in diesem Jahr begonnen. 1898 entstand der erste Golfplatz, Anfang des 20. Jahrhunderts, um den Vorlieben englischer Sportbegeisterter entgegenzukommen, sogar ein Poloplatz. Mit einer repräsentativen Strandpromenade ließ man sich in Cannes viel Zeit. Die Planungen begannen 1860, doch erst 1872 wurde der Boulevard de la Croisette fertig ge-

76

Heiligendamm, ehemaliges Kurhaus. Nach einer umfangreichen Restaurierung ist das klassizistische Gebäude heute Teil eines Grand Hotels mit allerlei Spaß- und Wellness-Angeboten. Die Inschrift auf dem Giebel „HEIC TE LAETITIA INVITAT POST BALNEA SANUM“ („Freude empfängt dich hier, entsteigst du gesund dem Bade“) hat so ihre Gültigkeit behalten.

stellt. Man schätzte Hotels in direkter Nähe des Meeres, in dem nun auch gebadet wurde, sowie den Aufenthalt am Strand: Von 1891 bis 1893 wurde ein rund ein Kilometer langer Sandstrand angeschüttet. Jenseits der Stadtgrenze von Cannes setzten sich die englischen Gäste der Belle Epoque mit dem Mimosenwald von Mandelieu-La Napoule ein alljährlich blühendes Denkmal. Sie hatten die empfindliche Pflanze aus ihrer indischen Kolonie an die Côte d'Azur mitgebracht.

An den Küsten der Nord- und Ostsee hatten sich nach eher zaghaften Anfängen in der ersten Hälfte des 19. Jahrhunderts respektable Seebäder entwickelt, in der Nachbarschaft manches Fischerdorfes entstanden Kurhäuser, Grand Hotels, Casinos, Piers und Parkanlagen. An der Küste Mecklenburg-Vorpommerns hießen die neuen Badeorte beispielsweise Boltenhagen (1803), Warnemünde und Usedom (1805). In Schleswig-Holstein wurden die Seebäder Wyk (1819), Helgoland (1826), Büsum (1828) und zwei Jahre später die Seebadeanstalt Flensburg gegründet.

1839 begann der Ausbau von Heiligendamm, dem ältesten deutschen Seebad, zur „Weißen Stadt am Meer“. Klassizistische Architektur in strahlendem Weiß wurde zum Markenzeichen des aufstrebenden Ortes. Mit dem Bau einer Galopprennbahn und dem ersten Pferderennen auf dem europäischen Kontinent hatte man im Jahr 1822 bereits angedeutet, welche Rolle man im gesellschaftlichen und touristischen Leben in Zukunft zu spielen gedachte. Der Landbaumeister Carl Theodor Severin errichtete das Kurhaus – heute Kempinski Grand Hotel Heiligendamm – als „eine der besten Leistungen des norddeutschen Klassizismus“ (Dehio). Nach dem Vorbild dorischer Tempel orientierte sich das Kurhaus mit seiner Fassade zum Meer (Abb. 76). Reliefs mit Tritonen und Nereiden, mythologischen Meeresbewohnern, rahmen ein Relief der Hygieia, der griechischen Göttin der Heilkunst. Sie erinnert daran, dass das Baden im Meer zu jener Zeit vorwiegend als medizinische Anwendung verstanden wurde. Für die Unterhaltung der Gäste gab es ein Theater und bereits seit 1809 eine Spielbank. Vorzugsweise verbrachte man seine Wochen am Meer in Villen oder in den sogenannten Neuen Logierhäusern, die um die Mitte des 19. Jahrhunderts errichtet wurden, als man in Heiligendamm rund 1200 Gäste in der Saison registrierte.

Eine rheumakranke Dame gab 1882 im nahe gelegenen Kühlungsborn den Anstoß für eine Erfindung, die heutzutage nicht mehr aus dem deutschen Strandleben wegzudenken ist: den Strandkorb (Abb. 77). Sie beauftragte den Kaiserlichen Hof-Korbmacher Wilhelm Bartelmann in Warnemünde, eine Sitzgelegenheit für sie herzustellen, in der sie die heilende Seeluft genießen konnte, aber gleichzeitig vor Sonne und Wind geschützt war. Als erstes Modell baute der Korbflechter den Einsitzer, im folgenden Jahr wurde der Zweisitzer „erfunden". Die weitere Entwicklung brachte Strandkörbe, die als Halblieger und schließlich auch als Ganzlieger den Badegästen mehr Komfort boten. Rund 70 000 Strandkörbe findet man gegenwärtig an Deutschlands Küsten.

Die Suche nach einer standesgemäßen Sommerfrische am Meer bewog Lübecker Geschäftsleute, mit dem Seebad Travemünde in der Nähe eines alten Fischer- und Schifferdorfs 1802 das drittälteste Bad an deutschen Küsten zu gründen. Zu diesem Zweck wurde eine Aktiengesellschaft ins Leben gerufen, man kaufte in England Badekarren, pachtete den Travemünder Strand und ließ ein Badehaus errichten. Durch eine Rohrleitung gelangte das Seewasser in das Gebäude, wurde dann erwärmt und in hölzerne Wannen geleitet. Ab 1803 bot das erste Kurhaus den Gästen verschiedene Unterhaltungsmöglichkeiten. Dank der guten Schiffsverbindungen in den Ostseeraum und dem Linienverkehr unter anderem nach St. Petersburg kamen zahlreiche russische Gäste an die Travemündung und sorgten für einen florierenden Fremdenverkehr. Großen Anteil daran hatte das 1822 eröffnete Casino. Iwan Turgenjew und Fjodor Dostojewski versuchten mit vielen anderen hier ihr Glück.

In der Nordsee machte die ostfriesische Insel Norderney in der Mitte des 19. Jahrhunderts als königliches Feriendomizil Karriere. 1815 war Ostfriesland zum Königreich Hannover gekommen und die Insel stieg alsbald zum Staatsbad auf, das in den Jahren 1836 bis 1866 auch von prominenten Gästen aus der Hauptstadt des Königreichs beehrt wurde.

Von der „Wirtschaftsförderung" durch königliche Besuche sollte für einige Jahre auch das Seebad Wyk auf Föhr profitieren. Als mit dem Rückgang des Walfangs, der napoleonischen Kontinentalsperre und dem Krieg zwischen Eng-

77

Sylt, Strandkörbe. Nicht nur am Strand von Wenningstedt schätzt man den Strandkorb als Halblieger. Die Nordseeform des Strandkorbes fällt etwas gedrungener aus als das Pendant von der Ostsee.

land und Dänemark große wirtschaftliche Probleme anstanden, versprach man sich von der Gründung eines Badeortes eine bessere Zukunft. 1819 begann in Wyk der Wandel vom Hafen- zum Badeort, dem ältesten an der schleswig-holsteinischen Küste. 64 Gäste wurden in der ersten Saison gezählt, im folgenden Jahr ungefähr doppelt so viele, dann pendelte sich die jährliche Besucherschar bei rund 200 Personen ein. 1842 dagegen umfasste die bedeutendste Reisegesellschaft allein schon mehr als 80 Personen: Es war der kleine Hofstaat des dänischen Königs Christian VIII., der sich mit Gemahlin Caroline Amalie und Tochter Wilhelmine für vier Wochen zur Kur eingefunden hatte. Fünf Jahre später endete mit dem Tod des Königs bereits Wyks Rolle als königlich-dänisches Feriendomizil. In der kurzen Zeit hatte man jedoch von den Ausgaben und Investitionen der adligen Gäste etwas profitieren können und sich einen guten Ruf als Sommerfrische erworben. Berühmte Gäste sollten ihren Weg nach Wyk finden, wie die Mitglieder des preußischen Königshauses, Hans Christian Andersen, Theodor Fontane und sogar der Walzerkönig Johann Strauß, der aus dem fernen Wien anreiste. Mit dem Walzer „Nordseebilder“ setzte er seinem Badeurlaub im Jahr 1878 ein Denkmal.

Von der Insel Föhr aus unternahmen die Gäste in der Mitte des 19. Jahrhunderts mit dem Segelboot Tagesfahrten nach Sylt. Unter ihnen befand sich auch ein gewisser Dr. Gustav Ross, Arzt aus Altona, der 1855 den Plan entwickelte, aus Westerland ebenfalls ein Seebad zu machen. Er gründete 1857 eine Aktiengesellschaft zur Erschließung der Insel für den Badebetrieb, doch die dänischen Behörden – bis 1864 gehörte Schleswig-Holstein zum dänischen Königreich – behinderten das Unternehmen. So wurde beispielsweise ein dänischer Badearzt bestellt, der von der Mehrzahl der deutschen Gäste abgelehnt wurde. Aber auch die Sylter selbst waren sich uneins, ob sie denn auf ihrer Insel überhaupt ein gut besuchtes Seebad haben wollten. Der Journalist und Schriftsteller Julius Rodenberg bemerkte bei seinem Sylt-Aufenthalt im Jahr 1859: „Ein Modebad ist Westerland nicht und wird es, nach den angedeuteten Übelständen, die zu sehr in der Natur und Beschaffenheit der Insel und des Strandes liegen, auch schwerlich werden. Das dänische Gouvernement scheint nicht geneigt, das junge Bad zu protegiren, obwohl es auch seinem Emporkommen eben Nichts in den Weg legt; und nicht einmal sind alle Sylter sehr für dasselbe eingenommen. Viele von den Einsichtigen fürchten den demoralisirenden Einfluß, den die Leichtigkeit des neuen Gelderwerbs und die Nähe der verderbteren Stadtbewohner ausüben könne; ...“ (Rodenberg 1861, zit. in Hörning 1999, S. 76). Der Aufschwung, den Sylt im 20. Jahrhundert nehmen sollte, ließ sich damals noch nicht erahnen.

Von der Herberge zum Grand Hotel

Das Hotel, wie wir es heute kennen, ist eine Erfindung des 19. Jahrhunderts (Abb. 78). Auf dem Lande und in den Dörfern, wo keine Hospize, Klosterherbergen oder Gasthöfe zur Verfügung standen, diente häufig das Pfarrhaus als Gästequartier. Auf Reisende in den unwirtlichen Höhen der Schweizer Berge warteten mit den sogenannten Susten einfache Quartiere mit Stallungen und Lagerflächen an den Passstraßen. Wandernde Handwerker oder Kaufleute fanden oftmals Unterkunft bei ihren Berufs-

78

Interlaken, Grand Hotel Victoria-Jungfrau. Die beiden Hotels Victoria und Jungfrau wurden 1864/65 von den Architekten Friedrich Studer und Horace Edouard Davinet erbaut und im Jahr 1896 zu einem Betrieb zusammengeschlossen. Das Victoria, das den linken Flügel des Gebäudes bildet, verfügt noch über prächtige Treppenhäuser und Gesellschaftsräume aus der Gründerzeit, wie die „Salle de Versailles" oder den „Salon Napoléon III.".

kollegen. Am besten entwickelt war das Gastgewerbe noch in den Badeorten, insbesondere den Modebädern des Adels. Aber selbst unter den Kurhäusern und Bäderbauten finden sich bis ins ausgehende 18. Jahrhundert keine hotelähnlichen Gebäude.

„Erst nach 1800, als breitere Kreise des Bildungs- und Finanzbürgertums die Vergnügungsreise entdecken, entsteht die architektonische Aufgabe des Hotels ... Zwei zentrale Aspekte charakterisieren die Bauaufgabe Hotel: der architektonische Anspruch der Repräsentation und die aufwendige Infrastruktur, welche das Geschehen auf der ‚Bühne' streng von den Dienstleistungen hinter den Kulissen trennt. Zum öffentlichen Bereich gehören im Luxushotel des 19. Jahrhunderts das Vestibül mit Haupttreppe, die Gesellschaftssalons ..., der Speisesaal, das Restaurant und eventuell ein Festsaal. Das Zimmerangebot für die Gäste reicht vom einfachen Einzel- oder Doppelzimmer bis zur großzügigen Suite mit Antichambre, Salon, Schlafzimmer und Privatbad. Der Dienstleistungssektor umfasst Küche, Wäscherei, Diensttreppen, Service und Réception – um nur die wichtigsten zu nennen" (Rucki 1989, S. 38). Mit diesem differenzierten und qualitativ hochwertigen Angebot unterscheidet sich das Luxushotel vom älteren Gästehaus. Auch die Bezeichnung „Hotel" knüpft an die Traditionen repräsentativen Bauens, an Adelspalais oder Königsschloss, an, indem sie auf das französische Wort für das Stadthaus eines Adligen (hôtel) zurückgeht. „Sprachlich steht also die Verwandtschaft zwischen Hotel und Palais fest, und auch architektonisch unterscheiden sich die ersten Hotels kaum vom adeligen Palais des Spätbarock oder Klassizismus" (ebd., S. 39).

Besonders an den sonst weniger gebräuchlichen Balkonen lassen sich die Hotels von anderen Wohngebäuden unterscheiden. In den 1860er Jahren gewannen die Hotelbauten an Größe und zeigten in ihren Grundrissen häufig Ähnlichkeit mit dem barocken Schlossbau (Abb. 79). Dabei wird der Baukörper in der Regel durch einen Mittelrisalit und zwei Seitenrisalite oder durch zwei Seitenflügel gegliedert. Symmetrie bestimmt die Fassaden. In einer nächsten Baupha-

79

Karlsbad, Hotel Imperial. Das Hotel aus dem frühen 20. Jahrhundert erinnert mit seinem Grundriss an barocke Bautraditionen. Die Türme greifen Elemente der Burgenarchitektur auf.

se, in den 1880er/90er Jahren, der Belle Époque, steigerte sich die Prachtentfaltung noch, denn das wohlhabende Bürgertum schuf sich mit den Grand Hotels eine geeignete Bühne für das gesellschaftliche Leben und befriedigte auf diese Weise sein Repräsentationsbedürfnis. Auch an der Wahl der Namen, „Palace", „Majestic", „Royal" oder „Victoria" zu Ehren der englischen Königin, lässt sich der Anspruch des Großbürgertums auf Lebensformen, wie sie bis dato dem Adel vorbehalten waren, ablesen (Abb. 80). Fabrikanten, Unternehmer und andere erfolgreich wirtschaftende Bürger hatten nun auch die finanziellen Mittel, um sich in einer quasiaristokratischen Umgebung einige Wochen des Müßiggangs zu erlauben (Abb. 81). Ein breites Angebot an Sälen und öffentlichen Räumen, vom Lese-, Rauch-, Spiel-, Musik- und Damen-Salon bis hin zu eigenen Theatern wurde von den Gästen geschätzt. Die neuen Vorlieben der Touristen beeinflussten zudem die Gestaltung der Grundrisse, wie es das Beispiel des Grand Hotels St. Moritz Bad anschaulich zeigt. Durch den Anbau eines Speisesaals wurde hier die Symmetrie der Anlage zerstört, was man gern in Kauf nahm, um den Gästen eine schöne Aussicht auf die Berge bieten zu können. Weil die gemeinsame Table d'hôte aufgegeben wurde, mussten die Speisesäle auch größer sein als bisher, denn die Verteilung der Gäste auf viele kleinere Tische erforderte mehr Platz.

Ab den 1870er/80er Jahren entstanden Hotels auch an Standorten fernab der nächsten Siedlung. Es handelte sich dabei nicht nur um Berghotels in der Nähe von Alpengipfeln, sondern auch um Luxushotels an Plätzen mit besonders reizvoller Aussicht, stellvertretend hierfür seien das Palace Hotel Gstaad oberhalb des gleichnamigen Ortes oder die Hotelkolonie auf dem Bürgenstock über dem Vierwaldstätter See genannt (Abb. 82). Oftmals musste der Bauherr für die Verkehrsanbindung des Hauses selbst Sorge tragen, wie zum Beispiel beim Grand Hotel Giessbach über dem Brienzer See, das eine eigene Zahnradbahn besitzt, oder beim Hotel Riffelalp oberhalb von Zermatt, das von der Haltestelle der Gornergratbahn aus mit einer eigenen Tram zu erreichen ist.

Für den Hotelbau griff man stilistisch auf nahezu alle Epochen der europäischen Baugeschichte zurück, bevorzugt wurden allerdings Anleihen bei Renaissance, Barock und Rokoko (Abb. 83). Zum Erkennungszeichen der Hotelpaläste, aber auch der repräsentativen Bahnhofsgebäude wurden voluminöse Dachkuppeln und abwechslungsreich gestaltete Dachlandschaften. „Hinter den rückwärts gewandten Bauformen der Neorenaissance und des Neobarocks mit den ritualisierenden Verhaltensmustern ihrer Benützer verbarg sich aber ein äußerst bemerkenswerter technischer Fortschritt, der zur Fassadengestaltung in einem immer markanteren Widerspruch stand. Die touristischen Großbauten der Grand Hotels und Palaces widerspiegelten gegen außen eine nostalgische, vorindustrielle Schlossherrlichkeit, gleichzeitig beherbergten sie aber die neusten Errungenschaften des fortschrittlichen Industriezeitalters" (Flückiger-Seiler 2003, S. 94).

Das Grand Hotel avancierte zum Experimentierfeld für die moderne Technik, die bald darauf Einzug in viele Privat- und Geschäftshäuser halten sollte. Johannes Badrutt II. führte 1879 im Kulm Hotel in St. Moritz die erste dauerhaft installierte elektrische Beleuchtung ein. Die Technik und ihre Voraussetzungen, ein kleines Kraftwerk, hatte er auf der Weltausstellung in Paris kennen gelernt. Eine Summe von 11 000 Franken war ihm die Investition wert. Für die führenden Hotels wurde es Pflicht, die Fortschritte bei der Stromerzeugung und der Entwicklung von Glühlampen zu verfolgen und umzusetzen, und man rühmte sich

80

Der weit gereiste Engländer, Karikatur. Weltenbummler mit kleinen Verständnisproblemen.

81

Bristol, Hotel Victoria, Speisesaal. Die Architektur des Hotels Victoria mit ihren neobarocken Formen und Anklängen an die Renaissance macht augenfällig, wie sich das wohlhabende Bürgertum mit der Luxushotellerie seine eigenen Schlösser schuf.

82

Gstaad, Palace Hotel Gstaad. Von der Dorf und Tal zugewandten Schmalseite betrachtet, erinnert das 1913 eröffnete Luxushotel mit seinen Ecktürmen geradezu an einen mittelalterlichen Donjon. Zum Hang hin schließt an den markanten Trakt jedoch noch ein zwölf Fensterachsen breiter Hauptflügel an.

in Anzeigen und Werbung dieser Verbesserungen. Ende der 1880er Jahre erhielten die ersten Fremdenverkehrsorte wie Luzern, Interlaken, Davos oder Leukerbad auf ihren Flaniermeilen elektrisches Licht. Die neue Beleuchtung wirkte sich ab 1890 sogar auf die Grundrisse der Hotels aus, denn die zur Zeit von Kerzen-, Petrol- und Gaslicht nötigen Lichthöfe wurden nun überflüssig. Bei der ersten Installation von Wasserleitungen für die Bäder von Gästezimmern verlegte man die Rohre durch diese Innenhöfe. Wenn auch die Ausstattung der Hotels mit Etagenbädern eine besondere Annehmlichkeit bedeutete, bemühten sich viele Hoteliers nach englischem und amerikanischem Vorbild, ihre Suiten und besten Zimmer mit eigenen Badezimmern auszustatten. „Die Betriebe des Hotelkönigs Cäsar Ritz waren die ersten Häuser in Europa, die diesen neuartigen Sanitärkomfort einführten und jedem Appartement konsequent ein Badezimmer zuordneten: 1893 wurde das Grand Hotel in Rom so eingerichtet, 1898 das Ritz in Paris und 1899 das Carlton in London. Bis zum Jahr 1898 hatte in Paris noch das Bristol, das in jedem Stock ein einziges Badezimmer anbot, als das Nonplusultra im Sanitärkomfort gegolten" (Flückiger-Seiler 2003, S. 111). Trotzdem entstanden im ausgehenden 19. Jahrhundert noch immer Grand Hotels wie beispielsweise das Hotel-Kursaal de la Maloja am Malojapass, das bei 250 Zimmern gerade einmal acht Badezimmer im Erdgeschoss und jeweils zwei Toiletten für Damen und Herren pro Etage mit rund 70 Zimmern vorsah.

Die Kommunikation innerhalb der Hotels durch ein System von Klingeln oder mittels erster Haustelefone, aber auch der Anschluss der Hotels an das öffentliche Telegrafennetz gehörten zu den Pionierleistungen der Branche. Ende der 1860er Jahre gab es in zahlreichen Hotels Telegrafenbüros, um 1880 war diese Technik zu einer alltäglichen Erscheinung geworden. Als 1860 ein vom Dampf angetriebener lifting room im Londoner Grosvenor Hotel eingebaut wurde, begann in den europäischen Hotels das Liftzeitalter (vgl. Flückiger-Seiler 2003, S. 125). Neben den Personenaufzügen wurden auch Aufzüge für den Gepäcktransport eingebaut. Ende des Jahrhunderts gehörten die Lifte in Hotels der gehobenen Kategorie zum Standard. Schließlich wurden ab den 1870er Jahren in europäischen Hotels die Zentralheizung eingeführt und Luft- und Dampfheizungen sowie Warmwasserheizungen eingebaut. Das Aufkommen des Wintertourismus verstärkte erwartungsgemäß den Einbau von Heizungsanlagen. Ein knisterndes Kaminfeuer in der Eingangshalle blieb für die Atmosphäre und das Wohlbefinden der Gäste gleichwohl unerlässlich.

Manche Hoteliers wollten ihren Gästen auch ein geeignetes Gotteshaus zur Andacht bieten, wobei es für diese Bauaufgabe bereits genügend architektonische Lösungen und Vorbilder gab. Gotteshäuser – so befremdlich dies zunächst klingen mag – gehörten fest zur touristischen Infrastruktur und wurden oft ausschließlich für die internationale Gästeschar errichtet. In überwiegend katholischen Regionen entstanden protestantische Kirchen, in protestantischen Regionen katholische Kirchen. Noch deutlicher wird die Ausrichtung auf die Bedürfnisse

83

Interlaken, Grand Hotel Victoria-Jungfrau, Le Salon Rouge. Der Salon im Stil des Neorokoko stammt noch aus der ersten Bauphase des Hotels (1865). In originalgetreuer Rekonstruktion hat er ebenso einen Platz im Schweizerischen Landesmuseum in Zürich gefunden.

andersgläubiger Besucher bei den zahlreichen anglikanischen und russisch-orthodoxen Kirchen, die häufig in traditionsreichen Fremdenverkehrsorten zu finden sind. So gibt es heute beispielsweise russische Kirchen in Bad Ems, Bad Homburg, Bad Nauheim, Baden-Baden, am Genfer See und an der Côte d'Azur (Abb. 84). Zum typischen Ortsbild historischer Schweizer Tourismusziele, gleich ob einer Stadt am Seeufer oder einem Bergdorf, gehörte oftmals ein historistischer, bevorzugt neugotischer Kirchenbau für die englischen Gäste. Die erste Kirche dieser Art ließ der Tourismuspionier Johann Jakob Knechtenhofer 1840/1842 im Park seines Hotels Bellevue am Thuner See errichten. Andere Hoteliers zogen selbst in exponierten Lagen nach, so zum Beispiel 1883 im Wallis beim Hotel Jungfrau am Eggishorn oder 1884 auf der Riffelalp oberhalb von Zermatt. In den am stärksten frequentierten Bergdörfern gab es schon früher anglikanische Kirchen: in Meiringen 1868, in Zermatt 1870, in St. Moritz und Samedan 1871, in Mürren 1878 und schließlich in Pontresina 1882. Auf eine wechselvolle Geschichte kann die Englische Kirche in Badenweiler zurückblicken. In den Jahren 1811 bis 1813 wurde das Gebäude vermutlich von Friedrich Weinbrenner als Belvedere für die Großherzogin Stephanie, Adoptivtochter Napoleons, errichtet (Abb. 85). Der kleine Bau mit seiner dorischen Säulenvorhalle diente jedoch nur für kurze Zeit als Lust- und Teehaus, dann hielten englische Gäste darin anglikanische Gottesdienste ab. Später wurde das Belvedere als Heimatmuseum, Maleratelier, Turnhalle, Lese- und Schreibzimmer für Kurgäste und als Ausstellungsraum genutzt.

Trotz allen Komforts gab es aber auch im 19. Jahrhundert weiterhin Reisende, die nicht in einem der neuen Hotels absteigen konnten oder wollten. Sie

84

Bad Homburg, Russische Kirche. Der Architekt Louis Benois aus St. Petersburg entwarf neben der Russischen Kirche auf der Darmstädter Mathildenhöhe auch dieses orthodoxe Gotteshaus. Zu seiner Einweihung 1899 reiste das letzte Zarenpaar Nikolaus II. und Alexandra Feodorowna, die Schwester des Großherzogs Ernst Ludwig von Hessen, persönlich an.

85

Badenweiler, Belvedere. Der Aussichtspunkt erlaubt bei guter Sicht einen schönen Rundblick über das Markgräfler Land bis hinunter ins Oberrheintal und zu den Vogesen.

wählten eine Villa als Unterkunft. Villen prägen bis heute das Bild vieler Badeorte von Cabourg bis Bad Ischl. Das wohlhabende Bürgertum kopierte zunehmend den Adel und ließ sich in den Badeorten ebenfalls Landhäuser bauen, um dort den Sommer zu verbringen. Kurz vor Beginn der heißen Zeit fuhren die Familien los. Mit dem halben Hausstand zog man aufs Land, nachdem die Dienerschaft vorgereist war und das Feriendomizil vorbereitet hatte. Man nahm nicht nur Bäder oder unterzog sich anderen Kuranwendungen. Man genoss die gesunde Landluft und die Natur, unternahm ausgedehnte Spaziergänge, trieb standesgemäßen Sport und ließ sich zu sehenswerten Aussichtspunkten kutschieren. Dabei fand man sogar Gefallen daran, sich in diesem ländlichen Ambiente in stilisierter bäuerlicher Kleidung zu präsentieren. Schon Erzherzog Johann wollte auf diese Weise seine volksverbundene Gesinnung demonstrieren. Kaiser Franz Joseph I. setzte in Ischl diese habsburgische Tradition fort und trug Lederhose, Lodenjanker und den Steirerhut mit Gamsbart, wie es noch heute das Kaiser-Jagdstandbild zeigt. Aber spätestens am Nachmittag und Abend erwartete der Sommerfrischler ein großstädtisches Unterhaltungsangebot: Ischl besaß eine Bibliothek, zahlreiche Kaffeehäuser, ein Theater, ein Casino und andere Kultureinrichtungen.

Der Blick in die Ferne: Panoramen und Piers

Verbindet man heutzutage mit dem Begriff „Panorama“ eher den weiten Blick in eine reale Landschaft, so galt er im 19. Jahrhundert als Terminus technicus für eine künstlich geschaffene Ansicht, ein großes Rundgemälde und den dazugehörigen Ausstellungsbau. Die Erfindung eines solchen überdimensionalen Gemäldes hatte sich der irische Maler Robert Barker bereits 1787 patentieren lassen. 1788 zeigte er sein erstes Rundbild, eine mit Wasserfarben auf einer papierkaschierten Leinwand ausgeführte Ansicht der Stadt Edinburgh. Er begründete damit eine neue Kunstform, die aus dem touristischen Geschehen des 19. Jahrhunderts fortan nicht mehr wegzudenken sein sollte. Die Panoramen wurden einerseits zum Ersatz für eine Reise, die sich viele nicht leisten konnten, andererseits wurden sie selbst zum Reiseziel. Der Reiz der Panoramen lag nicht zuletzt darin, dass sie Perspektiven realisierten, die der Einzelne in der Realität gar nicht einzunehmen vermochte. Barkers Rundbild mit einem Durchmesser von siebeneinhalb Metern wurde zunächst in Edinburgh gezeigt und ging dann auf die Reise nach Glasgow und London, wo es im Amüsierviertel des West End ausgestellt wurde. Im Winter 1790/91 entstand in London sein zweites Panorama von den Dächern der Albion Mills am südlichen Ende der Blackfriars Bridge, das nun auch die bis heute übliche, aus dem Griechischen abgeleitete Bezeichnung „Panorama" erhielt. Neben den darstellerischen Problemen waren auch ausstellungstechnische Schwierigkeiten zu meistern, denn es musste erst einmal ein geeigneter Schauraum für die 360°-Ansichten konzipiert werden. Auf einem 1792 am Leicester Square erworbenen Grundstück ließ Robert Barker zu Ausstellungszwecken vom schottischen Architekten Robert Mitchell eine erste permanente Rotunde aus Holz errichten, die einen Innendurchmesser von ca. 26 Metern aufwies. Damit waren im ausgehenden 18. Jahrhundert bereits die wesentlichen Voraussetzungen für den Erfolg dieses Mediums im 19. Jahrhundert geschaffen worden. In der Rotunde wurden Barkers große Ölgemälde gezeigt, bevor sie durch die wichtigsten Städte Großbritanniens wanderten. Die populärsten Panoramen gingen auch auf dem Kontinent auf Tournee, wie schon „London from the Roof of the Albion Mills", das nach seiner Premiere am Leicester Square in Leipzig, Hamburg, Wien, Paris und Amsterdam Station machte. Bereits 1819 reiste das erste englische Panoramabild über den Atlantik nach Baltimore, denn die Begeisterung für die großformatigen Ansichten von Städten und später auch Schlachten war ein weltweites Phänomen. In der Regel erteilten Aktiengesellschaften den Künstlern den Auftrag für ein Rundbild. Sie kümmerten sich dann auch um die Vermarktung des neuen Massenmediums.

Das Panorama in Altötting verbindet den Blick auf das Ferne und Fremde in ungewöhnlicher Form mit dem Religiösen (Abb. 86). Unter der Leitung des aus Schwaben stammenden Malers Gebhard Fugel (1863 bis 1939) malte ein Team von Spezialisten die Kreuzigung Christi. Das 1903 fertig gestellte Rundbild und einzige heute noch existierende historische Panorama Deutschlands versetzt den Betrachter in das Heilige Land vor die Tore Jerusalems und zeigt die Ereignisse am Karfreitag. Zwischen dem Besucher und dem 95 Meter langen und 12 Meter hohen Ölgemälde bildet ein bühnenartiges Vorgelände, ein sogenanntes Faux Terrain, das 1830 in die Panoramagestaltung eingeführt worden war, den Übergang und verstärkt die Illusion, sich mitten im Geschehen zu befinden. Die beteiligten Künstler waren entschieden darum bemüht, die Besucher von der Realität der dargestellten biblischen Ereignisse zu überzeugen. Deshalb hatten sie gründlich die antiken Quellen studiert und selbst vor Ort recherchiert. Das Panorama von Altötting wurde ebenso wie das Panorama der Kreuzigung in Einsiedeln aus dem Jahr 1893 zu einem Ort der Besinnung und der Andacht. Nach einem Brand bei Restaurierungsarbeiten existiert das Panorama in Einsiedeln heute allerdings nur noch in einer Rekonstruktion aus dem Jahr 1962. Die beiden Rundbilder stehen mit ihrer biblischen Thematik und ihrem religiösen Anspruch in auffallendem Gegensatz zu den vielen Panoramen, die ausschließlich dem Vergnügen und der

86

Altöttinger Panorama. Das Rundgemälde gibt dem Betrachter Einblick in das biblische Geschehen am Karfreitag vor den Toren Jerusalems. Um ein wirklichkeitsgetreues Bild des Heiligen Landes entwerfen zu können, war Josef Krieger 1902 eigens zu topografischen Studien nach Palästina aufgebrochen.

Freizeitgestaltung dienten. Eine Bedeutung für den Tourismus und den Pilgerverkehr haben sie heutzutage immer noch.

Rund ein Dutzend der historischen Panoramen überstand die Tourneen mehr oder weniger unversehrt und ist heute noch zugänglich. Die ältesten noch erhaltenen Panoramen sind die Ansicht von Thun von Marquard Wocher (Thun, vollendet 1814), eine Ansicht von Rom von Ludovico Caracciolo (Victoria and Albert Museum London, vollendet 1824) und eine Ansicht von Salzburg von Johann Michael Sattler (Hauptpost am Residenzplatz, Salzburg, vollendet 1829). Im späten 19. Jahrhundert, in einem Klima des gesteigerten Nationalstolzes und des Patriotismus, bevorzugten Auftraggeber und Maler als Themen der großen Rundpanoramen bedeutende militärische Ereignisse. Dazu gehörten die Schlacht bei Murten 1476 (Louis Braun, 1880, Murten), die Besiedelung Ungarns durch die Magyaren im Jahre 896 (Árpád Feszty, 1894, Ópusztaszer bei Szeged) und die Schlacht am Berg Isel 1809 (Michael Zeno Diemer, 1896, Innsbruck).

Bald entwickelten sich verwandte Formen des Panoramas wie das „Moving Panorama“, bei dem ein langes Bild von einer Trommel auf eine andere gerollt wurde, so dass die Illusion entstand, der Betrachter bewege sich durch eine Landschaft. Im Sessel sitzend, konnte er so auf einer Leinwand die Landschaft vorüberziehen sehen, als würde er mit der Kutsche, der Eisenbahn oder dem Schiff fahren. Im frühen 20. Jahrhundert verdrängte der Film als neues Massenmedium das Panorama. Auch seine Bedeutung als touristische Attraktion ging weitgehend verloren.

Bei solch großem Interesse an gemalten, gedruckten und später auch fotografierten Panoramen verwundert es nicht, dass die Reisenden die Aussicht auch in natura genießen wollten. Die Erschließung des Hochgebirges und die ersten Bergbahnen ermöglichten einen bisher unbekannten Fernblick. Heute noch lässt sich im Weyquartier am Rande der Altstadt von Luzern an drei historischen Beispielen gut studieren, wie sich die Reisenden einst mit ganz neuen Ansichten und Ausblicken die Zeit vertrieben. Im Bourbaki-Panorama mit seinem zehn Meter hohen und 112 Meter langen Rundgemälde wird der Betrachter zum Zaungast beim Übertritt der rund 87000 Mann starken französischen Ostarmee unter General Bourbaki in die Schweiz im Februar 1871. Das riesige Bild malte Edouard Castres 1881 für ein Genfer Panorama, acht Jahre später gelangte es nach Luzern, wo am Löwenplatz dafür ein geeigneter Rundbau errichtet worden war.

Die Hochgebirgsbilder der beiden Kunstmaler Ernst Hodel senior und junior zogen in das Gebäude des ehemaligen Löwendenkmal-Museums ein. Ihre Alpenpanoramen und Dioramen im 1901 fertig gestellten Alpineum boten den Besuchern Gelegenheit, ihren naturkundlichen Interessen völlig gefahrlos und ohne jegliche körperliche Anstrengung nachzugehen. Naturalistisch gestaltete Vordergründe zu den Landschaftsbildern erzeugten die Illusion einer Fels- und Eisregion im Hochgebirge. Die Maler hatten Alpenlandschaften nahezu fotorealistisch nachempfunden, die für das damalige Publikum gänzlich neu, ja eine Sensation waren, so den Rundblick vom Ende der Bahnstrecke auf den Gornergrat in 3089 Metern Höhe oder den Blick aus einem Felsenfenster in der Eiger-Nordwand.

Geologische Sehenswürdigkeiten im Original konnten schließlich schon seit der Sommersaison 1873 auf der heute dem Alpineum gegenüberliegenden Straßenseite im sogenannten Gletschergarten bestaunt werden (Abb. 87). Beim Bau eines Weinkellers hatte Josef Wilhelm Amrein-Troller bemerkenswerte Spuren der Eiszeit im Untergrund entdeckt. Gletscherschliffe und Gletschertöpfe, die eindrucksvoll die Kraft des Eises und der Schmelzwässer belegen, machten das Naturdenkmal zu einer Attraktion, der Karl Baedeker in seinem Schweizführer (1887) schon einen Stern verlieh.

In diesem Handbuch für Reisende lässt sich das gesteigerte Interesse an Aussichtspunkten und eindrucksvollen Panoramen auch an den Illustrationen deutlich ablesen. Detailliert werden die Fernblicke von den touristisch bedeutendsten Gipfeln abgebildet, jede Bergspitze wird benannt und exakt wiedergegeben, so dass sich der Leser mit einem ausklappbaren Panorama von bis zu acht Buchseiten Länge einen umfassenden Überblick über die Bergwelt verschaffen konnte.

Der Wunsch nach einer schönen Aussicht auf Wasser und Strand war Grund genug, dass man in den Seebädern lange Stege ins Meer hinaus baute, auf denen sich trefflich promenieren ließ. Die Seebrücken oder Piers wurden auch als Anlegeplatz für kleinere Schiffe genutzt, wenn das Seebad keinen Hafen besaß, wie zum Beispiel in Binz auf Rügen, in Bansin auf Usedom oder auch in Brighton der alte Chain Pier, an dem die Passagierschiffe nach der Überquerung des Ärmelkanals festmachten. Die wesentliche Aufgabe der Seebrücken bestand jedoch darin, Unterhaltungsmöglichkeiten zu bieten, oftmals allerdings nur gegen ein Eintrittsgeld, wodurch die feinen Herrschaften unter sich blieben. Die erste Seebrücke entstand 1812 im englischen Margate, 1823 baute man in Brighton den Chain Pier. Ihm sollte zum Ende des Jahrhunderts der Palace Pier folgen. Acht Jahre Bauzeit, von 1891 bis 1899, benötigte man unter der Leitung des Architekten Richard St. George Moore für das ebenso filigrane wie monumentale Bauwerk. Der 1984 restaurierte Palace Pier, heute Brighton Pier, lockt jährlich rund 3,5 Millionen Besucher an (Abb. 88). In den 1860er Jahren erlebte England einen regelrechten Bauboom bei den Piers: 21 Piers entstanden neu und einige Seebäder, wie Brighton und Great Yarmouth, erhielten sogar eine zweite Seebrücke. Der Eisenbahnbau förderte diese Entwicklung: Die Erfahrungen im Umgang mit Eisenkonstruktionen und die Möglichkeit, vorgefertigte Elemente für Viadukte zu Bauelementen für Piers umzufunktionieren, machten die Arbeiten schneller und billiger. Für die architektonische Gestaltung der Aufbauten musste wiederum einiges mehr investiert werden, denn das Publikum verlangte nach aufwändigen, exotisch anmutenden Architekturen, nicht nur in England, sondern auch an der Côte d'Azur, wie es das Beispiel Nizza (vgl. Abb. 78) belegt.

In Zoppot (Polen) wurde 1827 mit der heute 512 Meter langen hölzernen Mole der längste Seesteg der Ostsee vollendet und damit Zoppots Entwicklung zum bevorzugten Badeort der Warschauer Gesellschaft eingeleitet. Ende des 19. Jahrhunderts besaß das Seebad rund 10 000 Einwohner, die jährlich um die 13 000 Gäste beherbergten. 1898 eröffnete man auf der Insel Usedom die 280 Meter lange Seebrücke Ahlbeck, heute die älteste Deutschlands. Nach wie vor dient die sanierte historische Anlage, ein Denkmal wilhelminischer Bäderarchitektur, der

87

Luzern, Gletschergarten. Die geologischen Sehenswürdigkeiten machen die Besucher mit dem Formenschatz bekannt, wie ihn die Gletscher in jahrtausendelanger Arbeit geschaffen haben. So sind beispielsweise Findlingssteine zu sehen, vom Eis blank geschliffene Felsen und Gletschermühlen mit ihren von Schmelzwässern tief in den felsigen Untergrund gespülten Trichtern.

88

Brighton, Brighton Pier. Die historische Promenade von mehr als einem halben Kilometer Länge bietet heutzutage rund 3,5 Millionen Besuchern jährlich ein vielfältiges Angebot an Unterhaltungsmöglichkeiten, Restaurants, Bars und Geschäften.

Unterhaltung der Gäste. Zahlreiche Seebrücken wurden während des Ersten und Zweiten Weltkriegs zerstört, einige konnten restauriert werden. Im Ostseebad Schönberg in Schleswig-Holstein etwa wurde an der Stelle der 1914 zerstörten Seebrücke im Jahr 2001 ein Neubau eröffnet.

Fortbewegung Anno dazumal

Wenn auch die Verkehrsmittel im Laufe des 19. Jahrhunderts eine rasante Entwicklung nehmen sollten, reiste man zunächst noch mit einer Pferdestärke oder wenig schneller (Abb. 89). Post- und Lohnkutscher boten ihre Dienste an, Titel wie „Der Passagier zu Pferde. Ein Noth- und Hülfsbüchlein für Reisende“ (1811) des vormaligen Königlich-Preußischen Stallmeisters und praktischen Tierarztes Gottlob Meyer gaben nützliche Empfehlungen für die Reisevorbereitung und das Verhalten unterwegs. Ähnliche „Ratgeber“ gab es für die Fahrgäste von Postkutschen, auch Diligencen genannt. Seit Mitte des 18. Jahrhunderts existierte ein Netz von Postkursen und Poststationen, so dass zwischen allen größeren Orten in deutschen Landen ein regelmäßiger Postverkehr stattfand (vgl. Griep 1989, S. 11). Routenhandbüchern konnte man nicht nur die Verbindungen und Reisezeiten entnehmen. Auch die Reisekosten ließen sich trotz unterschiedlicher Tarife und Währungen vorausberechnen. Nicht kalkulierbar hingegen waren die Verzögerungen durch Rad-, Achsen- und Deichselbrüche, durch Stürze und Kollisionen oder durch Wegelagerer, Diebe und anderes Gesindel.

In den Schweizer Alpen konnten erst spät Postkutschenverbindungen eingerichtet werden, weil es in den höher gelegenen Regionen lange Zeit an befahrbaren Straßen fehlte. Selbst eine für den Transitverkehr so bedeutende Strecke wie die Gotthardstraße wurde erst 1830 fertig gestellt. Fünf Jahre später wurde ein fahrplanmäßiger Postkutschenverkehr aufgenommen. Dreimal wöchentlich verkehrte eine Kutsche zwischen Flüelen und Chiasso. Zunächst konnten nur jeweils zwei Fahrgäste mit einem Einspänner befördert werden. Ab 1842 gab es täglich einen Kurs mit einer achtsitzigen Kutsche, die von fünf Pferden gezogen wurde. Die 23-stündige Fahrt von Flüelen nach Camerlata, rund 190 Kilometer, kostete 1850 im Coupé 24 Franken, im Intérieur, also der Kabine, 20 Franken, für die damaligen Verhältnisse viel Geld. Ein Postkondukteur verdiente im selben Jahr 100 Franken im Monat (vgl. Furger 1990, S. 23). Die Gotthardpost war schon an andere Verkehrsmittel angebunden: Von Norden kommend, konnte man ab Luzern das Dampfschiff bis Flüelen benutzen, von der Endstation in Camerlata ging es per Eisenbahn nach Mailand weiter.

1875 verzeichnete man mit 72 030 Fahrgästen noch einen Rekord auf der Gotthardstraße, aber schon 1882 wurde mit der Eröffnung des Gotthardtunnels der Postkutschenkurs über den Pass aufgehoben. Die einzige im Original erhaltene Kutsche steht seit 1898 vor dem Eingang des Schweizerischen Landesmuseums in Zürich. In den Sommern der Jahre 1909 bis 1921 dienten Kutschen der Gotthardbahn noch Vergnügungsreisenden auf der Passstrecke. Ein originalgetreu nachgebautes Coupé Landau verkehrt seit 1987 in den Sommermonaten, von fünf Freiberger Pferden gezogen, auf der Trasse der historischen Gotthardstraße zwischen Andermatt und Airolo (Abb. 90). Ein Postillion und ein Kondukteur sorgten ehedem für einen möglichst reibungslosen Ablauf der Fahrt: Der Kutscher oder Postillion lenkte das Gespann, während der Kondukteur für die Überwachung der Fahrt, den Wechsel der Postillione sowie das Be- und Entladen von Postsendungen und die Betreuung der Passagiere zuständig war. Gab es Probleme mit dem Postillion, musste der Kondukteur in der Lage sein, selbst die mehrspännige Kutsche sicher bis zur nächsten Poststation zu steuern. Dort wartete, vom Posthornsignal gewarnt, bereits das nächste Pferdegespann. Fünf Minuten waren für den Wechsel der Tiere eingeplant, jede Minute Verspätung kostete den Postpferdehalter 10 Rappen Strafe!

89

Schlittenpartie im Mattertal (Foto von 1927). Eine solch beschauliche Landpartie diente nicht nur der Zerstreuung während eines Winteraufenthalts in den Bergen. Solange die Tourismusorte noch nicht mit der Eisenbahn zu erreichen waren, erfolgte auch die An- und Abreise teilweise mit dem Schlitten. Nach Zermatt dauerte die Fahrt von St. Niklaus zwei bis drei Stunden. Die Wintergäste von St. Moritz mussten bis zur Erschließung durch die Bahn eine rund 80 km lange Schlittenfahrt von Chur ins Oberengadin auf sich nehmen.

90

Gotthardpost. Dank guter Federung des Kutschennachbaus ist selbst auf den historischen Straßenabschnitten mit ihren unregelmäßigen Pflastersteinen die Fahrt mit der Gotthardpost ein Vergnügen.

Mit dem Aufkommen der Dampfschifffahrt begann für den Tourismus eine neue Epoche. Neben den Flüssen und Kanälen Englands wurde vor allem der Rhein als traditionsreiche europäische Wasserstraße befahren. Johanna Schopenhauer berichtete von ihrer Rheinfahrt im Jahr 1828: „Auf ganz ebenem Wege, als ginge man aus einem Zimmer in das andere, kamen wir an Bord, fast ohne gewahr zu werden, daß wir das feste Land verließen. Vorbei an dem tosenden Räderwerk, an dem glühenden Feuerofen unten in der Tiefe, von der man gern den Blick abwendet, vorbei an dem noch immer heulenden Schornstein, der gewaltige Dampfwolken ausstieß, gelangten wir endlich unter das weit ausgebreitete Zelt, das den vordern Teil des Verdecks vor den Sonnenstrahlen schützt, wo Tische, Gartenbänke, zierliche kleine Feldstühle jede Bequemlichkeit bieten, die man auf einer Wasserreise von zwölf Stunden vernünftigerweise verlangen kann" (Schopenhauer 1831, zit. in: Lang 1985, S. 323 f.). Im Mai 1827 nahm die im Jahr zuvor konzessionierte Preußisch-Rheinische-Dampfschiffahrts-Gesellschaft den Betrieb zwischen Köln und Mainz auf, einstweilen noch mit zwei englischen Schiffen aus Holz. Der erste eiserne Dampfer, der auf der Oberhausener Gutehoffnungshütte gebaut worden war, ging 1838 auf Rheinfahrt. Die Personenschifffahrt auf dem Mittelrhein erlebte einen ungeahnten Aufschwung: Die Zahl der beförderten Personen stieg von ca. 100 000 im Jahr 1835 auf rund 840 000 im Jahr 1845 (vgl. van Eyll 1975, S. 218 f.). Die Fahrt von Köln nach Mainz kostete für eine Person im sogenannten Pavillon 6 Taler und 18 Silbergroschen. Zum Vergleich: Mitte des 19. Jahrhunderts verdiente ein Hafenkommissar in Köln 900 Taler im Jahr, ein Arbeiter in einer Zuckerfabrik 250 Taler (vgl. Eyll 1975, S. 248).

Historische Raddampfer aus dem frühen 20. Jahrhundert verkehren noch heute auf Schweizer Seen, so zum Beispiel die „Vevey", die 1907 auf dem Genfer See in Dienst genommen wurde. Heute fährt das Schiff, das maximal 750 Personen befördern kann, noch mit dieselelektrischem Antrieb. In den nächsten zehn bis zwanzig Jahren soll es aber technisch restauriert werden und dann wieder von Dampf angetrieben fahren. Bis 1971 wurde das Dampfschiff „Blümlisalp" aus dem Jahr 1906, das auf dem Thuner See verkehrt, sogar noch mit Kohle befeuert. 1992 erlebte das Schiff, das erste in der Schweiz unter Denkmalschutz gestellt Dampfschiff, nach dreijährigen Restaurierungsarbeiten seine zweite Jungfernfahrt. Auf der „Blümlisalp" und der „Lötschberg", die beide auf den Seen des Berner Oberlandes beheimatet sind, aber auch auf den alten Raddampfern der Vierwaldstätter-See-Flotte lässt sich noch gut die Atmosphäre einer Dampferfahrt vor rund 100 Jahren nachvollziehen (Abb. 91).

Zum Standard der Schiffe gehörte ursprünglich ein repräsentativer Erste-Klasse-Bereich, bei dem an kostbaren Hölzern und Intarsien nicht gespart wurde. Eine zweiläufige hölzerne Freitreppe konnte auf das entsprechende Deck führen. Als Rückzugsmöglichkeit gab es für die Damen neben dem Eingang zum Erste-Klasse-Salon einen Damensalon und für die Herren auf dem Oberdeck einen Rauchsalon. Bei der Gestaltung des DS „Stadt Luzern" orientierte man sich an den Ozeanlinern der Zeit und holte so einen Hauch der großen weiten Welt auf den Vierwaldstätter See (Abb. 92). In der zweiten Klasse reiste man erwartungsgemäß bescheidener – kunsthistorisch wertvolle Salons im Stil des Neobarocks oder Jugendstils sind hier nicht zu finden!

Der Beginn der touristischen Dampfschifffahrt auf den Schweizer Seen ist vor allem der Initiative Einzelner zu verdanken. Am Thuner See gebührt dem Hotelier Johann Jakob Knechtenhofer das Verdienst, die Dampfschifffahrt entscheidend gefördert zu haben. Als am südlichen Seeufer mit dem Bau einer Straße begonnen wurde, die sein Haus in eine Abseitslage gebracht hätte, entschloss sich Knechtenhofer, die Verkehrsanbindung zu verbessern. Er kaufte in der Pariser Maschinenfabrik Cavé ein Dampfschiff, das in seine Einzelteile zerlegt mit dem Fuhrwerk ins Berner Oberland gelangte, dort wieder zusammengesetzt wurde und 1835 als „Bellevue" vom Stapel lief. Am Brienzer See zog man bald nach: 1839 kaufte der Dragoner-Hauptmann Gabriel Matti ein Kursschiff vom Genfer See und ließ den wohl ersten Schwertransport der Schweiz durchführen. Ein von 26 Pferden gezogenes Fuhrwerk brachte den kleinen Dampfer von Vevey zum Brienzer See, wo er auf den Namen „Giessbach" getauft den Betrieb aufnahm. So viel Engagement für die

91

Vierwaldstätter See, Dampfschiff „Stadt Luzern", Maschinenraum. Als einziger Dampfer der Vierwaldstätter-See-Flotte wurde die „Stadt Luzern" in Rosslau an der Elbe gebaut. Sie nahm 1928 ihren Betrieb in der Schweiz auf. Die eingebaute Dampfmaschine erwies sich jedoch als zu schwach und schon nach wenigen Fahrten musste das Schiff wieder außer Dienst gestellt werden. Nach dem Einbau einer Drillings-Gleichstromdampfmaschine der Gebrüder Sulzer aus Winterthur weist der Dampfer mit 1300 PS heute die größte Maschinenleistung der Flotte auf.

92

Luzern, DS „Stadt Luzern", Erste-Klasse-Salon. Die Ausstattung des Salons steht ganz im Zeichen des Art déco.

modernen Verkehrsmittel stieß nicht überall auf Gegenliebe. In den Dörfern am Ufer befürchtete man, die Häuser könnten durch den Funkenflug aus Schiffskaminen in Brand geraten. Die Passagiere mussten daraufhin in vermeintlich sicherer Entfernung vom Dampfer in Ruderboote umsteigen, um an Land zu kommen.

Außerhalb der Schweiz verkehren heute noch regelmäßig historische Raddampfer auf der Elbe, wo die älteste und mit neun Schiffen größte Raddampferflotte der Welt unterwegs ist. Die „Stadt Wehlen" von 1879 ist hier das älteste Dampfschiff. Noch acht Jahre älter ist die auf dem österreichischen Traunsee fahrende „Gisela". Auf dem Lago Maggiore verkehrt das DS „Piemonte" (1904). Auf dem Mittelrhein gehört die „Goethe" (1913) zur Linienflotte.

Bei den historischen Verkehrsmitteln auf Schienen ist es erneut die Schweiz, die wegen ihrer Abhängigkeit vom Fremdenverkehr als eines der ersten Länder auf technische Neuerungen setzte und den Ausbau der Bahnstrecken forcierte. Die älteste Zahnradbahn Europas, die 1871 in Betrieb genommene Rigibahn, fährt heute noch ganzjährig mit historischen Dampflokomotiven und Wagen auf den berühmten Aussichtsberg der Zentralschweiz (Abb. 93). Im Mai 1871 nahmen die ersten Bahnen den Pendelverkehr zwischen Vitznau und Staffelhöhe (1550 m ü. NN) auf, zwei Jahre später war die Strecke bis auf den Kulm (1800 m ü. NN) fertig gestellt. 1873 wurden bereits mehr als 100 000 Passagiere befördert. Aus jener Zeit ist heute noch ein Salonwagen in Betrieb, aus den 1920er Jahren die beiden Dampfloks Nr. 16 und 17. Seit 1875 fuhr eine zweite Zahnradbahn von Osten ab Arth auf den Berg. Der Wagen 6 der ehemaligen Arth-Rigi-Bahn ist heute der älteste Zahnradtriebwagen der Welt und noch immer im Dienst. Einen anderen Weltrekord hält die 1889 in Betrieb genommene Pilatusbahn: Mit einer maximalen Steigung von 48% fährt die steilste Zahnradbahn der Welt auf den 2070 m hohen Gipfel des Pilatus in der Zentralschweiz.

Die älteste Gebirgsbahn der Welt ist die Semmeringbahn, die Niederösterreich mit der Steiermark verbindet. Sie befährt seit 1854 eine 41 Kilometer lange Stre-

93

Rigibahn, historischer Zug. Bei einer winterlichen Fahrt auf die Rigi im offenen Waggon lässt sich recht gut nachempfinden, was eine Reise in den Wintersport vor rund 130 Jahren bedeutete.

cke zwischen Gloggnitz und Mürzzuschlag, die 1998 als erste Bahnstrecke zum Weltkulturerbe der UNESCO erklärt wurde. Im Gegensatz zu den bereits erwähnten Schweizer Bahnen entstand die Semmeringbahn nicht ausschließlich für den Tourismus. Sie stellte vielmehr die Verbindung zwischen den bereits seit 1842 bestehenden Bahnlinien von Wien nach Gloggnitz sowie von Mürzzuschlag nach Graz her. Die technische Herausforderung lag in der Überwindung des 984 Meter hohen Semmerings und eines Höhenunterschieds von 457 Metern. In einer Bauzeit von sechs Jahren bewältigte der Mathematiker und Ingenieur Karl Ritter von Ghega die Aufgabe zusammen mit rund 20000 Arbeitern. 15 Tunnels, 16 teils mehrstöckige Viadukte und 129 gemauerte Brücken waren schließlich nötig.

94

Orient-Express, Salonwagen. Die Fahrgäste konnten im Orient-Express den Komfort und den Service eines Hotels ersten Ranges genießen. Neben dem Salonwagen gab es einen Speisewagen sowie eine Küche, in der alle Mahlzeiten frisch zubereitet wurden.

Als „Palast auf Schienen“ nahm 1883 der Orient-Express den Linienverkehr zwischen Paris und Konstantinopel (heute Istanbul) auf (Abb. 94). Nicht nur der Komfort und der Service eines rollenden Grand Hotels bedeuteten eine Revolution des Reisens. Die Passagiere konnten die 3052 km lange Strecke ohne umzusteigen zurücklegen. Das Vorbild für den Luxuszug waren die Schlaf- und Speisewagen, die der amerikanische Fabrikant George Mortimer Pullman seit 1859 baute. Der belgische Industrielle Georges Nagelmackers hatte auf einer Reise in die USA deren Komfort kennen und schätzen gelernt und wollte Pullman auf dem europäischen Markt zuvorkommen. 1870 gründete der Lütticher die „Compagnie internationale des Wagons-lits“ und zwei Jahre später fuhren die ersten Schlafwagen auf der Strecke Paris – Wien, 1882 verkehrte der erste Speisewagen zwischen Marseille und Nizza. Im folgenden Jahr ging der erste Orient-Express auf die Reise. 1884 wurde die Compagnie in „Compagnie internationale des Wagons-lits et des Grands Express Européens“ umbenannt und erhielt den prestigeträchtigen Auftrag, die offiziellen Reisen der meisten europäischen Königs- und Fürstenhäuser zu organisieren. Ab 1896 verband der Nord-Express Paris, Calais und Ostende mit Moskau und St. Petersburg.

Hinaus in die Natur!

Sportlicher Ehrgeiz einerseits, der Traum von Freiheit und Gleichheit andererseits waren Mitte des 19. Jahrhunderts die wesentlichen Motive für eine wachsende Zahl von Bergsteigern. „Der Adel suchte im sportlich-exklusiven Bereich seine individuelle Selbstbestätigung, die ihm seine gesellschaftliche Position durch den einsetzenden wirtschaftlichen Abstieg im aufstrebenden Kapitalismus nicht länger vollends geben konnte. Dem jungen Bürgertum passte der alpine Aktionismus in das sozialdarwinistische Konzept der Auslese und des überlebenden Stärkeren. Der bürgerliche Traum allgemeiner

Freiheit und Gleichheit, der auf Kosten des entstehenden Proletariats längst aufgegeben war, konnte auf den zivilisationsfernen Gipfeln weitergeträumt werden" (Prahl/Steinecke 1979, S.49). Die Bergsteiger sollten auch die Ersten sein, die sich zu touristischen Vereinigungen zusammenschlossen. Die Begriffe „Tourist", „Touristik" und „Touristenverein" wurden nun zu einer festen Größe. Der Brockhaus definierte: „Touristik, zunächst die Wanderthätigkeit, die im Naturgenießen, im Aufsuchen unbekannter oder landschaftlich hervorragender Gegenden, in den hygienischen Wirkungen und geistigen Anregungen des Wanderns ihren Zweck sucht. ... Die deutsche Touristik betätigt sich zum größten Teil in Vereinen, Touristen-, Gebirgsvereinen (s. Alpenvereine)" (Brockhaus 1903, Band 15, S.928).

Am 22. Dezember 1857 wurde in London mit dem „Alpine Club" der erste Bergsteigerverein der Welt gegründet. Auf dem Kontinent zog man wenig später nach, so auch in der Schweiz, wo es der Berner Geologe Theodor Simmler 1862 beschämend fand, dass man zu den Beschreibungen des englischen Alpenclubs greifen musste, wollte man sich über die heimatliche Bergwelt informieren. 1863 wurde der „Schweizer Alpen-Club" in Olten gegründet. Im Jahr zuvor waren in Wien der „Österreichische Alpenverein" und in Turin der „Club Alpino di Torino", 1867 in „Club Alpino Italiano" umbenannt, aus der Taufe gehoben worden. In Norwegen gründete man 1868 den „Norske Turistforening". 1869 entstand der „Bildungsbürgerliche Bergsteigerverein", der spätere „Deutsche Alpenverein", und 1874 der „Club Alpin Français". Während man im englischen Alpenclub die sportlichen Aspekte des Bergsteigens in den Vordergrund stellte und sich mit Fragen der Ausrüstung beschäftige oder Führer herausbrachte, bemühten sich die Alpenvereine auf dem Kontinent darüber hinaus um die Erforschung des Hochgebirges und die Verbreitung der neu gewonnenen Kenntnisse (Abb. 95).

Der Schweizer Alpen-Club richtete bereits im Jahr seiner Gründung am höchsten Berg der Glarner Alpen, am Ostfuß des Tödi, mit der Grünhornhütte in 2448 m Höhe die erste alpine Vereinshütte ein. Die kleine Selbstversorgerhütte, ein Schutzbau für zehn Matratzenlager, kann heute noch während des Sommers genutzt werden. In den Ostalpen war die Lünerseehütte im Rätikon 1870 die erste bewirtschaftete Alpenvereinshütte. Zwei Jahre später entstand mit einem runden, hölzernen Pavillon auf dem Allgäuer Gipfel des Stuibens die erste Alpenvereinshütte auf deutschem Boden. Der Bau von Schutzhütten, die Anlage markierter Wanderwege und der ersten Klettersteige, wie zum Beispiel des 1899 eröffneten Heilbronner Wegs, halfen, die Alpen für den „Massentourismus" zu erschließen (Abb. 96). Das Bergsteigen war nunmehr ohne den Expeditionscharakter der alpinistischen Frühzeit möglich. In diesen Zeiten eines harten Existenzkampfes der Bergbevölkerung begann man bereits, die Erschließung dieser Regionen für den Tourismus als eine Gegenbewegung zu Landflucht und Entvölkerung zu betrachten.

Doch die Erschließung der Alpen kam nicht jedermann zugute. Standesdünkel und das Vorurteil, Bergsteigen sei ein „edler" Sport für die besser gestellten Kreise, führten dazu, dass Arbeiter und einfache Leute nicht nur auf den Alpenvereinshütten ungeliebte Gäste waren. Grundstückseigentümer untersagten ihnen sogar das Betreten von Wegabschnitten, die über ihren Boden führten. Noch 1906 kämpften die Naturfreunde mit der Aktion „Verbotener Weg" für einen freien Zugang zu Wäldern, Seen und Bergen für alle. Der „Touristenverein die Naturfreunde" war 1895 aus einer Wandergruppe der Wiener Sozialdemo-

kraten hervorgegangen. Der Volksschullehrer Georg Schmiedel, der Sensenschmied Alois Rohrauer und der damalige Student und spätere österreichische Kanzler Karl Renner gründeten den Verein mit dem Ziel, die Arbeiter aus den Städten mit schlechten Lebensbedingungen und 14-Stunden-Tagen in die Natur zu führen. Sonderzugfahrten, gemeinschaftliche Wanderungen, Ferienaufenthalte für Kinder in den Bergen wurden um die Jahrhundertwende von den Naturfreunden organisiert. 1905 entstanden die ersten Ortsgruppen außerhalb Österreichs in Zürich und München. 1910 wurde in New York die erste amerikanische Gruppe gegründet, 1914 die erste französische in Paris.

Nach dem Vorbild der Alpenvereinshütten bauten einzelne Ortsgruppen der Naturfreunde ihre ersten Häuser ebenfalls in den Bergen, so das 1907 eröffnete Padasterjochhaus in den Stubaier Alpen oder drei Jahre später in den Tiroler Alpen das Naturfreundehaus „Musauer Alm" der Münchener. Die Verbundenheit mit den Bergen war bei den Naturfreunden so groß, dass ein „Berg frei!" zum allgemeinen Vereinsgruß wurde, worin sich auch das Bemühen um eine Demokratisierung des Naturerlebnisses ausdrückte. Während bürgerliche Wander- und Sportvereine beispielsweise Frauen die Mitgliedschaft verwehrten, ließen die Naturfreunde Frauen zu. Sie engagierten sich auch in der Ausbildung von Bergsteigern und Skifahrern. Anfang des 20. Jahrhunderts wurden die ersten entsprechenden Vereinigungen geschaffen: 1906 wurde eine „Schisektion" gegründet, 1918 die erste Bergsteigerschule in Ottakring, 1919 die „Alpinistengilde" in Wien und zwei Jahre später die „Vereinigten Kletter-Abteilungen" in Sachsen.

Das Lied „Aus grauer Städte Mauern" steht für eine andere Art von Stadtflucht, nämlich die Wandervogelbewegung. Sie entstand um die Jahrhundertwende in Berlin-Steglitz und wurde am 4. November 1901 formell als „Wander-

95

Lauterbrunnen, Museum. Zur Ausrüstung der Alpinisten gehörte für mehr als eineinhalb Jahrhunderte das Hanfseil. Um im Schnee besser vorwärts zu kommen, schnallte man Schneeschuhe unter, während im Eis zehnzackige Steigeisen für festen Halt sorgten.

96

Grindelwald, Glecksteinhütte. Die 1904 eröffnete Hütte des Schweizer Alpen Clubs liegt 2317 m hoch. Die eindrucksvolle Kulisse liefert der Obere Grindelwaldgletscher.

97

Altena, Burg Altena. In der Burg Altena fand die älteste Jugendherberge der Welt ihren Platz. Rund ein Dutzend dreistöckiger Eichenholzbetten wartete auf junge Wanderer. Heute befindet sich in den historischen Schlafräumen ein Museum zur Geschichte des Jugendherbergswerks. Der Herbergsbetrieb selbst wurde in ein Vorgebäude der Burg und ein benachbartes Jugendstilhaus ausgelagert.

vogel-Ausschuß für Schülerfahrten" gegründet. Im Wandervogel manifestierte sich der Wunsch der Söhne und Töchter des Bürgertums nach einer Befreiung von den Zwängen in Schule und Elternhaus. Man suchte in einer Gruppe Gleichaltriger das Erleben von Gemeinschaft, Natur und Freiheit. Dazu gehörten Wanderungen und abends ein Lagerfeuer mit Gesang zur Klampfe. Das Liederbuch „Der Zupfgeigenhansl" (1913) wurde zum Kultbuch jener Jugendlichen. Die Wandervögel schufen jedoch keine neue touristische Infrastruktur, man übernachtete bei den Ausflügen aufs Land beim Bauern im Stroh und Heu oder gleich unterm Sternenzelt. Trotzdem steht diesen jungen Leuten ein Platz in der Geschichte des Reisens zu, denn hier ist zum ersten Mal zu beobachten, dass sich diese Altersgruppe aus dem Familienverband herausgelöst eigenständig auf Reisen begibt. Damit war die wichtigste Voraussetzung für die Kinder- und Jugendreisen sowie die Erlebnispädagogik insbesondere nach dem Zweiten Weltkrieg geschaffen.

Bereits wenige Jahre nach der Gründung der Wandervogel-Bewegung sollte sich aus dem Kinder- und Jugendwandern ein weltweites Beherbergungswesen entwickeln. Im Sommer 1909 leitete der Lehrer Richard Schirrmann, Mitglied des Sauerländischen Gebirgsvereins, eine achttägige Wanderfahrt mit Schülern aus Altena nach Aachen. Die Übernachtungen waren das größte Problem bei einem derartigen Unternehmen. In der ersten Nacht kam die Gruppe in einer Scheune unter, am nächsten Abend zog sie mit etwas Stroh ausgestattet zu einer leer stehenden Dorfschule. Dies brachte den Lehrer auf den Gedanken, dass in „jedem wanderwichtigen Ort in Tagesmarschabständen gleich Schule und Turnhalle auch eine gastliche Jugendherberge zur Einkehr für die wanderfrohe Jugend Deutschlands ohne Unterschied" (Schirrmann 1927, S. 42) eingerichtet werden sollte. Die in den Ferien leer stehenden Volksschulen ließen sich mit geringem Aufwand in einen Schlaf- und einen Speisesaal verwandeln. „Jede Lagerstatt besteht aus einem straff mit Stroh gestopften Sack und Kopfpolster, zwei Bettüchern und einer Wolldecke. Das ist für wandermüde Glieder ein königliches Lager und kostet in Summa summarum 12 Mark, die ganze Einrichtung für 15 Lager = 15 × 12 = 180 Mark" (Schirrmann 1909, zit. in Hartung 1959, S. 30). Nach einem Aufruf in der Kölnischen Zeitung waren 1910 Geldspenden eingegangen, die es Schirrmann erlaubten, neben dem Klassenzimmer in der Nette-Schule in Altena zwei weitere Ferienherbergen für Volksschüler einzurichten, und zwar in Herscheid und Radevormwald. Ebenfalls 1910 unterbreitete er dem Magistrat der Stadt Altena seinen Plan, auf der Burg Altena eine ständige Jugendherberge zu eröffnen, was zwei Jahre später auch geschah (Abb. 97). Die Wandervogel-Bewegung unterstützte die Jugendherbergen und in den Folgejahren kam es zu einer offiziellen Zusammenarbeit beider Organisationen. Bis 1932 gab es in Deutschland 2123 Jugendherbergen mit mehr als 4,5 Millionen Übernachtungen. Im selben Jahr wurde die International Youth Hostel Federation (IYHF) gegründet und die Bewegung trat ihren weltweiten Siegeszug an.

IV. Reisen im 20. Jahrhundert

Ferne Ziele, künstliche Welten

Mit dem 20. Jahrhundert begann die Demokratisierung des Reisens. Der Erste Weltkrieg und die Oktoberrevolution hatten zur Folge, dass die führenden Gesellschaftsschichten, insbesondere der Adel, in ganz Europa als Vergnügungsreisende ausfielen. „[Die] große Welt der Kurorte endete für immer mit dem Schuß von Sarajevo“ (Křížek 1990, S. 170). Die Exklusivität der Kurbäder schien noch eine Zeit lang in den alpinen Wintersportgebieten fortzudauern, wo der Tourismus und vor allem der Skilauf in der Zwischenkriegszeit einen Aufschwung erlebten. Insbesondere sportliche Wettkämpfe wie die Olympischen Winterspiele (ab 1924) wirkten hier als Wachstumsmotor, lenkten die Aufmerksamkeit auf neue Disziplinen und förderten den Ausbau der Infrastruktur.

In der Weimarer Republik brach dagegen endgültig das Zeitalter des Massentourismus an. Viele Arbeiter und Angestellte hatten erstmals Anspruch auf einige Tage bezahlten Jahresurlaub. Entsprechend stark wuchs die Nachfrage nach preisgünstigen Erholungsreisen. Neben Reichsbahn, Omnibusunternehmen und Wandervereinen betätigten sich auch die Gewerkschaften als Reiseveranstalter. Jugendherbergen und andere einfache Unterkünfte etablierten sich. Zumindest innerhalb Deutschlands wurde Urlaub für weitere Teile der Bevölkerung finanziell erschwinglich.

Die Nationalsozialisten machten sich dieses Bedürfnis politisch zu Nutze. Sie versprachen jedem Arbeitnehmer bis zu drei Wochen Urlaub im Jahr. Der Staat wollte durch seine Urlaubspolitik „Volksgesundheit“, Produktivität und Kriegstüchtigkeit der Bevölkerung steigern – und wurde mit der Organisation „Kraft durch Freude“ (KdF) zum größten Reiseunternehmer im Dritten Reich. Selbst wenn nur ein Bruchteil der Arbeiterschaft tatsächlich eine KdF-Reise antreten konnte, war doch für viele eine Urlaubsreise nicht mehr länger bloß ein Wunschtraum, sondern rückte in greifbare Nähe. Eine unbefristete Arbeitszeitverlängerung mit Urlaubssperre, die zu Kriegsbeginn verhängt worden war, wurde nach wenigen Monaten wieder aufgehoben.

98

La Grande Motte, Jachthafen. Mehr als 1500 Liegeplätze für Schiffe jeder Größe warten auf Freizeitkapitäne. Die beiden pyramidenförmigen Gebäude am Hafen spiegeln bei einem Blick vom Wasser aus die markante Silhouette des Pic Saint Loup in der Ferne wider.

Nach dem Zweiten Weltkrieg, während des Wiederaufbaus, kam erst allmählich wieder der Wunsch nach einem „Tapetenwechsel" auf. Den meisten Deutschen fehlten schlicht die finanziellen Mittel. Ende der 1940er Jahre wurde Deutschland bereits wieder im Ausland als Reiseziel beworben, so zum Beispiel zum 200. Geburtstag Goethes 1949. Auch die neu entstandenen touristischen Routen wie die Romantische Straße zielten zunächst auf ausländische Gäste. Doch mit Anbrechen des Wirtschaftswunders wurde es auch den Bürgern der jungen Bundesrepublik zunehmend möglich, ihre Reiseträume zu verwirklichen. Die rasante Entwicklung der Verkehrsmittel kam dem entgegen: Das private Automobil erlaubte es vielen, individuell die attraktiven Urlaubsziele jenseits der Alpen zu erreichen. Beliebt war der preiswerte Campingurlaub möglichst unter südlicher Sonne, im Idealfall in „Bella Italia". Soziale Errungenschaften wie der bezahlte Jahresurlaub, aber auch das wachsende Angebot an Pauschalreisen erleichterten den in Sachen Reise noch wenig Erfahrenen den Aufenthalt in der Ferne, der bei steigenden Gehältern bezahlbar geworden war. Auch die Ferienreise mit dem Flugzeug verlor in den 1960er Jahren ihren exklusiven Charakter. Das Düsenflugzeug wurde zu einem wichtigen Transportmittel im aufkommenden Massentourismus.

Mit den Touristenzahlen stiegen auch die Ansprüche, neue Urlaubsziele und neue Urlaubsformen entstanden. In bisher nicht da gewesenem Ausmaß veränderte der Tourismus große Regionen. Ganze Küstenstriche am Mittelmeer wurden mit Siedlungen aus der Retorte bebaut, hoch spezialisierten und effizienten Urlaubsfabriken (Abb. 98). Kulturlandschaften neuen Stils entwickelten sich, denen man angesichts des städtebaulichen Wildwuchses allerdings skeptisch gegenüberstehen kann. Die intensiv genutzten Fremdenverkehrsregionen, die oftmals die Grenzen des ökologisch Verantwortbaren ignorierten, waren der Preis für eine neue Freiheit des Reisens und den wirtschaftlichen Nutzen, den der boomende Tourismus garantierte. Das Schlagwort hieß All-Inclusive, der Club-Urlaub wurde erfunden.

In den letzten Jahrzehnten des 20. Jahrhunderts entstanden an vielen Orten künstliche Urlaubslandschaften, Märchen- und Fantasiewelten oder Freizeitparks mit exotischem Ambiente für Groß und Klein. Disneyland stand Pate. Typisch für die Gegenwart ist auch das Bemühen der Tourismusbranche, das Freizeitvergnügen von Wetter- und Umwelteinflüssen unabhängig zu machen. So kann man im Flachland Skilaufen, in der Halle und auf Kunstschnee, oder unter Palmen in pseudo-tropischer Umgebung in einem sogenannten Spaß-Bad entspannen. Der Urlaub kommt zum Verbraucher, die Anfahrt ist nur kurz. Gerade diese Angebote begünstigen auch einen Wandel bei Reisedauer und -häufigkeit. Tagestourismus und Kurzreisen nehmen zu. Die Zweit- oder gar Drittreise wird zum Statussymbol.

Bäder im Binnenland und an der Küste

Die Reise in die Sommerfrische an der See gehörte zu Beginn des 20. Jahrhunderts für viele zum Ferienvergnügen. Usedom wurde gar spöttisch als die „Badewanne Berlins" bezeichnet. Mit der Usedomer Bäderbahn konnten die Badegäste aus der Reichshauptstadt in rund drei Stunden an den beliebten Ostseestrand gelangen und dort die schon seit dem 19. Jahrhundert existierenden Badeorte besuchen. Aber nicht nur die gute Erreichbarkeit war von Vorteil, auch die Aufenthalte des preußischen Hofes waren für manchen ein Grund, gerade hier seine Ferientage zu verbringen. Kaiser Wilhelm II. erholte sich von 1895 bis 1913 alljährlich in Heringsdorf von den Regierungsgeschäften.

Nach dem Ersten Weltkrieg eroberte eine ganz andere Klientel die Badeorte, wie sich gut am Beispiel von Sylt zeigen lässt. Im 19. Jahrhundert war die Nordseeinsel noch alles andere als Mode gewesen. Doch in den 1920er und 1930er Jahren entwickelte sich das Seebad Kampen zu einem beliebten Ziel bei Künstlern, Literaten und anderen Persönlichkeiten des deutschen Kulturlebens, dem „Jetset der ersten Stunde", wenn man so will. Eine Künstlerkolonie sollte das Friesendorf jedoch nicht werden, sondern eher ein vorübergehender Treffpunkt. Von 1923 bis 1927 ließ der Verleger und Buchhändler Heinrich Tiedemann in der Nachfolge der Gastwirtschaft „Zum Altfriesischen Haus" aus dem Jahr 1892 von dem Architekten Walter Baedeker das Haus „Kliffende" errichten, das gerne von den Kulturschaffenden der Zeit aufgesucht wurde (Abb. 99). Viele Maler zogen Kampen den anderen Dörfern Sylts vor, weil hier alle Landschaftstypen der Insel auf engstem Raum vereint zu finden waren. Zu den bekanntesten Gästen zählten Emil Nolde und Max Liebermann. Die wachsende Bedeutung des Fremdenverkehrs schlug sich in Kampen weniger in neuen Hotelbauten als im Bau von Ferienvillen nieder. Damit diese nicht den Charakter des kleinen Friesendorfs veränderten, war bereits 1913 eine erste Ortsgestaltungssatzung erlassen worden. Nur Ziegelbauten mit Reetdach, die in ihren Ausmaßen mit den alten Dorfhäusern harmonierten, waren von nun an erlaubt (Abb. 100). Das repräsentative alte Kurhaus am westlichen Ende der Kurhausstraße war noch in der Gründerzeit Anfang der 1890er Jahre erbaut worden und blieb architekto-

99

Sylt, Kampen, „Kliffende". Im „Kliffende" waren neben Joachim Ringelnatz, Thomas Mann und Ernst Rowohlt auch die Dirigenten Bruno Walter, Erich Kleiber und Otto Klemperer zu Gast.

100

Sylt, Kampen, Ferienhaus. Die Ferienhäuser auf Sylt passen sich durch moderate Größe und heimische Baumaterialen lokalen Traditionen an. Garagen sind nicht erlaubt. Die Grundstücksgrenze wird auch bei Neubauten von der typischen Mauer aus kleinen Findlingen markiert.

nisch eine Ausnahme. 1928 standen in den 40 Häusern von Kampen 677 Betten zur Verfügung, 3667 Gäste wurden in jenem Jahr gezählt.

Ein Ereignis mit weit reichender Bedeutung für den Tourismus auf Sylt war die Eröffnung des Hindenburgdamms. Bereits in der zweiten Hälfte des 19. Jahrhunderts hatte es Pläne gegeben, zur Förderung des Fremdenverkehrs einen Damm zwischen Insel und Festland aufzuschütten, um den Badegästen die Anreise zu erleichtern. 1913 hatte der preußische Landtag den Bau des Damms genehmigt, doch der Erste Weltkrieg verhinderte zunächst die Ausführung. Nicht touristische, sondern in erster Linie politische Gründe machten den Damm 1920 schließlich unverzichtbar. Mit der Abtretung Nordschleswigs an Dänemark und dem Verlust des Hafens Hoyerschleuse wurde eine Verbindung zur Insel über deutschen Boden notwendig. Am 1. Juni 1927 konnte der 11 Kilometer lange Eisenbahndamm von Reichspräsident Paul von Hindenburg eingeweiht werden.

Im Binnenland gehörte im frühen 20. Jahrhundert ohne Zweifel Bad Nauheim mit seinem Jugendstil-Sprudelhof zu den bedeutendsten Badeorten (vgl. Abb. 45). Der Kurort am Rande des Taunus galt als renommiertes Herzheilbad. Zwischen 1890 und 1914 stieg die Zahl der Gäste von 8500 auf 35 000 und die Zahl der verabreichten Bäder von rund 100 000 auf über 480 000 (vgl. Rippel 2001, S. 96). Während in traditionellen Modebädern wie Wiesbaden und Baden-Baden die Kur vorwiegend ein gesellschaftliches Ereignis war, stand in Bad Nauheim eindeutig die Gesundheit im Vordergrund. Nach der Fertigstellung des Sprudelhofs im Jahr 1910 verfügte die Stadt zusammen mit den drei älteren Badehäusern über 386 Badezellen mit 403 Wannen, in der Hochsaison war damit eine Abgabe von bis zu 6000 Bädern täglich möglich (vgl. Rippel 2001, S. 98). Eine Maschinenzentrale mit einem Fernheizwerk versorgte die Badehäuser, die Trinkkuranlage und die großen Hotels mit Fernwärme. Die Badehäuser erhielten auf diese Weise auch elektrisches Licht, während die Stadt noch mit Gaslaternen beleuchtet wurde. Dank hervorragender Leistungen auf den Gebieten der Kardiologie und Balneologie blieb Bad Nauheims Position als bedeutendes Heilbad für Herzkrankheiten in der ersten Hälfte des 20. Jahrhundert unangefochten.

Anders als Bad Nauheim war das Königlich-Sächsische Staatsbad Bad Elster eher eine Kombination aus Heilbad und gesellschaftlichem Treffpunkt. Als Moorbad hatte der Ort mit seinen elf Heilquellen eine lange Tradition, die schon Johann Wolfgang von Goethe nach seinem Besuch von 1795 in „Hermann und Dorothea“ würdigte. Die historische Doppelwanne im Eingangsbereich des Albert Bads zeugt noch heute von den damals beliebten Mooranwendungen (Abb. 101). Nicht weit vom Badehaus wurde das Moor gewonnen. Der 1893 bis 1895 vom Gartenbauinspektor Paul Schindel angelegte Gondelteich, der Louisa-See, hat seinen Ursprung in einer Grube, die beim Abbau des Mineralmoors entstand.

Die Reihe der Jugendstilbauten eröffnete das 1909 nach einem Brand umgebaute Palasthotel Wettiner Hof, in dem die hochrangigen Gäste, allen voran Mitglieder des sächsischen Königshauses und des russischen Adels, abzusteigen pflegten. Das historische Kurtheater, das König Albert Theater aus dem Jahr 1914, wird nach umfangreichen Restaurierungsarbeiten heute wieder in seiner ursprünglichen Form genutzt. Zu den repräsentativen Gebäuden auf dem linken Ufer der Weißen Elster gehört das 1890 eröffnete Kurhaus im Stil der Neorenaissance, dessen Konzerte einen hervorragenden Ruf genossen. Das erste Badehaus in Elster stammt aus der Mitte des 19. Jahrhunderts. Es wurde durch Anbauten immer wieder erweitert, so zum Beispiel durch die erhalten gebliebene Halle im Waldflügel aus den Jahren 1882/83, deren Deckengemälde an diejenigen der Dresdener Semperoper erinnern. Das Badehaus wurde ab 1909/10 durch den lang gestreckten Bau des Albert Bads, ursprünglich Alberthalle genannt, ersetzt (Abb. 102). Das Albert Bad, das an ein neobarockes Schloss erinnert, gestaltete der Dresdener Bildhauer Karl Gross. 1926/27 wurde der südliche Flügel aufgestockt, wodurch der Bau sein heutiges Aussehen erhielt.

Ende der 1920er Jahre begann in Bad Elster eine neue Bauphase, deren Architektur vom Bauhaus geprägt war. Nach Plänen der Architekten Kramer und Dutzmann, Mitgliedern der Sächsischen Hochbau-Direktion, entstand 1928/29 die Wandelhalle mit den Fassungen der Salz- und der Moritzquelle. Als Baumaterial verwendete man Sandstein aus dem Elbsandsteingebirge. 1933/34 entwarfen die beiden Architekten ein neues Gebäude für die Marienquelle, die älteste Mineralquelle des Städtchens. Die gläserne Laterne auf der Quellenhalle wird von einer vergoldeten Frauenfigur bekrönt. In jenen Jahren wurde auch der Kurpark durch Hermann Schüttauf, den Direktor der Staatlichen Gartenanlagen

101

Bad Elster, Albert Bad, Moorwannen. Nach der Behandlung mit dem heilenden Moor war eine besonders gründliche Reinigung erforderlich. Zu diesem Zweck stellte man neben der Holzwanne für das Moorbad eine weitere Wanne aus Kupfer auf. In dem Kupferkessel lag schon ein zusammengerolltes Handtuch zum Abtrocknen bereit.

102

Bad Elster, Albert Bad. An die historische Straßenfront schließen sich rückwärtig moderne Anbauten für ein zeitgemäßes Thermalbad an. Im linken Flügel wurden einige der luxuriösen Badezellen aus der Zeit um 1910 behutsam saniert und technisch auf den neuesten Stand gebracht, so dass sie auch heute wieder einen anspruchsvollen Gast zufrieden stellen können.

Sachsens, neu gestaltet. Da Bad Elster im Zweiten Weltkrieg von Zerstörungen verschont blieb, konnte es sein historisches Aussehen weitgehend bewahren.

1912 erlebte das nahe gelegene Brambach seine erste Kursaison, obwohl das Gros der dortigen Heilquellen bereits seit dem 16. Jahrhundert bekannt war. 1890 hatte man begonnen, noch von Hand das Mineralwasser in Flaschen zu füllen und zu versenden. Die Entwicklung zum Badeort sollte jedoch erst im Jahr 1909 mit der Entdeckung der Wettinquelle und ihrem radonhaltigen Wasser eingeleitet werden. Bei ihrer Entdeckung galt sie als die Quelle mit dem stärksten Radongehalt in Europa. Bis heute wird das Heilwasser für Trink- und Badekuren genutzt. Ab 1922 durfte die vogtländische Gemeinde auch den Titel „Bad" führen. 1928 konnte ein barockes Kurhotel eröffnet werden. Heute sind Bad Elster und Bad Brambach die beiden einzigen Staatsbäder in den neuen Bundesländern.

Der Durchbruch des Wintertourismus

Im frühen 20. Jahrhundert erforderte das Skilaufen deutlich mehr Sportsgeist als heutzutage. Ohne Skilifte mussten die Skiläufer erst mühsam die Berge hinaufsteigen, um zum Start für die Abfahrt zu gelangen. Auf einheimische Skier konnten die Pioniere des Wintersports auch noch nicht zurückgreifen: Die Skier mussten aus Norwegen importiert werden, bis sich Glarus zu einem ersten Schwerpunkt der Schweizer Skiproduktion entwickelt hatte und es schließlich in jeder Gemeinde Schreiner gab, die sich als „Skiwagner" ein Zubrot verdienten (Abb 103).

103

Engelberg, Talmuseum. Die Sammlung des Museums gibt unter anderem Einblick in die Anfänge des Skisports und zeigt historisches Sportgerät, wie es vor dem Ersten Weltkrieg benutzt wurde. Zur zeittypischen Wintersportausrüstung gehörten unter anderem lederne Skischuhe.

Der Durchbruch für den Skilauf war eng mit den ersten Hochtouren und Winterbesteigungen von Alpengipfeln verbunden. Eine solche Skitour war es auch, die den Wintertourismus in der Zentralschweiz aufleben ließ. Den beiden Engelbergern Willy Amrhein und Josef Kuster gelang im Januar 1904 erstmals die Besteigung des 3238 Meter hohen Titlis und die Abfahrt vorbei an Ober- und Untertrübsee nach Engelberg. Im folgenden Jahr standen die Hotels in Engelberg den Gästen auch im Winter offen. 1908 wurde die Sandrainschanze eröffnet, zwei Jahre später das erste Eisfeld. Der Titlis wurde zu einem beliebten Skiberg. 1912 nahm die Drahtseilbahn Engelberg - Gerschnialp den Betrieb auf, 1927 folgte die Luftseilbahn Gerschnialp - Trübsee (Abb. 104). Diese Bahn, die nach dem System Bleichert-Zuegg mit nur sechs Zwischenstützen eine Strecke von 2227 Metern überwindet, ist die älteste für den Personentransport konzessionierte Luftseilbahn der Schweiz. Überhaupt profitierte der Tourismus zu Beginn des 20. Jahrhunderts sehr vom Seilbahnbau. Die Fertigstellung der Stansstad-Engelberg-Bahn im Jahr 1898 hatte einen regelrechten Bauboom in der Hotellerie ausgelöst und große Häuser wie das Hotel Bellevue-Terminus (1898), das Hotel Edelweiss (1901), das Grand Hotel/Europäischer Hof (1902) und das Hotel Terrace-Palace (1904) entstanden (Abb. 105).

Der Erste Weltkrieg markierte auch für Engelberg einen Einschnitt, von dem sich der Ort nicht so schnell erholte. Die Zahl der Logiernächte fiel von 113 470 im Sommer 1904 auf 53 781 im Sommer 1932. Die Zahlen für den Winter sind nur lückenhaft erfasst. Für den Winter 1924/25 sind 3416 Ankünfte belegt. Der Spitzenwert zwischen den beiden Weltkriegen ist für den Winter 1928/29 dokumentiert mit 5345 Ankünften und 59 494 Übernachtungen. Die durchschnittliche Aufenthaltsdauer der Skitouristen betrug also rund 11 Tage. Die Verweildauer im Sommer und im Winter hatten sich damit weitgehend angeglichen. Danach sank die Gästezahl wieder. Ein durchschnittlicher Skiurlaub dauerte 1931/32 auch nur noch etwa 5 Tage. Doch trotz wirtschaftlich schwieriger Zeiten und dem Ausbruch des Zweiten Weltkriegs investierten die Engelberger weiter in die touristische Infrastruktur und so schwebte 1944 der erste Sessellift der Schweiz vom Trübsee auf den Jochpass in 2207 m Höhe.

In den französischen Alpen übernahm zu Beginn des Jahrhunderts Chamonix eine Vorreiterrolle im Wintersport. Der örtliche Arzt Michel Payot nutzte Skier seit 1896 beruflich als Transportmittel und fand bald auch privat Gefallen daran. Zahlreiche Nachahmer folgten ihm. Die Anbindung von Chamonix an die Eisenbahn im Jahr 1901 erlaubte die Anreise auch im Winter. Rund zehn Jahre später begann sich für das Bergsteigerdorf neben der Sommersaison auch eine Wintersaison herauszukristallisieren. Damit war Chamonix der erste Wintersportort Frankreichs. Seine junge Karriere wurde 1924 von der „Internationalen Wintersportwoche“ gekrönt, die das Internationale Olympische Kommitee nachträglich zu den ersten Olympischen Winterspielen erklärte. Nur 16 Nationen nahmen daran teil, denn es gab erst wenige nationale Wintersportverbände. Gerade einmal Schweden und Norwegen besaßen seit 1908 entsprechende Organisationen für den Skilauf; Wettkämpfe waren bis dato fast nur in den skandinavischen Ländern ausgetragen worden. Für Chamonix wurden die Winterspiele zum Startsignal für die Verbesserung der touristischen Infrastruktur.

Besonders die Hoteliers nutzten die Gunst der Stunde und engagierten sich beim Ausbau von Aufstiegshilfen. Nachdem Skilauf bisher zumeist Langlauf im Tal gewesen war, eroberten die sportlichen Gäste jetzt die Berghöhen. 1927 bzw. 1930 nahmen die beiden Seilbahnen Chamonix – Plan Praz und Plan Praz – Brévent den Betrieb auf.

In der Schweiz traten bald Wengen und Mürren neben die älteren Wintertourismusorte in der Zentralschweiz, denn die Zahl der Gäste stieg außer im Enga-

104

Engelberg, Gerschnialpbahn. Eine Kabine aus dem Jahr 1938, in der bis zu 32 Personen Platz fanden, steht heute auf dem Vorplatz der Talstation. Sie wurde bis 1983 genutzt.

105

Engelberg. Nicht nur in abgelegenen Lagen fern der Dörfer erhielten große Hotels ihre eigenen Verkehrsmittel; für das Jugendstilgebäude des Terrace-Palace wurde eine hoteleigene Zahnradbahn als Verbindung vom Dorf zu der natürlichen Terrasse über dem Tal gebaut.

106

Mürren, Allmendhubelbahn. Über einen Viadukt nähert sich die Standseilbahn der Talstation. Auf ihrer Fahrt zum Allmendhubel (1907 m ü. NN) überwindet die Bahn auf einer Strecke von insgesamt 536 m rund 250 Höhenmeter mit einer Steigung von bis zu 61 %.

din auch im Berner Oberland besonders stark. Wieder waren es die Briten, die den Trend bestimmten und mit zwei Sportarten, dem Curling und dem Skifahren, für Abwechslung an kalten Tagen sorgten. Besonders die Schotten pflegten das Curling, das sich zu einem beliebten Zeitvertreib für weniger sportliche Naturen entwickelte. Beim Skilaufen setzte sich zunehmend die Abfahrt durch, nachdem zuvor die nordischen Disziplinen den Ton angegeben hatten. Im Dezember 1910 war die Mürren-Bahn von Lauterbrunnen erstmals auch im Winter in Betrieb, so dass der Besitzer des Palace Hotels in Mürren, Sir Henry Lunn, die erste Wintersaison wagen konnte. 1912 konnte die Allmendhubelbahn den Betrieb aufnehmen, außerdem wurde der Skiclub Mürren gegründet (Abb. 106). Auf Initiative des Kurvereins Mürren und einiger englischer Gäste war bereits 1911 eine mehr als 3 Kilometer lange Bobbahn eröffnet worden. Schlitten wurden jedoch nur an Personen mit einer „Piloten-Lizenz" verliehen. Für die Abenteuerlustigen, die diese Qualifikation nicht nachweisen konnten, übernahmen gegen Entgelt gern Einheimische das Steuer.

Als Pionier des Skilaufs, nicht nur im Berner Oberland, wirkte Sir Arnold Lunn, 1908 Gründer des Alpine Ski Clubs. Er sorgte dafür, dass die ersten internationalen Wettkämpfe in der Skiabfahrt ausgetragen wurden, und entwickelte die Technik des Skifahrens weiter, indem er den Richtungswechsel in der Abfahrt perfektionierte und auf diese Weise den modernen Slalomlauf schuf. 1922 steckte er in Mürren das erste Slalomrennen aus. Sechs Jahre später gehörte der skibegeisterte Schriftsteller mit zu den Initiatoren des Infernorennens, des bis heute längsten Abfahrtsrennens der Welt. Die Läufer mussten zum Start erst einmal auf den 2970 m hohen Schilthorngipfel steigen. Dann stürzten sie sich die weder präparierte noch ausgeflaggte Piste hinunter. 15,8 Kilometer mit einer Höhendifferenz von 2150 Metern hatten sie zurückzulegen. In den ersten Jahren waren es stets englische Läufer, die als Sieger aus den Rennen hervorgingen. 1931 organisierte der britische Skiverband in Mürren unter der Leitung von Sir Arnold Lunn die ersten alpinen Weltmeisterschaften in Slalom und Abfahrt.

Oberhalb von Wengen war mit dem Bau der Wengernalpbahn das Skigebiet der Kleinen Scheidegg bequem erreichbar geworden (Abb. 107). 1912/13 wurde ein regelmäßiger Winterbetrieb eingeführt. Als Problem erwiesen sich die hohen Kosten für das Offenhalten der Strecke. Zum Schutz der Schienen errichtete man deshalb in den 1920er Jahren Schneewehre und Lawinenverbauungen. Die Schweizerischen Bahnen, unter ihnen auch die Wengernalpbahn, entschlossen sich 1922, den Wintersport mit so genannten Sportretourbilletten zu fördern. Für Einzelreisende gab es eine Ermäßigung von 25 %, während Gruppen bei Gesellschafts- und Schulfahrten sogar Rabatte von 30 bis 75 % erhielten. Der Endpunkt der dampfbetriebenen Wengernalpbahn sollte zum Ausgangspunkt für die elektrische Jungfraubahn werden, eines der kühnsten Bahnprojekte Europas, das der Schweizer Industrielle Adolf Guyer-Zeller initiierte (Abb. 108). 1912 konnte die Endstation der Jungfraubahn in 3457 Meter Höhe eröffnet werden (Abb. 109).

Die wachsende Beliebtheit des Skilaufens machte es bald erforderlich, die Ausbildung besser zu organisieren, und so wurde 1932 die Schweizerische Skischule gegründet. Mit den Aufbau- und Pionierarbeiten betraute man den Lehrer und Bergführer Christian Rubi aus Wengen.

107

Kleine Scheidegg am Fuße der Eigernordwand. Schon bevor in rund 2000 m Höhe die ersten Züge der Jungfraubahn zur Station Eigergletscher rollten, gab es auf der Kleinen Scheidegg ein Hotel, das Bellevue. Nach dem Baubeginn der Jungfraubahn im Sommer 1896 glich die Passhöhe zunächst einem Heerlager von Arbeitern. Nach Fertigstellung der Bahn entwickelte sich die Station zu einem stark frequentierten Verkehrsknotenpunkt im Berner Oberland.

Neben der Schweiz war von Anfang an Österreich das Ziel schlechthin für alle Freunde des Wintersports. In der Vorarlberger Gemeinde Lech und ihrer Ortschaft Zürs entstanden nach dem Ersten Weltkrieg die ersten Hotels, die internationalen Anforderungen genügten (Abb. 110). Eine wichtige Voraussetzung für die Erschließung des Arlberggebietes für den Sommer- und später auch den Wintertourismus war der Bau der Flexenstraße von 1895 bis 1897. Doch selbst ein Tunnel und zahlreiche Lawinenverbauungen konnten nicht verhindern, dass die Straße bis zum Ende der 1940er Jahre im Winter nur für Pferdeschlitten passierbar war. Die Schlitten boten einen überdachten Platz für zwei Personen und im hinteren Teil Raum für das Gepäck. Der Kutscher musste hinter dem Pferd hergehen und so sein Fahrzeug lenken. 1938/39 hielt fast jeder Bauer über den Winter Pferde, rund 100 Schlitten waren im Einsatz. In jenen Jahren wurden im Vorarlberggebiet auch die ersten Skilifte in Betrieb genommen und der Beginn des Skilaufs auf präparierten Pisten eingeläutet. Im Januar 1938 ging in Zürs der erste moderne Skilift Österreichs in Dienst, im Winter darauf folgte der Lift in Lech.

108

Kleine Scheidegg, Bahnhof. Für die Jungfraubahn entwickelte der Schweizer Ingenieur Emil Strub eigens ein neues Zahnradsystem. Im Gegensatz zum älteren System Riggenbach rollt das Antriebsrad hier nicht auf einer Art Sprossenleiter, sondern auf einer einfachen Zahnstange mit keilförmigen Zähnen. Das System ist besonders robust und leicht zu warten.

109

Aussicht von der Jungfraubahn Endstation. Vom höchsten „Bahnhofsvorplatz“ Europas in ca. 3400 m Höhe fällt nach einer Fahrt durch insgesamt 7,5 Kilometer Tunnel der Blick auf den Aletschgletscher, den längsten Gletscher der Alpen.

110

Lech. Die Ortsansicht zeigt Lech in den 1930er Jahren. Die ältesten Gasthöfe und Hotels, wie der Gasthof Omesberg bei der Omesbergkapelle oder das Posthotel, heben sich kaum von den Bauernhäusern ab.

Doch schon vor dem Einsatz von Liften wurde in Lech für damalige Verhältnisse fleißig Ski gelaufen. Im Januar 1901 war der Ski-Club Arlberg gegründet worden, der nach nordischem Vorbild regelmäßig Wettbewerbe im Fernlauf, Schnelllauf und Sprunglauf veranstaltete. 1906 bot Viktor Sohm, der wichtigste Skipionier des Zürser Skigebiets, den ersten Skikurs für Einheimische an. Im folgenden Jahr stellte der Hotelier Carl Schuler mit Hannes Schneider den ersten Hotel-Skilehrer ein. Seit seinen Anfängen pflegte der Ski-Club Arlberg enge Beziehungen zum Ski-Club of Great Britain. Schuler und Schneider hoben 1929 gemeinsam mit dem auch in der Schweiz aktiven Sir Arnold Lunn das Arlberg-Kandahar-Rennen aus der Taufe. Damit konnte sich das Arlberggebiet als Teil des internationalen „Skizirkus" fühlen, denn das Rennen wurde wechselweise in St. Anton und Mürren ausgetragen, nach dem Zweiten Weltkrieg ab 1948 auch in Chamonix, ab 1951 in Sestriere und ab 1959 in Garmisch.

In Zürs begann Mitte der 1920er Jahre der wirtschaftliche Aufschwung und das Beherbergungsgewerbe wurde erheblich ausgebaut: Zu den beiden ältesten Gasthäusern vor Ort, dem Edelweiß und der Alpenrose, kamen 1924 der Zürserhof, die Pension Hirlanda und das Haus Mathies hinzu. Es folgten 1926 der Gasthof Enzian, 1927 das Hotel Flexen und das Schweizerhaus, 1928 das Sporthotel Lorünser und das Vallugahaus und 1931 schließlich das Hotel Arlberghaus. 1938 verfügte das Bergdorf Zürs über rund 500 Gästebetten. Mit der Gründung der Skischule Zürs im Jahr 1928, die mit ihrer Arlbergtechnik im Gruppenunterricht internationale Erfolge erlangte, wurde auch prominentes Publikum angelockt.

Einen schmerzlichen Einschnitt sollte der Ort mit der Machtübernahme der Nationalsozialisten in Deutschland erleben. 1933 führte Adolf Hitler die Tausend-Mark-Sperre ein, eine Strafsteuer, die jeder deutsche Staatsbürger zahlen musste, der nach Österreich reisen wollte. Mit dieser Maßnahme sollte die österreichische Wirtschaft, die stark vom Fremdenverkehr abhängig war, geschädigt werden. Die Österreicher bemühten sich daraufhin verstärkt um Gäste aus Großbritannien und den Beneluxstaaten. Im sogenannten Juliabkommen von 1936 wurde die Sanktion der Nationalsozialisten wieder aufgehoben.

In den deutschen Mittelgebirgen gewann der Wintersport in der Zeit zwischen den beiden Weltkriegen an Bedeutung. Im Schwarzwald, im Sauerland, im Harz und im Erzgebirge entstanden Einrichtungen für Wintersportler und das Beherbergungsgewerbe zog nach. Wie in den Alpen waren es noch nicht die verschiedenen Varianten des alpinen Skilaufs, sondern das Rodeln, Skispringen oder Eislaufen, denen Einheimische wie Gäste mit Begeisterung nachgingen. Im Schwarzwald, in der Gemeinde Eisenbach, beförderte ab 1908 der weltweit erste Skilift die Läufer gerade einmal 32 Höhenmeter hinauf. Doch der mechanischen Aufstiegshilfe war keine lange Lebensdauer beschieden. Während des Ersten Weltkriegs wurden die Eisenteile der Anlage eingeschmolzen. Mit größerem Erfolg wurden später in der Schweiz Skilifte betrieben, so ab 1934 in Davos der Bolgenlift, der einen Höhenunterschied von 60 Metern überwand, oder ab 1935 in St. Moritz der Suvretta-Skilift, der immerhin schon 260 Meter Höhenunterschied bewältigte. Der erste österreichische Schlepplift zog im folgenden Jahr auf der Tauplitzalm in der Steiermark ein und schließlich nahm im Juli 1944 in Engelberg mit dem Jochpasslift auch die erste Sesselbahn Europas ihren Betrieb auf. Der moderne Wintertourismus fand damit in weiten Teilen der Alpen immer bessere Voraussetzungen vor.

Pauschalreisen in der Weimarer Republik und dem Dritten Reich

In der Weimarer Republik erfuhr das touristische Geschehen wesentliche Veränderungen: Die zahlungskräftigen Reisenden der alten Ober- und Mittelschichten wurden deutlich weniger und an ihre Stelle trat ein neuer Mittelstand aus Beamten und Angestellten. Erstmals reisten auch Arbeiter und Arbeiterinnen, denn in einigen Industriezweigen besaßen diese bereits einen Rechtsanspruch auf Urlaub. Ein Beispiel: Von den tarifvertraglich erfassten Arbeitern (etwa zwei Drittel der Arbeiterschaft) hatten 1920 bereits 82 % Anspruch auf Urlaub; 1929 fast 98% (vgl. Spode 1982, S. 278). Im Jahr 1928 hatten 48,2 % aller Arbeiter einen Anspruch auf sechs bis zwölf freie Arbeitstage, während 59,7 % der Angestellten max. 18 freie Arbeitstage zustanden (vgl. Keitz 1997, S. 314). Die Reisenden mit geringem Budget bestimmten zunehmend den Markt. „Der Wandel hatte sich bereits kurz vor dem Ersten Weltkrieg angekündigt. Doch erst Krieg, Reparationen, Inflation, Rationalisierung und die rasche Verbreitung des Omnibusses erzeugten in den zwanziger Jahren einen Anpassungs- und Konkurrenzdruck, der Reich, Kommunen, Transport- und Beherbergungsgewerbe sowie andere Beteiligte der Branche zu einer umfassenden Neubewertung des Fremdenverkehrs herausforderte" (ebd., S. 53). Exemplarisch lässt sich dies an der Auslastung der verschiedenen Klassen bei der Eisenbahn zeigen: Trotz intensiver Werbung für die gepolsterten Abteile unter dem Motto „Reise bequem" beförderte die Reichsbahn 1928 83,9 % ihrer Fahrgäste auf den Holzbänken der 4. Klasse (vgl. ebd., S. 321). Die Reichsbahn und die Omnibusunternehmen reagierten mit einem größeren Angebot an Pauschalreisen auf die neue Zielgruppe und versuchten auf diese Weise die Nachfrage zu entwickeln. Die Palette reichte vom Sonntagsausflug bis zur einwöchigen Sonderzugfahrt, wie sie die Reichsbahndirektion 1928 anbot. Inklusive Unterkunft, Verpflegung und Besichtigungen kostete die Fahrt an den Rhein 78 Reichsmark, also ungefähr eineinhalb Wochenlöhne eines Industriearbeiters. Arbeiter konnten mehrtägige Gesellschaftsreisen auch bei gewerkschaftlichen Reisebüros und gemeinnützigen Verkehrsvereinen buchen. Die Reiseziele unterschieden sich kaum von denen des Bürgertums. Daneben gab es jedoch auch sogenannte „wirtschaftspolitische Studienreisen", bei denen Musterbetriebe besichtigt werden konnten, oder Reisen in die Sowjetunion, bei denen der deutsche Arbeiter Einblicke in den sozialistischen Staat gewinnen sollte. Anders als bürgerliche Baedeker-Touristen sollten Arbeiter nach dem Wunsch der sozialistischen Ideologen in ihrem Urlaub nicht nur Sehenswürdigkeiten besichtigen, sondern auch zur Völkerverständigung und ihrer eigenen Weiterbildung in sozialer und politischer Hinsicht beitragen (vgl. Keitz 1991). Trotz der vielfältigen Angebote blieb der reisende Arbeiter in der Zeit der Weimarer Republik eher eine Randerscheinung, statt zur Regel zu werden. Bei niedrigen Löhnen und schlechter Finanzgrundlage der Gewerkschaften blieb Arbeitern nach wie vor meist nur das Wandern als Freizeitvergnügen.

Das Beherbergungsgewerbe im Deutschen Reich hatte von 1907 bis 1933 einen Rückgang der Betriebe von 125 079 auf 48 923 hinnehmen müssen (vgl. Keitz 1997, S. 324). Jetzt stellte es sich auf die neue Gästegruppe ein, indem unter anderem Hotels, denen ihre bisherige Klientel abhanden gekommen war, in Ferien- und Erholungsheime umgewandelt wurden. Auch Gewerkschaften und andere Organisationen der Arbeiterbewegung engagierten sich bei der Gründung von Ferienheimen. Dazu gehörten Häuser in Fremdenverkehrsorten wie Garmisch-Partenkirchen, Cuxhaven oder im Thüringer Wald. Beliebt waren auch die Ferienheime der Naturfreunde, die im Jahr 1932 in insgesamt 425 Häusern Übernachtungen zum Preis von 30 Pfennig bis 1 RM anboten (vgl. Hobusch 1991, S. 71). Auch die Zahl der Übernachtungen in Jugendherbergen stieg sprunghaft an. 1929 wurden dort 3,8 Millionen Übernachtungen gezählt und damit rund 7 % aller Übernachtungen im deutschen Fremdenverkehr überhaupt.

Die Entwicklung des Fremdenverkehrs und den Ausbau der touristischen Infrastruktur machten sich auch viele Kommunen und Städte zur Aufgabe. Oftmals in Kooperation mit den schon länger existierenden Verkehrs- und Verschönerungsvereinen entstanden diverse Einrichtungen für neue Gäste. Dazu gehörten in den ländlichen Gemeinden häufig Strand- und Schwimmbäder, Promenaden sowie ausgedehnte Wanderwege. In den Städten handelte es sich oft um Kultureinrichtungen, die jedoch gewöhnlich nicht ausschließlich für den touristischen Bedarf bestimmt waren.

Typisch für die 1920er Jahre ist auch die Entwicklung eines Messe- und Ausstellungstourismus. 1928 fand in der vier Jahre zuvor eröffneten Kölner Messe die Internationale Presseausstellung, die Pressa, statt. Die sechs Monate geöffnete Ausstellung wurde von rund fünf Millionen Menschen besucht; 1500 Aussteller aus 43 Ländern nahmen an der Messe teil (vgl. Herrmann 1975, S. 426). Mehr als 300 begleitende Fachveranstaltungen fanden zur gleichen Zeit in Köln statt, darunter der erste internationale zeitungswissenschaftliche Kongress. Allein 488 Sonderzüge brachten die Besucher zur Pressa in die Domstadt. Diese Veranstaltung hatte entscheidenden Anteil an der Entwicklung Kölns zur Messe- und Medienstadt. Eine ähnliche Entwicklung ließ sich im selben Jahr auch in der Reichshauptstadt Berlin beobachten. Hier war 1924 die Gemeinnützige Berliner Messe- und Ausstellungs-GmbH gegründet worden, die rund um den 1926 eröffneten Funkturm ein 53 ha großes Messegelände betrieb. 1928 wurden bei zehn Veranstaltungen in den 23 Ausstellungshallen ungefähr 2,5 Millionen Besucher gezählt (vgl. Keitz 1997, S. 75). Diese Zahlen vermitteln einen guten Eindruck davon, welche Dimensionen der noch im Entstehen begriffene Kongress- und Tagestourismus Ende der 1920er Jahre bereits erreicht hatte. In den 30er Jahren war er schon wieder rückläufig, weil ihm die Nationalsozialisten durch die Zerschlagung von Vereinen und Verbänden die entscheidende Grundlage entzogen.

Ein neuer Abschnitt in der Geschichte des Reisens begann in Deutschland am 27. November 1933 mit der Gründung der nationalsozialistischen Behörde „Kraft durch Freude“ (KdF). Die Organisation lehnte sich an die „Opera Nazionale Dopolavoro“ (OND) des faschistischen Italien an, die seit 1925 von den einzelnen Berufsgruppen der Arbeiterschaft betrieben wurde. Im Unterschied zu den Italienern wollte das deutsche Regime jedoch jede eigenständige Organisation von Arbeitern verhindern und machte daher Arbeitgeber wie Arbeitnehmer zu Mitgliedern der „Deutschen Arbeitsfront“ (DAF). „Kraft durch Freude“, wie die Freizeitabteilung der DAF schließlich genannt wurde, bot Unterhaltung und Urlaub für die ganze Volksgemeinschaft, nicht nur für die proletarischen Massen. Sie versprach gerade den Deutschen aus den untersten Einkommensschichten einen mehrwöchigen Jahresurlaub und die Möglichkeit einer preisgünstigen Fernreise. Die Nationalsozialisten verlängerten den gesetzlich vorgeschriebenen Jahresurlaub auf bis zu drei Wochen, soweit es sich bei den Betriebsleitungen durchsetzen ließ (vgl. Spode 1982).

Der Name „Kraft durch Freude“ war Programm: Erklärtes Ziel war die Leistungssteigerung des deutschen Volkes, die Zunahme von Effizienz und Produktivität durch genau bemessene Erholung und Zerstreuung. DAF-Leiter Robert Ley forderte „den Urlaub aus der vernünftigen Erkenntnis heraus, daß das Volk noch besser arbeiten kann. Es ist dem Arbeitgeber nicht von Nutzen, wenn ein müder und abgespannter Mensch dort schafft. Ist der Mensch aber frisch, dann holt er leicht das ein, was der bezahlte Urlaub ausmacht“ (zit. in Buchholz 1976, S. 103). Adolf Hitler verkündete 1935: „Ich will, daß dem Arbeiter ein ausreichender Urlaub gewährt wird und daß alles geschieht, um ihm diesen Urlaub sowie seine übrige Freizeit zu einer wahren Erholung werden zu lassen. Ich wünsche das, weil ich ein nervenstarkes Volk will, denn nur allein mit einem Volk, das seine Nerven behält, kann man wahrhaft große Politik machen“ (zit. in Prahl/Steinecke 1979, S. 160). Die „Volksgesundheit“ sollte gesteigert, die Heimatverbundenheit gefördert werden. Dazu war die KdF-Behörde in verschiedene Ämter unterteilt, die unter anderem Betriebssport, Feierabendbeschäftigungen, Brauchtum und Vereinsleben regulierte. Herzstück von KdF war das Amt Reisen, Wandern, Urlaub, das rund 80 % des Umsatzes ausmachte und der Stolz des Regimes war. Doch Volkswohl und -gesundheit standen nur scheinbar im Vordergrund. Vielmehr ging es darum, die Arbeiterschaft aus ihren sozialdemokratischen oder marxistischen Bindungen herauszulösen und für den NS-Staat zu gewinnen. Zum anderen sollten die Deutschen zu Gemeinschaftsgefühl und Heimatverbundenheit erzogen werden.

Die Zahlen deuten auf einen sofortigen Erfolg hin: Im ersten Geschäftsjahr 1934 wurden von Februar bis Dezember bereits über 2 Millionen Teilnehmer an Kurzfahrten und Wanderungen gezählt. Die erreichte Obergrenze lag bei rund 10 Mio. Reiseteilnehmern pro Jahr (vgl. Frommann 1992, S. 165); 1937 wurden 9,6 Millionen von insgesamt 100,2 Millionen Übernachtungen im deutschen Fremdenverkehr durch KdF gebucht (vgl. Spode 1991, S. 85). Im selben Jahr betrug der Umsatz im deutschen Gesellschaftsreiseverkehr insgesamt 38,5 Millionen Reichsmark, während die nationalsozialistische Reiseorganisation einen Gesamtumsatz von 81,2 Millionen Reichsmark verbuchen konnte (vgl. Keitz 1997, S. 238). Die niedrigen Preise von KdF-Reisen zwangen Verkehrs- und Beherbergungsunternehmen zu sehr knapper, oft gewinnloser Kalkulation. Der Reiseteilnehmer zahlte durchschnittlich 4,50 RM pro Tag, wovon dem Hotelier etwa 2,50 RM zustanden (vgl. Spode 1991, S. 83). Die extrem niedrigen Reisekosten waren nur durch Zuschüsse der DAF möglich, die neben den Pflichtbeiträgen ihrer 22 Millionen Mitglieder auch das Vermögen der 1933 zerschlagenen Gewerkschaften zur Verfügung hatte. Ausgesuchte Arbeiter erhielten eine finanzielle Unterstützung für die ohnehin schon preiswerten und subventionierten Erholungsreisen oder ihnen wurden ausschließlich für eine KdF-Reise noch zusätzliche bezahlte Urlaubstage gewährt – in den Genuss dieser Privilegien kamen jedoch in der Regel nur Männer. Entgegen der offiziellen Propaganda konnte sich KdF jedoch nie selbst finanzieren und musste stets bezuschusst werden. Die Touristikbranche protestierte gegen das KdF-Programm, weil sie den finanziellen Ruin fürchtete (vgl. Spode 1982, S. 307). Auch Reisebüros profitierten nicht vom Vertrieb der KdF-Reisen, denn die Angebote samt Anträgen auf Zuschüsse und

Sonderurlaub erhielten die Interessenten direkt in den Betrieben. Die Behörde etablierte schließlich eine Art Arbeitsteilung zwischen herkömmlichen Touristikunternehmen und KdF-Reisen, um Konflikte zu vermeiden: Als Urlaubsziel wurden vermehrt touristisch noch unerschlossene Gebiete oder ab 1938 das „angeschlossene" Österreich gewählt.

Zum Alltag gehörte bei einer KdF-Reise die „Beobachtung" der Reisegesellschaft durch Mitarbeiter der Gestapo, die häufig als Reiseleiter auftraten. Schon vor Reisebeginn wurden die Teilnehmer in der Regel auf ihre politische Gesinnung hin überprüft und bei der zuständigen Staatspolizeileitstelle die erforderlichen Auskünfte eingeholt. Ein Sicherheitsdienstbericht an die Geheime Staatspolizei von der KdF-Reise des Gau Pommern in die Sächsische Schweiz vom 17. bis 25. Juni 1937 vermittelt einen Eindruck von der Überwachung der Reisenden. 622 Urlauber aus Pommern und 350 aus Danzig nahmen an der einwöchigen Bahnreise teil. Pro Person kostete die Teilnahme 31 Reichsmark. Besondere Aufmerksamkeit galt dem Verhalten der Urlauber an der tschechoslowakischen Grenze: „Es ist in keinem Falle beobachtet worden, dass die Urlauber in den Freizeiten versucht haben, nach der Tschechoslowakei zu gelangen. Auch wurde nicht bemerkt, dass Ausländer versuchten, mit den Urlaubern in Verbindung zu treten. Im Übrigen kann gesagt werden, dass verdächtige Gespräche unter den Reiseteilnehmern nicht geführt worden sind, vielmehr bildeten weniger die Politik, als Reiseerlebnisse und Reiseeindrücke den Unterhaltungsstoff." Die gute Stimmung und die Anerkennung der KdF-Veranstaltungen und KdF-Reisen werden gelobt, aber im Protokoll des Spitzels liest man auch das Bedauern, „dass noch so wenig Arbeiter an den KdF-Reisen teilnehmen. Unter den Teilnehmern an dieser Fahrt befanden sich tatsächlich nur sehr wenig ausgesprochene Arbeiter, überwiegend setzten sich die Teilnehmer aus Angestellten, Büroarbeitern und Verkäufern zusammen" (zit. in Keitz 1997, S. 254 ff.). Tatsächlich nahmen im Rekordjahr 1937 nur etwa 2 bis 3 % der Arbeiter an KdF-Reisen teil; am gesamten Fremdenverkehr hatten Arbeiter im selben Jahr einen Anteil von nur 5 % (vgl. Spode 1991, S. 86). Bei Landreisen war etwa ein Viertel bis ein Drittel der Teilnehmer Arbeiter, während es bei Seereisen kaum ein Siebtel war.

Kraft durch Freude war mit rund 10 % Anteil am gesamten Fremdenverkehr Deutschlands größtes Tourismusunternehmen (vgl. Spode 1982, S. 296). Es besaß sowohl eigene Freizeitunterkünfte wie auch eigene Schiffe. Nur wenige der ursprünglich geplanten Kreuzfahrthäfen und Ferienheime wurden jedoch verwirklicht. Von den insgesamt zehn geplanten KdF-Seebädern gedieh am weitesten das „Bad der 20 000", die Feriensiedlung Prora auf Rügen, während andere etwa in Kolberg (Ostpreußen) und am Timmendorfer Strand nicht über die Planungsphase hinauskamen. Für Prora wurde zunächst die Bucht Prorer Wiek durch Straßen und Eisenbahn erschlossen; Siedlungen für mehrere tausend Arbeiter wurden gebaut. Der Kölner Architekt Clemens Klotz entwarf eine 4,5 Kilometer lange Anlage aus sechsgeschossigen Zimmertrakten, Empfangsgebäude, Gemeinschaftshaus, Festplatz und Festhalle. Letztere sollte bis zu 20 000 Gästen Platz bieten. Zwei Schwimmbäder mit künstlichem Wellengang, Gymnastikhallen und eine Seebrücke galten der Freizeitgestaltung. 1936 wurde der Grundstein für den monumentalen Komplex aus Stahlbeton gelegt. Die Eröffnung war für den Sommer 1941 geplant, doch schon 1938 kam es infolge der Kriegsvorbereitungen zu Verzögerungen. Da für Rüstungszwecke große Mengen von Stahl benötigt wurden, konnte Stahlbeton nur noch verwendet werden, sofern statische Gründe dies unumgänglich machten. Ansonsten musste man wieder auf Ziegel zurückgreifen. In den Bettentrakten entstanden Zwei-Bett-Zimmer von 2,5 m × 5 m mit Waschbecken. Alle Zimmer sollten mit Zentralheizung ausgestattet werden, denn auf diese Weise hätte sich die Feriensaison auf sechs bis acht Monate ausdehnen lassen. Man rechnete mit 350 000 Besuchern pro Saison. Doch es kam nicht zum Belastungstest: Mit Kriegsbeginn 1939 wurden die Arbeiten in Prora gestoppt. Die Wohnanlage wurde nicht zu Ende gebaut und nie wie geplant als Ferienunterkunft genutzt. Ihre Ruinen sind heute noch an der Ostküste von Rügen zu besichtigen.

Zu Beginn des Zweiten Weltkriegs wurde 1939 im Deutschen Reich eine Urlaubssperre verhängt, die aber bereits nach wenigen Wochen wieder aufgehoben werden musste, weil die Regierung fürchtete, den Rückhalt in der Bevölkerung zu verlieren. Selbst in den ersten Kriegsjahren wollten manche nicht auf ihren Urlaub verzichten: „[D]er Sicherheitsdienst der SS meldete im Juli 1941, wenige Tage nach dem Angriff auf die Sowjetunion, eine ‚außerordentlich starke Besetzung der Fremdenverkehrsgebiete in Bayern, der Ostmark und des Sudetenlandes und der Ostsee, nicht nur mit evakuierten Volksgenossen aus den luftgefährdeten Gebieten, sondern auch mit Erholungs- und Vergnügungsreisenden" (Keitz 1997, S. 247). Der jährliche Erholungsurlaub hatte sich also bereits zu einer Selbstverständlichkeit entwickelt. In den KdF-Reisen bildete sich nebenbei das organisatorische Modell des modernen, effizienten Massentourismus heraus. Besonders Prora auf Rügen wies bereits den Weg in die Zukunft des Tourismus, wie er sich nach dem Krieg flächendeckend durchsetzen sollte: „Zwar hat diese Ferienfabrik die Produktion nicht mehr aufnehmen können – das Konzept einer industrialisierten Jahresfreizeit aber war bereits voll ausgereift" (Spode 1982, S. 310).

Auf in den Süden! Urlaub im Wirtschaftswunder

Nach Kriegsende standen für die deutsche Bevölkerung zunächst die Sicherung des Überlebens und der Wiederaufbau des zerstörten Landes im Vordergrund. Vor allem die Groß- und Mittelstädte hatten oft mehr als die Hälfte ihres Wohnraumes verloren, manche sogar zwei Drittel. Wohnungsnot und Enge, aber auch die trostlose Unterbringung in den schnell hochgezogenen Wohnblöcken der 1950er Jahre sorgten dafür, dass viele Menschen der „Unwirtlichkeit der Städte" (Alexander Mitscherlich) zu entfliehen suchten – und sei es auch nur für wenige Tage im Jahr. So wurden die Städter zu Vorreitern im Reisegeschehen: 1961 fuhren 46 % der Einwohner von größeren Städten in den Urlaub, aber nur 11 % der Landbevölkerung. In diesen Zahlen spiegeln sich neben den unterschiedlichen Wohnverhältnissen auch die belastenden Arbeitszeiten in der Landwirtschaft wider, die eine längere Abwesenheit vom Hof unmöglich machten.

1948 wurden der Anspruch auf Erholung und Freizeit, eine vernünftige Begrenzung der Arbeitszeit und regelmäßiger, bezahlter Urlaub als Artikel 24 in die Allgemeine Erklärung der Menschenrechte der Vereinten Nationen aufgenommen. Für die meisten Deutschen brachte dies zunächst keine Vorteile. Bürokratische Hindernisse erschwerten das Reisen erheblich: Die Alliierten stellten keine Pässe aus, oftmals nicht einmal für eine Reise in eine andere Besatzungszone. Nachdem die junge Bundesrepublik Deutschland 1951 die Passhoheit erhalten hatte, dauerte es noch weitere drei Jahre, bis für 13 europäische Staaten die Visumpflicht aufgehoben wurde. In den 1960er Jahren waren die Voraussetzungen für eine Urlaubsreise schon wesentlich besser. 1963 wurde das Bundesurlaubsgesetz erlassen, das jedem Arbeitnehmer im Jahr 24 Werktage bezahlten Erholungsurlaub zugestand. Bereits 1962 war erstmals ein tarifliches Urlaubsgeld eingeführt worden, und zwar für die Beschäftigten in der Holz verarbeitenden Industrie. Andere Branchen folgten mit entsprechenden Regelungen. Die schrittweise Verkürzung der Arbeitszeit für Angestellte und Arbeiter in der Industrie von 50 Wochenarbeitsstunden Mitte der 1950er Jahre auf 44 Wochenarbeitsstunden im Jahr 1960 hatte zur Folge, dass viele Arbeitnehmer am Samstag frei hatten. Mehr Freizeit, höhere Einkommen und das ab 1965 nach und nach für alle Arbeitnehmer eingeführte Urlaubsgeld erlaubten endlich einem Großteil der deutschen Bevölkerung zu verreisen. Eine Motorisierungswelle von bis dato unbekanntem Ausmaß setzte ein: Die Zahl der privaten PKW stieg in Westdeutschland von 35 000 im Jahr 1949 auf ca. 900 000 im Jahr 1952 und 11,7 Millionen im Jahr 1969. Anfang der 1960er Jahre besaß rund ein Viertel aller Haushalte ein eigenes Auto, das für die Fahrt in den Urlaub zum Transportmittel Nummer eins wurde (Abb. 111).

111

Reklame für den VW Käfer (1951). In der Zeit des Wirtschaftswunders konnten sich viele Deutsche erstmals ein eigenes Auto leisten. Der preisgünstige VW Käfer hatte sich bis 1955 bereits eine Million Mal verkauft. Ob für die Fahrt ins Grüne oder die mühsame Reise über die steilen Alpenstraßen nach Italien: Kaum ein Produkt der Wirtschaftswunderzeit weckte so sehr das Fernweh der deutschen Bevölkerung.

Noch Ende der 1940er Jahre war die serienmäßige Produktion von Wohnwagen, die Mitte der 1930er Jahre begonnen hatte, wieder aufgenommen worden. Weil es an leistungsfähigen Zugmaschinen fehlte, konstruierte man besonders leichte Anhänger, die auch ein Volkswagen mit 25 PS ziehen konnte. Die Wohnwagen waren zunächst für Geschäftsreisende gedacht, die wegen des unzureichenden Angebots an Hotels kein geeignetes Quartier für die Übernachtung fanden. Es fehlte nicht nur an Kapazitäten. 1950 waren noch rund ein Viertel der Hotel- und Pensionsbetten für die Unterbringung von Besatzungssoldaten und Flüchtlingen beschlagnahmt. Ein Werbeprospekt pries folglich die Vorzüge der Wohnanhänger: „Keine Quartiersorgen! Totale Unabhängigkeit von ortsfesten Häusern gibt uns der schnelle Kraftwagen mit dem leichten Berger-Hausanhänger, eingerichtet als kombinierter Arbeits-, Wohn- und Schlafraum. Gerade im Krieg und Wiederaufbau ist es rationell, eine schnell bewegliche Arbeits- und Wohnstätte zu jeder Stunde, an jedem Ort gebrauchsbereit dabei zu haben, um völlig unabhängig von unzweckmäßigen, unhygienischen, oft überhaupt nicht vorhandenen ortsfesten Häusern zu sein“ (zit. in Kubisch 1998, S. 104). Das „Haus am Haken“ wurde in verschiedenen Preisklassen und mit unterschiedlicher Ausstattung angeboten, als eine Art Zelt auf Rädern oder als luxuriöser

Wohnanhänger mit Bad und separatem Toilettenraum. Bei einem Preis knapp über dem Monatslohn eines Angestellten für das einfachste Modell eines faltbaren Caravans wurde so für viele Familien ein Urlaub im sonnigen Süden bezahlbar. Das eigene Auto, ein Wohnwagen und ein Campingplatz: So sah die deutsche Ferienidylle 1960 aus, und die „Autoschlange", der „Urlaubsstau" und die „Blechlawine" eroberten sich ihren Platz im aktuellen Wortschatz.

Im Gegensatz zur Vorkriegszeit, als deutsche Reiseziele hoch im Kurs standen, zog es die Bundesbürger ab Mitte der 1950er Jahre zunehmend ins Ausland. Bevorzugtes Ziel in Richtung Süden war Österreich, wo man sich insbesondere auf Gäste mit schmalerem Geldbeutel einstellte. In einer Betriebsgründungsphase, die von Mitte der 1950er Jahre bis Mitte der 1960er Jahre vor allem Vorarlberg, Tirol und Salzburg sowie Kärnten erfasste, stieg die Bettenzahl in den österreichischen Privatunterkünften um 162% und in den Beherbergungsbetrieben um 63%. Für die privaten Vermieter von Gästezimmern war oft die Finanzierung des Baus eines eigenen Hauses das entscheidende Motiv (vgl. Lichtenberger 1976, S. 349 f.). Gerade im westlichen Österreich trug der wieder auflebende Fremdenverkehr wesentlich zum Wirtschaftswachstum bei. Drei Viertel aller ausländischen Gäste in Österreich kamen aus Deutschland. Für ein breites Publikum war die Alpenrepublik nicht nur wegen der gemeinsamen Sprache, der geografischen Nähe, der schönen Berglandschaft und ländlichen Idylle ein beliebtes Reiseziel, sondern auch wegen Österreichs steter Präsenz im Schlager und im Heimatfilm, die sich als ideale Werbung erwiesen.

Ähnlich verhielt es sich mit Italien, das als „Bella Italia" in aller Munde war und mit Sonne, Sand und dolce vita lockte. Schon Ende der 1940er Jahre hatte der Gassenhauer „Wenn bei Capri die rote Sonne im Meer versinkt" die Deutschen begeistert und wie viele spätere Schlager Italien zur Postkartenidylle gemacht. Die traditionsreiche Italiensehnsucht erhielt ihre moderne Form. Die Reisenden aus der jungen Bundesrepublik hatten nach den Kriegsjahren und den Entbehrungen des Wiederaufbaus ein großes Bedürfnis nach einem zumindest vorübergehenden Ausstieg aus dem Alltag. Die sommerliche Fahrt ans Meer, zu Abenden beim Chianti-Wein und ein bisschen amore wurden zum Traum vieler Urlauber. Vor allem die nördliche Adria mit dem alten Seebad Rimini entwickelte sich zu einer begehrten Ferienregion. Während man in den 1950er Jahren noch mit der Eisenbahn und Feriensonderzügen anreiste, traten in den 1960ern viele die Fahrt mit dem eigenen Auto an, mit Zelt oder Wohnwagen. Das italienische Tourismusministerium förderte den Autotourismus, es senkte die Mautgebühren für Ausländer und gab Benzingutscheine aus. Mit diesen Gutscheinen konnten die Reisenden preiswert tanken und manche besserten auch gleich ihre Urlaubskasse auf, indem sie nicht benötigte Gutscheine an Einheimische verkauften, die so die staatlich festgelegten Preise umgehen konnten. Die Einreisezahlen belegen den Erfolg der italienischen Tourismuspolitik: 1950 reisten 2,3 Millionen Bundesbürger nach Italien ein, 1970 waren es schon 6,6 Millionen (2002: 9,6 Millionen). Italien wurde zum beliebtesten Urlaubsziel der Deutschen und die italienische Adria erhielt den wenig schmeichelhaften Beinamen „Teutonengrill".

Die Förderung des Autoverkehrs verhalf in der zweiten Hälfte des 20. Jahrhunderts auch den Tourismusstraßen zu großem Erfolg. Zu den ersten Tourismusstraßen, die noch vor dem Zweiten Weltkrieg angelegt wurden, gehörte die Großglockner Hochalpenstraße: 1929 vom Salzburger Landtag beschlossen, konn-

te sie im August 1935 eingeweiht werden. Knapp 375 000 Besucher wurden zu Beginn jährlich gezählt, in den Kriegsjahren waren es insgesamt 27 000. Nach 1949 setzte der Reisestrom allmählich wieder ein und machte schon Anfang der 1950er Jahre den Ausbau der Straße und die Erweiterung der Parkflächen um 4000 neue Stellplätze erforderlich. Einen weiteren Aufschwung erlebte die Großglockner Hochalpenstraße nach 1971 durch die Eröffnung des Nationalparks Hohe Tauern. Mit rund 900 000 Besuchern im Jahr 2002 belegt sie auf der „Hitliste" des österreichischen Fremdenverkehrs nach Schloss Schönbrunn den zweiten Platz.

Die international bekannteste Tourismusstraße Deutschlands ist sicherlich die Romantische Straße. Dies lässt schon die Ausschilderung auf Japanisch erahnen. Die 350 km lange Ferienstraße zwischen Würzburg und Füssen entstand in der Nachkriegszeit in der amerikanischen Besatzungszone, unter anderem in dem Bemühen, den Besatzungssoldaten und ihren Familien ein attraktives Ausflugsziel zu bieten. „Die Gründerrunde in Augsburg zielte damals auf mehr, auch auf Rehabilitation des Urlaubsziels Deutschland nach allem Hitler-Terror. Man wollte sehr bewußt nicht nur US-Amerikanern, sondern ausländischen Urlaubern insgesamt mit den mittelalterlichen Reichsstädten entlang der Romantischen Straße ein anderes, lebensfreundliches und vielfältig in der europäischen Geschichte vernetztes Deutschland-Bild zeigen" (www.romantischestrasse.de). Die amerikanischen Besucher fühlten sich von Kunst und Geschichte angesprochen, wie sie in den USA so nicht zu erleben waren. Aber auch die Möglichkeit, die Heimat ihrer Vorfahren kennen zu lernen, zog viele an. Von Vorteil erwies sich dabei der geografisch günstige Verlauf der Romantischen Straße mit ihrer Anbindung an die internationalen Flughäfen von Frankfurt und München.

Der Reichtum an historischen Baudenkmälern im Norden von Baden-Württemberg und Bayern sollte Anfang der 1950er Jahre die Grundlage für die erste in West-Ost-Richtung verlaufende Tourismusroute, die Burgenstraße, bilden (Abb. 112). Dort setzte man nicht ausschließlich auf den wachsenden Individual-

112

Burgenstraße, Schwetzinger Schloss. Neben Burgen zählen auch zahlreiche Schlösser zu den Attraktionen dieser touristischen Route. Das Schwetzinger Schloss diente im 18. Jahrhundert als Sommerresidenz für den Kurfürsten Karl Theodor und den Mannheimer Hof.

113

Flaine. Das „Skiparadies" aus der Retorte verteilt sich mit seinen verschiedenen Ortsteilen und touristischen Einrichtungen auf mehrere Höhenstufen. Die Hotelkapazität soll bis zum Jahr 2020 noch einmal um 4500 Betten erhöht werden. Auch die Skiregion Grand Massif, in der den Wintersportlern bereits 133 Pisten und 78 Lifte zur Verfügung stehen, wird weiter ausgebaut.

verkehr, sondern lockte, wie auch bei der Romantischen Straße geschehen, zusätzlich Besucher ohne eigenen Wagen sowie nicht motorisierte Gäste aus Übersee mit der Einrichtung einer Buslinie an die historischen Stätten zwischen Mannheim und Nürnberg. Aus Anlass des 40-jährigen Bestehens nutzte man die Öffnung der Grenze nach Tschechien, um die Burgenstraße 1994 zu einer internationalen Touristikroute mit dem neuen Endpunkt Prag auszubauen. Aus ursprünglich 320 Kilometern wurden nahezu 1000 Kilometer. Aber auch auf deutschem Boden kamen neue Abschnitte hinzu, wie etwa in Franken mit den Städten Coburg, Kronach und Kulmbach.

In den 1960er Jahren waren in einigen Ferienregionen Europas Bauaktivitäten unbekannten Ausmaßes zu beobachten. Neue, auf dem Reißbrett geplante Orte entstanden, die sich ausschließlich an den Wünschen und Bedürfnissen der Touristen orientierten. Es galt, alle Voraussetzungen für ein reibungsloses Funktionieren des modernen Massentourismus zu schaffen. Denn keine andere Aufgabe hatten diese Urlaubsorte aus der Retorte.

Ein Beispiel hierfür ist der in den französischen Alpen quasi aus dem Nichts entstandene Wintersportort Flaine (Abb. 113). Auf einer Skitour im Grand Massif Hochsavoyens entdeckte der in den USA lebende Geophysiker und Ingenieur Eric Boissonnas 1959 das für einen Wintersportort ideale Gelände. Es gelang ihm, den aus Ungarn stammenden Bauhaus-Architekten Marcel Breuer für das Projekt zu begeistern. Breuer reizte es besonders, die amerikanische Moderne nach Frankreich zu importieren. Er empfand es als Vorteil, dass sich in der Nähe des geplanten Standorts kein historischer Ortskern befand und er ohne Rücksicht auf lokale Bautraditionen einen modernen Städtebau realisieren konnte. Ein Wintersportort mit zunächst 6500 Betten, auf drei Ebenen verteilt, entstand: Flaine-Front de Neige (1500 m ü. NN), Flaine-Forum (1600 m ü. NN) und Flaine-Forêt (1700 m ü. NN). Die drei Ortsteile sind durch natürliche Felsabhänge voneinander getrennt, aber 24 Stunden rund um die Uhr durch Bahnen miteinander verbunden. Die Farbe der Kalkfelsen griff Marcel Breuer bei der Fassadengestaltung auf, indem er Sichtbeton verwendete – von manchen, wenn auch nicht allen, als Teil einer gelungenen Integration des modernen Städtebaus ins Hochgebirge interpretiert. Den großen Baukörpern des Hotels Le Flaine und des sich daran anschließenden Appartementhauses Bételgeuse, die zu den ersten Gebäuden der neuen Skistation gehörten, gab der Architekt stark strukturierte Fassaden, die sie weniger monumental erscheinen ließen. Wie die Formen eines Diamantschliffs erlauben die klar, aber kleinteilig gegliederten Wandflächen ein lebendiges Licht- und Schattenspiel auf dem Beton (Abb. 114). Die erste Saison in dem autofreien Wintersportort begann im Januar 1969, drei Jahre später öffnete man erstmals auch im Sommer. Ab Ende der 1980er Jahre wurde der öffentliche Raum mit monumentalen Skulpturen von Picasso, Dubuffet und Vasarely belebt. Obwohl erst in den 1960er Jahren erbaut, steht Flaine bereits heute unter Denkmalschutz.

114

Flaine, „Bételgeuse“ und Plastik von Victor de Vasarely. Seit Ende der 1980er Jahre schmückt sich Flaine mit monumentalen Plastiken moderner Künstler. Allwöchentlich wird auch eine Führung zu Kunst und Architektur im Ort angeboten.

Auch in andere Tourismusorte der Westalpen hielten moderne städtische Bauformen Einzug. Im Walliser Crans-Montana löste die Nachfolge des alten Hotels Forest eine Diskussion um die angemessene Bauweise aus. Sollte auf dem Hochplateau über dem Rhônetal ein Ensemble von rund 15 viergeschossigen Gebäuden errichtet werden, wofür große Waldflächen hätten abgeholzt werden müssen, was die Attraktivität des Standortes deutlich beeinträchtigt hätte? Oder wäre ein Hochhaus die bessere Alternative, weil es weniger Fläche benötigen und einen hervorragenden Blick auf das Rhônetal und die schneebedeckten Gipfel der Walliser Alpen erlauben würde? Die kommunalen und kantonalen Institutionen, Bau- und Forstbehörden entschieden sich für die zweite Lösung. Der Genfer Architekt Jean-Marie Ellenberger entwarf das Hochhaus-Ensemble Super-Crans, ein 16 Geschosse hohes Gebäude auf fächerförmigem Grundriss mit 68 Appartements, das 1968 fertig gestellt wurde. Andere, kleinere Ferienhäuser entstanden in der Folge als „schlechte und stereotype Reproduktionen des Chalets aus dem Berner Oberland, aus Tirol oder anderen Regionen. ... Man versuchte, Ländliches vorzutäuschen und sich an die Landschaft ‚anzupassen‘. ... Muss sich eine Stadt im Gebirge als Dorf ‚verkleiden‘, um attraktiv zu sein?“ (Doriot Galofaro 2005, S. 166). Für Crans-Montana mit seinen 2593 Hotelbetten und weiteren 34 600 Betten in Chalets und Wohnungen (2005), formulierte einer der Gemeindepräsidenten die Vorgaben für die bauliche Entwicklung 1992 so: „On est tous vignerons ou agriculteurs: on sait bien qu'il faut économiser nos terres“ – „Wir sind alle Winzer oder Bauern und wissen sehr wohl, dass man sparsam mit dem Boden umgehen muss“ (zit. ebd., S. 167).

Ein ähnlich ehrgeiziges Projekt entstand in völlig anderer Lage an der Rhônemündung in der „Kleinen Camargue“: La Grande Motte (Abb. 115). 1966 began-

115

La Grande Motte. Der Architekt Jean Balladur ordnete die Gebäude so an, dass sie der Vegetation einen guten Schutz vor der salzhaltigen Meeresluft bieten.

nen die Arbeiten an der Infrastruktur. Das Dünengebiet musste zunächst durch Straßen erschlossen werden. Mit großem Aufwand erfolgte die Präparierung des sandigen und feuchten Untergrunds, der um zwei Meter über Meeresniveau aufgeschüttet wurde. 1967 konnte der Freizeithafen (vgl. Abb. 99) von La Grande Motte in Betrieb genommen werden. Die Anlage ausgedehnter Grünflächen und die Grundsteinlegung für die ersten Gebäude folgten. Als architektonisches Vorbild wählte der Architekt Jean Balladur die Bauten der Azteken und Inkas, wobei die Pyramidenform dem Sonnenhunger der Urlauber sehr entgegenkam, denn sie garantierte eine optimale Sonnenbestrahlung der Terrassen und Balkone. Zum Wahrzeichen von La Grande Motte wurde eine sechzehnstöckige Pyramide in der Form eines leicht geblähten Segels vis-à-vis dem Hafen. 1968 trafen die ersten Sommergäste ein, obwohl der Ferienort noch einer Großbaustelle glich. Auf die Ferienanlage folgte erst ab Oktober 1974 die Gründung einer Gemeinde mit Rathaus und Bürgermeister, Schul- und Kirchenbauten. Heutzutage stehen den ca. 6500 Einwohnern von La Grande Motte in der Hochsaison bis zu 120 000 Gäste gegenüber. Das Problem der Überfremdung, wie es bei ähnlichen Zahlenverhältnissen oft auftritt, ist für La Grande Motte dennoch kaum gegeben. Schließlich waren die Touristen hier die Ersten, und wer an die Mittelmeerküste kam, um im Tourismus sein Auskommen zu finden, wusste, was ihn erwartete.

Seit Anfang der 1960er Jahre profitierten die Mittelmeerländer zunehmend vom Flugtourismus. Während Italien mit Bussen und Bahnen oder mit dem eigenen PKW bequem zu erreichen war, gelang beispielsweise Spanien erst mit dem Aufkommen der preiswerten Pauschalflugreise der Durchbruch auf dem europäischen Reisemarkt. Im Potsdamer Abkommen war Deutschland 1945 die Herstellung, der Besitz, der Betrieb und die Unterhaltung von Flugzeugen untersagt worden. Das schloss jedoch nicht aus, dass bereits 1951 zahlreiche ausländische Fluggesellschaften, zum Beispiel aus Skandinavien, den Niederlanden oder Frankreich, über eine Million Passagiere von westdeutschen Flughäfen aus auch in den Urlaub flogen. 1955 erhielt die Bundesrepublik Deutschland mit Ausnahme von Berlin in den Pariser Verträgen ihre Souveränität und die Lufthoheit. Im Jahr darauf bot der Reiseveranstalter Touropa die ersten Flugreisen nach Sizilien, nach Capri und an die Adriaküste an. Hatte die Bus- oder Bahnfahrt nach Italien noch 15 bis 20 Stunden gedauert, war der Urlauber nun in einer Flugzeit von nur zwei bis drei Stunden am Ziel. Doch eine solche Reise blieb wegen der begrenzten Kapazitäten in den kleinen Flugzeugen eine teure und exklusive Angelegenheit. Mit den Düsenflugzeugen, allen voran den Maschinen des Typs Boeing 707, die Ende der 1950er Jahre erstmals eingesetzt wurden, sollte sich dies grundlegend ändern: Nicht nur konnten jetzt weiter entfernte Ziele wie die Kanarischen Inseln, die Maghreb-Länder und die türkischen Küsten in kürzerer Zeit erreicht werden, auch die Transportkapazitäten stiegen. Die großen Reiseveranstalter nahmen Pauschalreisen mit Flug in ihre Kataloge auf. Ein harter Konkurrenzkampf drückte die Preise. Zwischen 1957 und 1967 konnte der Flugtourismus in der Bundesrepublik seinen Marktanteil versechsfachen. 1969 fertigte der Flughafen von Palma de Mallorca nahezu die Hälfte aller deutschen Pauschalflugreisen ab. Die Flugreise hatte ihren exklusiven Charakter endgültig verloren.

Der Spanien-Tourismus verdankt letztlich der Flugreise seinen enormen Erfolg. Nachdem die spanische Regierung den Visumzwang aufgehoben und die für die damalige Zeit hohen Gebühren von DM 16,60 pro Person sowie einige lästige Formalitäten abgeschafft hatte, stieg die Zahl der Spanienurlauber von 1959 auf 1960 sprunghaft um 64,7 %. Dies betraf zunächst die Einreisen mit dem PKW. Aber der Anstieg der Touristenzahlen von ca. 3 Millionen im Jahr 1960 auf ca. 33 Millionen 1974 verdankte sich dem Flugtourismus. Ein Bauboom ungeahnten Ausmaßes erfasste die spanische Mittelmeerküste, die bis dahin kaum vom Fremdenverkehr berührt war. Die traditionsreichen Ferienziele der spanischen Gesellschaft lagen im Norden am Golf von Biscaya, geografisch zum französischen Modebad Biarritz hin orientiert. Daneben gab es an den Küsten nahe den Provinzhauptstädten Barcelona, Valencia, Alicante oder Málaga Seebäder, die von Juni bis September von den Einheimischen frequentiert wurden. In den Fischerorten entlang der Mittelmeerküste waren dagegen selten ein oder zwei Gasthäuser einfachster Ausstattung zu finden, so dass es an den elementarsten Voraussetzungen für den Fremdenverkehr fehlte. Erst eine breite staatliche Förderung zur wirtschaftlichen Entwicklung sorgte ab Ende der 1950er/Anfang der 1960er Jahre für den Ausbau der Infrastruktur, der Hotellerie und der Gastronomie. Land und Baugrund waren günstig: „Die Küsten, die für die spanischen Grundbesitzer wirtschaftlich wenig nützlich waren, boten äußerst preiswerte Grundstücke für Hotelbauten und Ferienanlagen. Der Arbeitskräfteüberschuß in diesen agrarisch strukturierten Gebieten und ihrem Hinterland sicherte billige Arbeitskräfte für Baugewerbe, Hotels und Restaurants. ... Land für Flugplätze und Autobahnen konnte den feudalen Grundherren preisgünstig abgekauft werden, die sich anstelle spärlich fließender Pachteinnahmen einen schnellen Reichtum erhofften“ (Prahl/Steinecke 1979, S. 69). Eine Goldgräberstimmung kam auf, die das Bild der Küste nachhaltig veränderte und sie von Norden nach Süden, von der Costa Brava bis zur Costa del Sol, in eine durch und durch vom Massentourismus geprägte Urlaubslandschaft verwandelte, nur unterbrochen von einigen weniger intensiv genutzten Küstenabschnitten. Im Norden setzte der Bauboom Anfang der 1960er Jahre mit Hotelbauten ein, ab etwa 1964 hatte eine Änderung des spanischen Eigentumsgesetzes den verstärkten Ausbau von Appartements und Ferienhäusern zur Folge. Die Betten in dieser Parahotellerie nehmen nach Süden fortschreitend deutlich an Zahl zu und übertreffen die Zahl der Hotelbetten bei weitem. Die Campingplätze boten an der Costa Brava und der Costa Dorada Ende der 1960er Jahre ungefähr ein Fünftel aller Übernachtungsmöglichkeiten an.

Mit einem Zeltdorf in der Bucht von Alcudia auf Mallorca wurde 1950 schließlich noch eine neue Urlaubsform begründet: der Club-Urlaub. Der Diamantenschleifer und Wasserballspieler Gérard Blitz wollte mit dem Zeltdorf sein Ideal von Ferien in der Gemeinschaft mit viel Sport und Spiel verwirklichen. Die Spezialisierung auf Sportarten, die sich am und im Meer ausüben lassen, war ein wesentliches Kennzeichen für den frühen Club-Urlaub. Sport im Urlaub, das war bisher nur im Wintersport üblich, und so erstaunt es nicht, dass 1956 in Leysin, im Schweizer Kanton Waadtland, das erste Clubdorf für Wintersportler eröffnete. Eine andere Neuerung, die sich in der Club-Idee manifestierte, war der Trend zum All-inclusive-Urlaub, denn bei der Buchung eines Ferienaufenthalts im Club Méditerranée waren Unterkunft, Verpflegung, Animation, Betreuung durch Trainer sowie die Benutzung der Sportgeräte im Preis bereits eingeschlossen. 1957 wurde in den Clubdörfern die Perlenkette als Zahlungsmittel eingeführt.

Neues in der touristischen Landschaft nach 1970

Der boomende Tourismus hat nicht zuletzt dank staatlicher Förderung und privater Investitionen ganze Landschaften verändert. Zubetonierte Küstenstriche mit Bettenburgen ohne Zahl und Skiorte, in denen die Touristen die Einheimischen zu Statisten machen, sind die bekannten Folgen. Aber nach wie vor gilt der Wirtschaftsfaktor Tourismus vielerorts als Patentrezept zur Behebung von Strukturproblemen (Abb. 116). In den Zeiten ungebremsten Wachstums mehrten sich dennoch die kritischen Stimmen, denn die Schattenseiten der Entwicklung waren unübersehbar. Fremdenverkehrsorte hinterlassen außerhalb der Saison oftmals den Eindruck von Geisterstädten, weil die zahllosen Ferienhäuser und -wohnungen in der Regel nur wenige Wochen im Jahr bewohnt werden. Die Infrastruktur muss kontinuierlich unterhalten werden, obwohl sie manchmal monatelang nicht genutzt wird. Innerhalb kürzester Zeit müssen dann die Kosten wieder erwirtschaftet werden. Der Preisdruck ist groß und zwingt zu knapper Kalkulation, die Gewinnspannen sind gering. Der Konkurrenzkampf zwischen den zahllosen Fremdenverkehrszielen kommt bestenfalls den Touristen zugute.

116

Flaine. Der Wintersportort gehört zu den rund 20 Skistationen aus der Retorte in den französischen Alpen. Zusammen verfügen diese über mehr als eine halbe Million Gästebetten. Durch die Schaffung von ca. 15 000 neuen Arbeitsplätzen konnte die Abwanderung aus der Region gebremst werden.

Die Kritik am Massentourismus zielte primär auf die negativen stadtplanerischen, ökonomischen und ökologischen Auswirkungen. Der Umweltschutz wurde zu einem zentralen Thema. Nur wenige Verantwortliche ergriffen so früh regulierende Maßnahmen wie die bayerische Landesregierung, die bereits 1972 im sogenannten Bayerischen Alpenplan detaillierte Schutzmaßnahmen festlegte. Der Plan unterteilte die Gebirgsregionen in drei Schutzstufen. In der strengsten Schutzstufe C, die etwa 42 % des bayerischen Alpengebiets umfasst, darf überhaupt nicht in die Natur eingegriffen werden, in der Schutzstufe B nur unter Beachtung bestimmter Auflagen. 1991 verpflichteten sich die Schweiz, Österreich, Italien, Frankreich, Deutschland, Liechtenstein, Monaco und Slowenien in der Internationalen Alpenkonvention zur nachhaltigen Entwicklung von Bewirtschaftung und Umweltschutz im Alpenraum. Der Tourismus soll zwar weiterentwickelt werden, jedoch in einem umweltverträglichen Maße. Die Alpenkonvention hat sich auch eine Verringerung des Fahrzeugaufkommens zum Ziel gesetzt, ohne dass jedoch die touristisch bereits erschlossenen Gebiete vom Verkehr abgeschnitten werden dürfen.

Während im wenig regulierten Österreich die Infrastruktur für den Wintersport stark ausgebaut wurde, hatten die Schutzbestimmungen in Bayern zur Folge, dass viele Neugründungen von Fremdenverkehrsorten auf der sprichwörtlich grünen Wiese des Voralpenlandes erfolgten. In Niederbayern wurden bereits in den 1950er Jahren Thermalquellen touristisch genutzt. Ihre eigentliche Blüte erlebten Kurorte wie Bad Füssing jedoch erst in den 1970er Jahren (Abb. 117). 1938 hatte man dort die erste Thermalquelle erbohrt, 1963/64 folgten die Europa-Therme und die Johannesbad-Therme. Das schwefelhaltige, 56° heiße Thermalwasser sprudelte nun reichlich. 1971 wurde der Weiler Füssing durch eine Gebietsreform mit den Gemeinden Safferstetten, Würding und Egglfing zum Kern des neuen Kurortes Bad Füssing. 1970/72 entstand das Kleine Kurhaus, 1974/75 wurde mit dem Bau der Kurklinik Niederbayern und der Anlage eines Freizeit- und Erholungsparks begonnen. 1973 zählte man erstmals mehr als eine Million Übernachtungen, 1979 bereits zwei Millionen. Mitte der 1980er Jahre verzeichnete Bad Füssing mit seinen gerade einmal 6423 Einwohnern bei rund 11 800 Gästebetten 2,6 Millionen Übernachtungen pro Jahr.

117

Bad Füssing. Die Ansicht des Kurorts vom Anfang der 1970er Jahre zeigt rechts die katholische Pfarrkirche mit dem auffallenden Glockenturm. In der Bildmitte ist das kommunale Kurmittelhaus, heute Europatherapie, zu erkennen. Etwas außerhalb der Ortschaft, hier rechts oben, liegt das Johannesbad.

Durch die Gesundheitsreform von 1989 ging die Zahl der klassischen Kurgäste auf Krankenschein stark zurück. Viele deutsche Kurorte mussten herbe finanzielle Verluste hinnehmen und sahen sich gezwungen, Kurkliniken zu schließen. Um der Krise entgegenzuwirken, versuchte man mit zusätzlichen Attraktionen neue Gästegruppen zu gewinnen. 1999 eröffnete in Bad Füssing die Spielbank, im Jahr 2002 ein 18-Loch-Golfplatz. Daneben liegen neuartige Wellness-Angebote ganz im Trend zur privaten Gesundheitsvorsorge. So kann der Kuraufenthalt sogar zum Statussymbol werden. An die Stelle eines mehrwöchigen Aufenthalts sind Wochenend- und Tagesangebote getreten. Inzwischen hat das junge niederbayerische Bad alle traditionsreichen Kurorte hinter sich gelassen und ist mit mehr als 2,7 Millionen Übernachtungen bei 237 584 Gästeankünften (2003) zum bedeutendsten Thermal-Mineralbad Deutschlands aufgestiegen. Nur rund 20 % der Gäste sind noch Kurende im klassischen Sinn.

Ein ganz neues Phänomen im späten 20. Jahrhundert sind künstliche Urlaubswelten, wie sie die Freizeitparks oder auch die noch etwas jüngeren Center Parcs darstellen. Der Europa-Park Rust am Oberrhein wirbt vollmundig: „... erleben Sie Reisen in fremde Länder in einer einzigartigen Dimension: elf europäische Länder an einem Tag. Besuchen Sie die Wahrzeichen der Nationen, begegnen Sie Menschen in ihren Trachten, entdecken Sie aufregende Architekturen und erleben Sie fremde Kulturen hautnah" (Abb. 118). Seit der Eröffnung 1975 verzeichnete der Park mehr als 60 Millionen Besucher, allein 3,7 Millionen davon im Jahr 2004. Der Freizeitpark im Dreiländereck war ursprünglich als „Schaufenster" für die Fahrgeschäfte der bereits seit 1780 existierenden Firma Mack gegründet worden, eine Funktion, die der Park unverändert erfüllt, auch

118

Rust, Hotel Colosseo. Der Hotelbau stellt eine Nachbildung des römischen Kolosseums dar. Das 50-Millionen-Euro-Projekt wurde in nur 15 Monaten fertig gestellt. Den Mittelpunkt der Anlage bildet eine Piazza mit Außengastronomie, die das Flair einer italienischen Stadt vermitteln soll. In einer künstlichen Ruine eines Kolosseumsbogens befindet sich ein Schwimmbad.

wenn er sich inzwischen zu einem vielseitigen Dienstleistungsunternehmen entwickelt hat. Seine künstliche Welt, ein „Europa" auf 68 Hektar Fläche, ist vor allem auf die Bedürfnisse von Familien zugeschnitten, die rund 90 % der Besucher ausmachen. Wechselnde Veranstaltungen, Erlebnishotellerie und Erlebnisgastronomie sollen die Gäste möglichst immer wieder nach Rust locken. Die themenorientierten Erlebnishotels sind antiken Bauwerken nachempfunden oder rufen Erinnerungen an den Wilden Westen oder das mittelalterliche Spanien wach (Abb. 119). Für die „Reise in fremde Länder" müssen die Besucher im Schnitt zwei Stunden Anreise in Kauf nehmen. Welche Wirtschaftskraft hinter dem Europa-Park Rust steht, veranschaulichen schon wenige Zahlen: Seit der Gründung wurden ca. 420 Millionen Euro investiert. In der Hochsaison werden bis zu 2800 Mitarbeiter beschäftigt, allein das neue Hotel Colosseo brachte 295 zusätzliche Arbeitskräfte. In der Region hängen rund 8000 weitere Arbeitsplätze indirekt vom Europa-Park ab.

Für eine andere Variante des modernen Ferienparks stehen die Center Parcs, die es mittlerweile in fünf europäischen Ländern gibt. Insgesamt 20 dieser Parks wenden sich vor allem an Familien mit Kindern, die einen Kurzurlaub ohne weite Anreise planen. Städter sollen sich im Grünen erholen können, ohne auf die gewohnte Infrastruktur und den Komfort eines Pauschalurlaubs verzichten zu müssen. Jeder Park besteht aus 600 bis 700 Ferienhäusern in unterschiedlichen Kategorien, einem Freizeitzentrum mit Unterhaltungsangeboten, einem Erlebnisbad, einer Einkaufsmeile und mehreren Restaurants. Das weit gefächerte Angebot an Sportmöglichkeiten – von Tennis über Squash bis zum Tauchen – erklärt sich unter anderem aus der Geschichte des Center Parcs: Ihr Gründer, Piet Derksen, war Inhaber einer Filialkette für Sportartikel in den Niederlanden. Um den Absatz seiner Sportartikel zu fördern und ihren Gebrauch zu demonstrieren, eröffnete er 1968 in der Provinz Limburg die erste Bungalow-Siedlung „De Lommerbergen". Für den Entwurf engagierte er den Architekten und Stadtplaner Jacob Bakema. Nach Parks in Belgien, Großbritannien und Frankreich wurde in Deutschland 1995 als Erster der Center Parc „Bispinger Heide" eröffnet. Der Geschäftsbericht von Center Parcs International für 1999/2000 verzeichnete 9027 Bungalows in 13 Parks und über 3 Millionen Gäste mit 13,6 Millionen Übernachtungen, eine Auslastung von rund 90% und ca. 10 000 Beschäftigte. Der Erfolg des Konzepts hat besonders in den Niederlanden viele Nachahmer gefunden, so dass es dort inzwischen rund 430 ähnliche Ferienressorts mit insgesamt rund 33 000 Bungalows gibt. Die Firma betont, beim Bau ihrer Sport- und Spielstätten ökologische Aspekte besonders zu berücksichtigen. Das Terrain des Parks besteht demnach zu rund 90 % aus unbebauter Wald- und Wasserfläche. Erreichen lassen sich die Parks dennoch nur mit dem Auto, wobei die Entfernung zum nächsten Ballungsraum max. eineinhalb bis zwei Autostunden betragen darf, denn nur so können ausreichend viele Besucher mit großer Kaufkraft erreicht werden.

In die Kategorie Sporturlaub fällt traditionsgemäß auch das Gros der winterlichen Reisen ins Gebirge. Der Wintersport gewann in den Alpen in den letzten Jahrzehnten stark an Bedeutung, während im Sommer – historisch gesehen einst die Hauptsaison – eher weniger Gäste kamen. Von 1970 bis 1995 stieg der Anteil des Winterhalbjahres am Gesamtumsatz, der mit Übernachtungen erzielt wurde, von 24 % auf 44 %. Doch zu Beginn des 21. Jahrhundert ist die Existenz man-

119

Rust, Hotel Colosseo. Die 350 Zimmer des Vier-Sterne-Hotels bieten eine gehobene Ausstattung in pseudo-antikem Ambiente, das offensichtlich ganz den Geschmack des modernen Urlaubers trifft.

120

Stubai, Gletscherskilauf. Das 1973 eröffnete Skigebiet bietet Höhenlagen bis zu 3200 m ü. NN. Wegen der steigenden Nachfrage wurden die Seilbahnkapazitäten kontinuierlich ausgebaut. Während 1974 nur 3240 Personen in der Stunde befördert werden konnten, waren es 2002 bereits 36 000 Personen, also mehr als zehnmal so viele.

cher Wintersportorte möglicherweise gefährdet. Als Folge des Klimawandels fällt weniger Schnee und die Schneegrenze steigt. Die künstliche Beschneiung hilft, das Tages- und Saisongeschäft zu sichern, macht aber aufwendige Baumaßnahmen erforderlich und verursacht zusätzliche Kosten. Im Winter 1999/2000 wurden in Österreich bereits 38 % der Pisten künstlich beschneit, sieben Jahre zuvor waren es gerade einmal 6 %. Im selben Jahr mussten die Touristen in Südtirol auf rund 55 % der Pisten mit Kunstschnee vorlieb nehmen, in der Skiarena Dolomiti Super Ski sogar auf 70 % der Pisten (vgl. Güthler 2002, S. 8). Die Wintersportorte sehen sich zum Einsatz von Kunstschnee gezwungen, wollen sie die Gäste nicht an höher gelegene Regionen verlieren. Außerdem ziehen es viele vor, dem nasskalten europäischen Winter zu entfliehen, indem sie eine Fernreise in wärmere Klimazonen buchen, wodurch dem Wintersport eine ernst zu nehmende Konkurrenz entstanden ist. Eine andere Lösung des Problems sehen Gemeinden und Investoren darin, neue oder bislang noch nicht in nennenswertem Umfang vom Tourismus genutzte Höhen zu erschließen. Häufig sind solche Vorhaben jedoch nicht mit landesplanerischen Vorgaben zu vereinbaren, die besonders die höher gelegenen, sensiblen Regionen des Alpenraumes schützen sollen. Viele Schutzmaßnahmen wurden schon den Anforderungen des Marktes geopfert, indem man sie entweder nur eingeschränkt oder aber gar nicht realisierte (vgl. Güthler 2002, S. 7).

Ein Beispiel für die Entwicklung des Wintersports in jüngerer Zeit ist Österreichs größtes Gletscherskigebiet im Stubaital in Tirol (Abb. 120). Seinen Aufstieg zum Skigebiet Nummer eins in der Alpenrepublik verdankt das Stubaital maßgeblich dem promovierten Philosophen Heinrich Klier, der 1964 hier eine kleine Seilbahngesellschaft mit zwei Mitarbeitern gründete. Bis Ende des 20. Jahrhunderts war daraus die Wintersport Tirol AG & Stubaier Bergbahnen KG mit rund 380 Angestellten geworden. Eine Summe von 174,5 Millionen Euro – ganz ohne öffentliche Zuschüsse – wurde investiert. Heute erschließen 24 Aufstiegshilfen, vom Schlepplift bis zur Seilbahn, 110 Kilometer Skipisten in einer Höhenlage zwischen 1750 Meter und 3200 Meter. So ist das Skilaufen ganzjährig möglich, gute Bedingungen herrschen in der Regel von Oktober bis Mai/Juni. Trotzdem hielt man es für notwendig, der Natur nachzuhelfen, und legte im Jahr 2005 einen zweiten Speicherteich mit 60 000 Kubikmetern Fassungsvermögungen an, um die künstliche Beschneiung durch 30 Schneekanonen zu gewährleisten. Rund 25 Hektar des 700 Hektar großen Skigebiets können nun durch Kunstschnee aufgebessert werden. Der Erfolg ist nicht ausgeblieben. Die Übernachtungen in den Talgemeinden stiegen von 960 000 vor der Eröffnung der Stubaier Gletscherstraße 1972 auf 1 920 000 im Jahr 2003. Weitere Superlative, mit denen man am Stubaier Gletscher werben kann, sind die Sechser-Sesselbahn Eisjoch, die mit knapp 2,1 Millionen Beförderungen (1999) als meistfrequentierter Lift Österreichs gilt, oder das höchstgelegene Lokal Österreichs, das 2001 eröffnete Restaurant Jochdohle, dessen Stahl-Holz-Konstruktion in 3150 m ü. NN über dem Gletscher schwebt (Abb. 121). In nur 20 Gehminuten erreicht man von dort aus bequem den Gipfel eines Dreitausenders.

121

Stubai, Restaurant Jochdohle. Das Selbstbedienungsrestaurant am Gaißkarjoch bietet bei schönem Wetter einen Panoramablick bis zu den Südtiroler Dolomiten.

Im Gegensatz zu den jungen französischen Wintersportorten griff man im Stubaital beim Bau neuer Hotels und Touristenunterkünfte auf lokale Traditionen zurück, orientierte sich dabei auch an Tiroler Bauernhäusern. Man bemühte sich, die verbliebenen Bauernhöfe in die touristische Infrastruktur zu integrieren, und die Bauern profitierten von den zusätzlichen Erwerbsmöglichkeiten, die es beispielsweise erlaubten, einen Bergbauernbetrieb zumindest nebenberuflich weiterzuführen und die erzeugten Lebensmittel an die ortsansässige Gastronomie zu verkaufen. Für Gäste und Gastronomen werden lokale Spezialitäten zunehmend wieder attraktiv, nachdem früher preisgünstige Industrieprodukte bevorzugt wurden. Die Rückbesinnung auf schon als rückständig betrachtete landwirtschaftliche Produktionsweisen vermochte Reste der bäuerlichen Kulturlandschaft zu erhalten, die nicht zuletzt eine wichtige Voraussetzung für den Alpentourismus ist. Gerade im Sommer erwartet der Tourist schließlich das typische alpine Landschaftsbild mit seinen Dörfern, Weiden, Wäldern und Almen. Im Sommer werden aber auch die Schäden sichtbar, die durch eine intensive Nutzung durch den Wintersport entstanden sind. „Korrigierte" Berghänge für Skiabfahrten und riesige Parkplätze sind nur die augenfälligsten Verunstaltungen der Natur.

An der Wende vom 20. zum 21. Jahrhundert prägt der Massentourismus ganze Landschaften, erfindet neue Reiseziele und Urlaubsformen. Keine Epoche in der langen Geschichte des Reisens hat eine solche Vielfalt an Möglichkeiten hervorgebracht. Doch jenseits aller Trends und Moden findet auch eine Besinnung auf die Tradition statt. Ein Phänomen, das auf den ersten Blick kaum in unsere schnelllebige Zeit zu passen scheint, ist die Wiederbelebung der Pilgerreise. Eine Deklaration des Europarates aus dem Jahr 1987 zur Erforschung und Bearbeitung der Jakobswege mit ihrem europaweiten Streckennetz von rund 100 000 Kilometern gab dieser historischen Form der Reise unerwartet neuen Auf-

122

Roermond, Pilger vor der Kathedrale St. Christoffel. Eine Pilgergruppe der Matthiasbruderschaft aus Langerwehe-Schlich posiert in historischen Gewändern vor dem Armreliquiar des hl. Jakobus in einer Mauernische der Jakobskapelle.

schwung. Zur Renaissance des Jakobsweges gehört auch die Rekonstruktion und Ausschilderung von Pilgerwegen (Abb. 122). Dabei ist es oftmals schwierig, in den stark veränderten Kulturlandschaften die historische Wegführung nachzuvollziehen. Gesichert sind dagegen in der Regel diejenigen Stationen des Pilgerweges, die durch Kirchen mit dem Jakobspatrozinium, Reliquien und andere Heiligtümer am Wegesrand kenntlich sind. Auch Klöster erlauben es manchmal, den Verlauf einer historischen Streckenführung zu rekonstruieren: Wenn die Klöster genau einen Tagesmarsch voneinander entfernt liegen, kann dies ein Hinweis auf ihre Nutzung als Herberge auf dem weiten Weg nach Spanien sein. Dies trifft im süddeutschen Raum zum Beispiel auf dem Abschnitt von München zum Bodensee für die Klöster Schäftlarn, Andechs, Dießen, Wessobrunn, Peißenberg, Rottenbuch und Steingaden zu. Das wiedererwachte Interesse an Santiago de Compostela ließ besonders in den 1980er Jahren zahlreiche neue Jakobusgesellschaften entstehen, Nachfolger der historischen Jakobusbruderschaften. 1987 schlossen sich die lokalen und regionalen Gesellschaften zur Deutschen St. Jakobus-Gesellschaft mit Sitz in Aachen zusammen, die sich für die wissenschaftliche Erforschung der Jakobswege einsetzt und die Pilgerpraxis organisiert. Dazu gehören die Pflege der Jakobswege und die Fortbildung von erfahrenen Pilgern zu Herbergseltern. Die körperliche Herausforderung und der Gewinn an Erfahrung mögen viele moderne Pilger locken. Die Reise ans „Ende der Welt", zum Kap Finisterre am nordwestlichsten Zipfel Galiciens, zwei Tagesetappen von Santiago de Compostela entfernt, kann aber auch eine Reise zu sich selbst sein, womit diese Kulturgeschichte schließen möchte.

Literatur

Aerni, Klaus: Die Entwicklung des Gemmipasses. Ergebnisse aus der Erforschung von Gelände und historischen Quellen, in: Schweizerische Zeitschrift für Geschichte 29 (1979), Nr. 1, S. 53 - 83.

Alfter, Dieter (Hrsg.): Zar Peter der Große. Die zweite große Reise nach Westeuropa 1716 - 1717. Schätze aus dem Staatlichen Historischen Museum Moskau, Hameln 1999.

Alfter, Dieter/Scharmann, Rudolf G./Warnecke, Wolfgang: Luise. Aufzeichnungen über eine preußische Königin. Begleitheft zur Ausstellung, Museum im Schloss Bad Pyrmont, Bonn 2001.

Anderegg, Klaus: Simplon. Dorf und Pass. Der alte Baubestand, Simplon 1986.

Anonymus: Architecture hôtelière et de loisirs. 63 réalisations aux Etats-Unis, en France et au Japon, Paris 1978.

Arnold, Peter: 2000 Jahre Pass- und Fremdenverkehr im Wallis. Geschichte und Geschichten, Brig 1979.

Ausst.-Kat. Bonn 1993: Sehsucht. Das Panorama als Massenunterhaltung im 19. Jahrhundert. Katalog der Kunst- und Ausstellungshalle der Bundesrepublik Deutschland, Bonn 1993.

Ausst.-Kat. Heide in Holstein 1990: Vom Reisen in der Kutschenzeit, Eutiner Landesbibliothek, Heide in Holstein 1990.

Ausst.-Kat. Ludwigshafen 1992: Mythos Rhein. Ein Fluß - Bild und Bedeutung, hrsg. von Richard W. Gassen und Bernhard Holeczek, Wilhelm-Hack-Museum, Ludwigshafen 1992.

Ausst.-Kat. Marbach am Neckar 1966: Auch ich in Arcadien. Kunstreisen nach Italien 1600 -1900, hrsg. von Bernhard Zeller, Schiller-Nationalmuseum, Stuttgart 1966.

Ausst.-Kat. München 1984: Wallfahrt kennt keine Grenzen, Bayerisches Nationalmuseum, München 1984.

Ausst.-Kat. Trier 1992: Zwischen Andacht und Andenken, Bischöfliches Dom- und Diözesanmusem Trier/Städtisches Simeonstift Trier 1992.

Baedeker, Karl: Die Rheinlande von der Schweizer bis zur Holländischen Grenze. Handbuch für Reisende, Leipzig, 20., überarb. Aufl., 1879, 1. Aufl. 1828.

Baedeker, Karl: Rheinreise von Basel bis Düsseldorf, Koblenz, 2. Aufl., 1849, Nachdruck Dortmund 1978.

Baier, Sieghard: Tourismus in Vorarlberg. 19. und 20. Jahrhundert, Graz/Feldkirch 2003.

Bausinger, Hermann/Beyrer, Klaus/Korff, Gottfried (Hrsg.): Reisekultur. Von der Pilgerfahrt zum modernen Tourismus, München, 2. Aufl., 1999.

Becker, Christoph/Job, Hubert/Witzel, Anke: Tourismus und nachhaltige Entwicklung: Grundlagen und praktische Ansätze für den mitteleuropäischen Raum, Darmstadt 1996.

Bernhard, Birgit: Kleine Geschichte der Wallfahrt nach St. Matthias in Trier, Heidelberg 1993.

Bianchi, Blanche: La Saison d'Hiver à Cannes de 1870 à 1914, Cannes 1964.

Billaudelle, Karl: Kurzgefaßte Geschichte von Ort und Bad Ems, Bad Ems, 3. Aufl., 1995.

Birmingham Museums & Art Gallery (Hrsg.): Soho House Guide, Birmingham 2002.

Bischoff, Helmuth: Baden-Baden. Die romantische Bäderstadt im Tal der Oos. Kurbetrieb zwischen Casino, Park und Kloster, Köln 1996.

Boehncke, Heiner: Die hessische Märchenstraße. Beispiel für eine moderne Tourismuskonzeption, in: Eisenbach, Ulrich; Hardach, Gerd (Hrsg.): Reisebilder aus Hessen. Fremdenverkehr, Kur und Tourismus seit dem 18. Jahrhundert, Darmstadt 2001, S. 295 - 302.

Bothe, Rolf (Hrsg.): Kurstädte in Deutschland. Zur Geschichte einer Baugattung, Berlin 1984.

Brilli, Attilio: Reisen in Italien. Die Kulturgeschichte der klassischen Italienreise vom 16. bis 19. Jahrhundert, Köln 1989.

Brosowski, Gritt: Die Nationalsozialistische Gemeinschaft „Kraft durch Freude“ und das erste „KdF“-Seebad Prora auf Rügen, online im Internet: *http://www.ruegenkompass.de/ ruegentour/prora-kdf.pdf* [Stand 15.6.2005].

Bücheler, Regula: Höhenrausch - Die Entwicklung des Tourismus im Engadin in den letzten 150 Jahren, in: Segantini Museum (Hrsg.): Giovanni Segantinis Panorama und andere Engadiner Panoramen, Ausstellungskatalog St. Moritz 1991, S. 19 - 30.

Bucher, Anton Michael (Hrsg.): Die Kapelle von Rigi-Kaltbad, Festschrift 200 Jahre Felsenkapelle Rigi-Kaltbad 1779-1979, Vitznau 1979 (Heimatbücher Rigi-Süd: Greppen - Vitznau - Weggis, Band 1).

Buchholz, Wolfhard: Die nationalsozialistische Gemeinschaft „Kraft durch Freude“. Freizeitgestaltung und Arbeiterschaft im Dritten Reich, München 1976.

Caucci von Sauken, Paolo (Hrsg.): Santiago de Compostela. Pilgerwege, Augsburg 2003.

Cepl-Kaufmann, Gertrude/Johanning, Antje: Mythos Rhein. Zur Kulturgeschichte eines Stromes, Darmstadt 2003.

Davies, Peter: Historic Brighton and Hove, Norwich 1982.

Debarbieux, Bernard: Chamonix - Mont Blanc. Les coulisses de l'aménagement, Grenoble 1990.

Denby, Elaine: Grand Hotels. Reality & Illusion. An Architectural and Social History, London 1998.

Désert, Gabriel: La vie quotidienne sur les plages du second empire aux années folles, Paris 1983.

Dewailly, Jean-Michel: Tourisme et aménagement en Europe du Nord, Paris 1989.

Doriot Galofaro, Sylvie (Hrsg.): Un siècle de tourisme à Crans-Montana. Lectures du territoire, Ayer 2005.

Dufner, Georg: Engelberg. Ein Bergdorf macht Geschichte. 100 Jahre Kurverein 1883 - 1983, Engelberg 1983.

Eisenbach, Ulrich/Hardach, Gerd: Reisebilder aus Hessen. Fremdenverkehr, Tourismus und Kur seit dem 18. Jahrhundert, Darmstadt 2001.

Etzelstorfer, Hannes: Sommerfrische zwischen Salzburg und Bad Ischl. Von den Anfängen des Tourismus, Wels 2004.

Euskirchen, Claudia: (Künstlerische und wissenschaftliche Auseinandersetzung mit dem Mittelrheintal) Literatur, in: Landesamt für Denkmalpflege Rheinland-Pfalz (Hrsg.): Das Rheintal von Bingen und Rüdesheim bis Koblenz. Eine europäische Kulturlandschaft, Mainz 2002, Band 1, S. 369 - 393.

Euskirchen, Claudia: (Künstlerische und wissenschaftliche Auseinandersetzung mit dem Mittelrheintal) Bildende Kunst, in: Landesamt für Denkmalpflege Rheinland-Pfalz (Hrsg.): Das Rheintal von Bingen und Rüdesheim bis Koblenz. Eine europäische Kulturlandschaft, Mainz 2002, Band 1, S. 394 - 428.

Eyll, Klara van: Wirtschaftsgeschichte Kölns vom Beginn der preußischen Zeit bis zur Reichsgründung, in: Kellenbenz, Hermann (Hrsg.): Zwei Jahrtausende Kölner Wirtschaft, Band 2, Köln 1975, S. 163 - 266.

Farrant, Sue: Georgian Brighton 1740 to 1820, University of Sussex Centre for Continuing Education, Occasional Papers Number 13, Brighton 1980.

Fischer, Bernd: Hanse-Städte. Geschichte und Kultur. Köln 1981.

Flämig, Christoph (Hrsg.): Bad Elster. Landschaft und Geschichte. Leipzig 1992.

Flückiger-Seiler, Roland: Hotelpaläste zwischen Traum und Wirklichkeit. Schweizer Tourismus und Hotelbau 1830 - 1920, Baden 2003.

Folz, Hans: Das Bäderbüchlein. Faksimile. Edition. Kommentar, erstmalig erschienen um 1491, hrsg. von Rüdiger Krüger, Stuttgart 1995.

Fransioli, Mario: Der St. Gotthard und seine Hospize. Schweizerische Kunstführer Nr. 317 - 318, Bern 1987.

Frommann, Bruno: Reisen im Dienste politischer Zielsetzungen. Arbeiterreisen und „Kraft durch Freude"-Fahrten, Stuttgart 1992.

Fuhs, Burkhard: Mondäne Orte einer vornehmen Gesellschaft. Kultur und Geschichte der Kurstädte 1700 - 1900, Hildesheim 1992.

Furger, Andres: Der Gotthard-Postwagen, Zürich 1990.

Fuss, Karl: Geschichte des Reisebüros, Darmstadt 1960.

Gassen, Richard W./Holeczek, Bernhard (Hrsg.): Mythos Rhein. Ein Fluß - Bild und Bedeutung, Ludwigshafen 1992.

Gaulis, Louis/Creux, René: Schweizer Pioniere der Hotellerie, Paudex 1976.

Gemeinde Nordseebad Kampen auf Sylt (Hrsg.): 450 Jahre Kampen, Kampen 1994.

Giedion, Siegfried: Die Herrschaft der Mechanisierung. Ein Beitrag zur anonymen Geschichte, (Oxford 1948) Frankfurt, Wien 1994.

Gilbert, Edmund W.: The Holiday Industry and Seaside Towns in England and Wales, in: Festschrift Leopold G. Scheidl zum 60. Geburtstag I, Wien 1965, S. 235 - 247.

Glaser, Hermann: Die Überwindung des Raumes. Beseelte Erfahrung, in: Glaser, Herrmann; Werner, Thomas: Die Post in ihrer Zeit. Eine Kulturgeschichte menschlicher Kommunikation, Heidelberg 1990, S. 77 - 189.

Goethe, Johann Caspar: Reise durch Italien im Jahre 1740 (Viaggio per l'Italia), Deutsch-Italienische Vereinigung Frankfurt (Hrsg.), übersetzt und kommentiert von Albert Meier, München 1986.

Goethe, Johann Wolfgang von: Italienische Reise. Hamburger Ausgabe. Hrsg. und kommentiert von Herbert von Einem, München 1992.

Göres, Jörn (Hrsg.): „Was ich dort gelebt, genossen ...". Goethes Badeaufenthalte 1785 - 1823. Geselligkeit, Werkentwicklung, Zeitereignisse, Königstein 1982.

Götz, Karl: 50 Jahre Jugendwandern und Jugendherbergen 1909 - 1959, Detmold 1959.

Griep, Wolfgang: Vom Reisen in der Kutschenzeit. Eine Einführung, in: Stiftung zur Förderung der Kultur und der Erwachsenenbildung in Ostholstein (Hrsg.): Vom Reisen in der Kutschenzeit. Ausstellungskatalog, Heide 1989, S. 7 - 17.

Grimm, Jacob/Grimm, Wilhelm: Deutsches Wörterbuch. 16 Bde. Leipzig 1854 - 1960.

Groß, Guido: Prozessionen und Wallfahrten nach Trier im Widerstreit geistiger Strömungen und ökonomischer Interessen, in: Ausstellungskatalog. Zwischen Andacht und Andenken. Kleinodien religiöser Kunst und Wallfahrtsandenken aus Trierer Sammlungen. Gemeinschaftsausstellung des Bischöflichen Dom- und Diözesanmuseums Trier und des Städtischen Museums Simeonstift Trier, Trier 1992.

Gubser, Paul: Es begann im Drachenloch ... Geschichte des Sarganserlandes, Mels 1998.

Gurtner, Verena: Jungfrau-Express. Mit der Jungfraubahn ins Hochgebirge, Goldswil-Interlaken 1992.

Güthler, Andreas: Aufrüstung im alpinen Wintersport, Schaan 2002.

Gwerder, Josef: Dampfschiff „Schiller" Bordbuch, Luzern 2000.

Haan, Victoria: Bad Gleichenberg. Von der römischen Heilquelle bis zur Gegenwart, Graz o. J. (nach 1997).

Handlechner, Josef H./Heide, Hannes: Bad Ischl. Die Stadt und ihre Umgebung, Linz 1993.

Hartmann, Alfred: Badereise durch fünf Jahrtausende, Mainz 1969.

Hartung, Karl: Das Jugendherbergswerk in Westfalen-Lippe. 50 Jahre DJH-Werk, Hagen 1959.

Haufe, Eberhard (Hrsg.): Deutsche Briefe aus Italien. Von Winckelmann bis Gregorovius, München 1987.
Havins, Peter J. Neville: The Spas of England, London 1976.
Heinz, Werner: Reisewege der Antike. Unterwegs im Römischen Reich, Stuttgart 2003.
Heinz, Werner: Reisewege der Antike. Unterwegs im Römischen Reich. Darmstadt 2003.
Heritage Services division of Bath & North East Somerset (Hrsg): The Museum of Costume. Assembly Rooms Bath, Bath o. J.
Hermann, Walther: Wirtschaftsgeschichte der Stadt Köln 1914 bis 1970, in: Kellenbenz, Hermann (Hrsg.): Zwei Jahrtausende Kölner Wirtschaft, Köln 1975, S. 359 - 473.
Hessisches Staatsbad (Hrsg.): Hessisches Staatsbad Bad Nauheim 1835 - 1985, Jubiläumsschrift zum 150jährigen Bestehen des Heilbades, Bad Nauheim 1985.
Hinterseer, Sebastian: Bad Hofgastein und die Geschichte Gasteins, Salzburg, 2., verb. Aufl., 1977.
Hobusch, Erich: Proletarische Gesellschaftsreisen mit dem Motorkabinenschiff ‚Baldur' um 1930, in: Spode, Hasso (Hrsg.): Zur Sonne, zur Freiheit! Beiträge zur Tourismusgeschichte, Berlin 1991, S. 71 - 78.
Hofmeister, Burkhard/Steinecke, Albrecht (Hrsg.): Geographie des Freizeit- und Fremdenverkehrs, Wege der Forschung, Band 592, Darmstadt 1984.
Hörstel, Wilhelm: Die Riviera. Land und Leute, Bielefeld/Leipzig, 2., vermehrte Aufl., 1907.
Hubrath, Margarete: Liebe, Spiel und Ehebruch ... oder Das Kurbad in der Literatur, in: Landschaftsverband Rheinland (Hrsg.): Wasserlust. Mineralquellen und Heilbäder im Rheinland, Schriften des Rheinischen Museumsamtes Nr. 48, Bonn 1991, S. 182 - 197.

Janta, Lenhard/Rieck, Hubert: Bad Neuenahr - Aus drei Dörfern entstand ein internationales Heilbad. Zur Geschichte des Kurbades von 1858 - 1990, in: Landschaftsverband Rheinland (Hrsg.): Wasserlust. Mineralquellen und Heilbäder im Rheinland, Schriften des Rheinischen Museumsamtes Nr. 48, Bonn 1991, S. 122 - 139.

Kann, Hans-Joachim: Guide du pèlerin de Trèves et de la région, Trier 1996.
Keitz, Christine: Reisen als Leitbild. Die Entstehung des modernen Massentourismus in Deutschland, München 1997.
Keitz, Christine: Reisen zwischen Kultur und Gegenkultur - ‚Baedeker' und die ersten Arbeitertouristen in der Weimarer Republik, in: Spode, Hasso (Hrsg.): Zur Sonne, zur Freiheit! Beiträge zur Tourismusgeschichte, Berlin 1991, S. 47-60.
Kiby, Ulrika: Bäder und Badekultur in Orient und Okzident. Antike bis Spätbarock, Köln 1995.
Klauß, Jochen: Goethe unterwegs. Eine kulturgeschichtliche Betrachtung. Nationale Forschungs- und Gedenkstätten der klassischen deutschen Literatur in Weimar, Weimar 1989.
Knoll, Gabriele M.: Badebüchlein Leukerbad. 500 Jahre Badetourismus in Leukerbad, Leukerbad 2001.
Knoll, Gabriele M.: Eine Pionierlandschaft des europäischen Tourismus, in: Landesamt für Denkmalpflege Rheinland-Pfalz (Hrsg.): Das Rheintal von Bingen und Rüdesheim bis Koblenz. Eine europäische Kulturlandschaft, 2 Bände, Mainz 2002, S. 350 - 357.
Knoll, Gabriele M.: Herausbildung, Dynamik und Persistenz von Standorten und Standortgemeinschaften im Großstadttourismus der Innenstadt von Köln im 19. und 20. Jahrhundert - Eine historisch-geographische Untersuchung, Köln 1988.
Knoll, Gabriele M.: L'architecture des hôtels (1870-1914). Innovations, techniques et miroir du comportement social, in: CESURB (Hrsg.): Architecture, urbanisme et aménagement en milieu touristique littoral, Talence 1993, S. 23-29.
Koller, Gabriele (Hrsg.): Die Welt der Panoramen. Zehn Jahre Internationale Panorama Konferenzen, Amberg 2003.
König, Gudrun M.: Eine Kulturgeschichte des Spazierganges. Spuren einer bürgerlichen Praktik 1780-1850, Wien/Köln/Weimar 1996.
Krebser, Markus: Interlaken. Eine Reise in die Vergangenheit, Thun, 2., überarb. Aufl., 1991.
Křížek, Vladimir: Kulturgeschichte des Heilbades, Leipzig/Stuttgart 1990.
Kunz, Fritz: Der Hotelbau von heute im In- und Ausland. Organisation, Technik und Gestaltung, Stuttgart, 2. Aufl., 1937.
Künzel, Werner: Gelehrtenreisen im Barock. Wissenschaft und Reisen im 17. Jahrhundert, in: Voyage. Jahrbuch für Reise- & Tourismusforschung, Köln 1997, S. 136-148.
Kurverwaltung Wenningstedt-Braderup auf Sylt (Hrsg.): 125 Jahre Nordsee-Heilbad Wenningstedt-Braderup/Sylt, Meldorf 1984.

Landschaftsverband Rheinland (Hrsg.): Wasserlust. Mineralquellen und Heilbäder im Rheinland, Schriften des Rheinischen Museumsamtes Nr. 48, Bonn 1991.
Landschaftsverband Rheinland/Stichting Pelgrimswegen naar St. Jacob (Hrsg.): Jakobswege. Wege der Jakobspilger zwischen Rhein und Maas, Band 3: Vom Niederrhein und Aachen über Maastricht nach Belgien, Köln 2004.
Lang, Rudolf W.: Reisen anno dazumal. Literarische Notizen, München 1985.
Laschke, Henrik: Tourismus schafft Arbeitsplätze. Die wirtschaftliche Bedeutung des Tourismus für Hessen, in: Eisenbach, Ulrich; Hardach, Gerd (Hrsg.): Reisebilder aus Hessen. Fremdenverkehr, Kur und Tourismus seit dem 18. Jahrhundert, Darmstadt 2001, S. 255 - 262.
Lausberg, Winfried: Die Gemmi. Geschichte eines Alpenübergangs, Hamburg 1975.

Lichtenberger, Elisabeth: Der Massentourismus als dynamisches System: Das österreichische Beispiel (1976), in: Hofmeister, Burkhard; Steinecke, Albrecht (Hrsg.): Geographie des Freizeit- und Fremdenverkehrs, Wege der Forschung, Band 592, Darmstadt 1984, S. 345 - 372.

Liebl, Toni/Stoffels, Wolfgang/ Krummheuer, Eberhard u. a.: Offizieller Jubiläumsband der Deutschen Bundesbahn. 150 Jahre Deutsche Eisenbahnen, München 1985.

Löschburg, Winfried: Von Reiselust und Reiseleid. Eine Kulturgeschichte, Frankfurt 1977.

Lubrich, Oliver: Reisen ins Reich 1933 bis 1945. Ausländische Autoren berichten aus Deutschland, Frankfurt 2004.

Lunn, Arnold: The Bernese Oberland, London, 2., erw. Aufl., 1973.

Macek, Stanislav: Franzensbad Schritt für Schritt. Ein Spaziergang durch die Stadt, Karlsbad 1997.

Mähr, Christian: Skiclub Arlberg. Ein Jahrhundertbericht, Arlberg 2000.

Meyer, Gottlob: Der Passagier zu Pferde. Ein Noth- und Hülfsbüchlein für Reisende, Erfurt 1811, Reprint Heidelberg 1984.

Michel, Hans: Buch der Talschaft Lauterbrunnen 1240 - 1949, Lauterbrunnen, 4. Aufl., 1979.

Müller, Adrian von: Reisebericht des Jacobus von Brügge. 1220 - Spandau-Berlin und Umgebung, Berlin 1987.

Murken, Axel Hinrich: Die neuen Bade- und Kuranlagen in Bad Nauheim zu Beginn des 20. Jahrhunderts, Göttingen 1987.

Murray, John: Handbook for travellers on the continent being a guide to Holland, Belgium, Prussia, Northern Germany, and the Rhine from Holland to Switzerland, London 1867.

Murray, John: Handbook for Travellers on the Continent, London 1867.

Natsch, Günther E.: Bernhard Simon 1816–1900. Begründer, Wohltäter und Ehrenbürger des Kurortes Bad Ragaz, Bad Ragaz 2000.

Ohler, Norbert: Reisen im Mittelalter, München 1986.

Oppenheim, Roy: Die Entdeckung der Alpen, Frankfurt/Wien/Zürich 1974.

Ott, Thierry: Palaces. Die schweizerische Luxushotellerie, Yens-sur-Morges 1990.

Ottmann, Victor: Riviera; Nizza und Monte Carlo, Velhagen & Klasings Volksbücher Nr. 78, o. J. (um 1912/ 1914).

Pagenstecher, Cord: Neue Ansätze für die Tourismusgeschichte - ein Literaturbericht, in: Archiv für Sozialgeschichte 38, 1998, S. 591-619.

Perfahl, Jost: Kleine Chronik des Alpinismus, Rosenheim 1984.

Pfiffner-Eckert, Theres: Bad Ragaz und Bad Pfäfers. Kleiner historischer und touristischer Führer durch den Weltkurort und seine Umgebung, Mels, 8., erw. Aufl., 1999.

Pictorius, D. Georgius: Badenfahrtbüchlein. Wo und wie man richtig badet, erstmalig erschienen 1560, Vorwort, Übertragung und Auswahl der Bilder von Udo Becker, Freiburg/Basel/Wien 1980.

Plötz, Robert: Wallfahrten, in: Bausinger, Hermann; Beyrer, Klaus; Korff, Gottfried (Hrsg.) Reisekultur. Von der Pilgerfahrt zum modernen Tourismus, München 1999, S. 31 - 38.

Popp, Helmut (Hrsg.): In der Kutsche durch Europa. Von der Lust und Last des Reisens im 18. und 19. Jahrhundert, Nördlingen 1989.

Potts, Lydia (Hrsg.): Aufbruch und Abenteuer. Frauen-Reisen um die Welt ab 1785, Frankfurt 1995.

Prahl, Hans-Werner/Steinecke, Albrecht: Der Millionen-Urlaub. Von der Bildungsreise zur totalen Freizeit, Darmstadt/Neuwied 1979.

Rippel, Philipp: Das Jugendstilbad Nauheim. Seine Blütezeit in der Belle Epoque, in: Eisenbach, Ulrich; Hardach, Gerd (Hrsg.): Reisebilder aus Hessen. Fremdenverkehr, Kur und Tourismus seit dem 18. Jahrhundert, Darmstadt 2001, S. 95 - 104.

Robichon, François: Die Illusion eines Jahrhunderts - Panoramen in Frankreich, in: Kunst- und Ausstellungshalle der Bundesrepublik Deutschland (Hrsg.): Sehsucht. Das Panorama als Massenunterhaltung des 19. Jahrhunderts, Bonn 1993, S. 52 - 63.

Rodenberg, Julius: Ein Modebad ist Westerland nicht (1859), in: Hörning, Winfried (Hrsg.): Sylt. Literarische Reisewege, Frankfurt/Leipzig 1999, S. 71 - 77.

Rossberg, Ralf Roman: Die Jungfrau-Region und ihre Bahnen. Ein Führer durch Landschaft, Geschichte und Technik, Bern 1983.

Rubi, Rudolf: Im Tal von Grindelwald. Bilder aus seiner Geschichte, Band II: Vom Bergbauerndorf zum Fremdenort. Gastgewerbe, Alpinismus, Grindelwald 1986.

Rubi, Rudolf: Im Tal von Grindelwald. Bilder aus seiner Geschichte, Band III: Der Sommer- und Winterkurort. Straßen und Bahnen. Wintersport, Grindelwald 1987.

Rucki, Isabelle: Das Hotel in den Alpen. Die Geschichte der Oberengadiner Hotelarchitektur von 1860 bis 1914, Zürich 1989.

Ruland, Josef: Bad Neuenahr. Stadt Bad Neuenahr-Ahrweiler, Neuss 1993.

Salzmann, Johann M./Fellmann, Niklaus: Leukerbad. Seine Geschichte. Seine medizinische Bedeutung, Brig, 3., bearb. Aufl., 1986.

Sarholz, Hans-Jürgen: Die Anfänge des Emser Bades, Bad Ems 1984.

Sarholz, Hans-Jürgen: Die Landschaft wirkt verführerisch. Reise ins Lahntal, Bad Ems 2002.

Sarholz, Hans-Jürgen: Heilbäder im Mittelalter. Die Anfänge der Kur in Mitteleuropa, Bad Ems 1996.

Saudan, Michel/Saudan-Skira, Sylvia: De l'Hôtel-Palais en Riviera, Genf 1985.

Sauerwein, Herbert: Lech - Zürs im Wandel. Mit Zug - Bürstegg -

Warth - Schröcken, Bilddokumentation zur Vergangenheit und Gegenwart, Lech, 2., verb. Aufl., 2002.
Schildt, Axel: Vom Existenzkampf zum Erlebnishunger. Eine Skizze des Lebensstilwandels in der westdeutschen Gesellschaft nach dem Zweiten Weltkrieg, in: Bayerische Landeszentrale für politische Bildungsarbeit (Hrsg.): Normen, Stile, Institutionen. Volltext-Version für Internetpublikation.
Schirrmann, Richard: Von der Ur- und Kampfzelle meines Jugendwanderns und des Jugendherbergswerkes, in: Jugendherberge, 8. Jg., Heft 3, 1927.
Schmellekamp, Dieter: „Richtiger Wegzeiger für die Reyß zu Land von Siegburg auff Trier" - Auf den Spuren der Pilger zum Grab des Heiligen Matthias, o. O. 2002.
Schmitt, Michael: Palast-Hotels. Architektur und Anspruch eines Bautyps 1870 - 1920, Berlin 1982.
Schneider, Helmut J. (Hrsg.): Der Rhein. Seine poetische Geschichte in Texten und Bildern, Frankfurt 1983.
Schnyder-Seidel, Barbara (Hrsg.): Goethes letzte Schweizer Reise, Frankfurt 1980.
Schrattenecker, Irene (Hrsg.): Anonimo Veneziano. Eine deutsche Reise anno 1708, Innsbruck 1999.
Schubert, Heinz: Karlsbad. Ein Weltbad im Spiegel der Zeit, München 1980.
Seiler Hotels Zermatt (Hrsg.): Zermatt. Dorf und Kurort im Spiegel einer Familie. 125 Jahre Seiler Hotels, Visp 1982.
Siebers, Winfried: Ungleiche Lehrfahrten. Kavalier und Gelehrte, in: Bausinger, Hermann; Beyrer, Klaus; Korff, Gottfried (Hrsg.): Reisekultur. Von der Pilgerfahrt zum modernen Tourismus, München 1999, S. 47 - 57.
Simon, Petra/Behrens, Margrit: Badekur und Kurbad. Bauten in deutschen Bädern 1780 - 1920, hrsg. vom Zentralinstitut für Kunstgeschichte München, München 1988.
Sölch, Werner: Orient-Express. Glanzzeit und Niedergang eines Luxuszuges, Reinbek 1980.
Spode, Hasso: Arbeiterurlaub im Dritten Reich, in: Sachse, Carola; Siegel, Tilla; Spode, Hasso; Spohn, Wolfgang (Hrsg.): Angst, Belohnung, Zucht und Ordnung. Herrschaftsmechanismen im Nationalsozialismus, Opladen 1982, S. 275 - 328.
Spode, Hasso: Die NS-Gemeinschaft „Kraft durch Freude" - Ein Volk auf Reisen?, in: ders. (Hrsg.): Zur Sonne, zur Freiheit! Beiträge zur Tourismusgeschichte, Berlin 1991, S. 79 - 93
Stader, Karl Heinz: William Turner und der Rhein, Veröffentlichungen des Stadtarchivs Bonn, Band 26, Bonn 1981.
Stadtamt Karlovy Vary (Hrsg): Karlsbad an der Jahrtausendwende, Karlsbad 2001.
Steinegger, Hans: Rigi kennen lernen. Geschichte und Kultur, Sehenswürdigkeiten, Informationen von A - Z, Schwyz 1995.
Streicher, Gebhard: Das Jerusalem Panorama Kreuzigung Christi in Altötting, Regensburg 2002.

Teuteberg, Hans-Jürgen: Vom „Fernweh" der Deutschen. Die Reiselust im historischen Rückspiegel, in: Landeszentrale der politischen Bildung Baden-Württemberg (Hrsg.): Der Bürger im Staat, Mobilität, Heft 3, Stuttgart 2002.
Thurre, Pascal: Crans Montana sur Sierre. Un autre regard, Sion 2002.
Tilitzki, Christian; Glodzey, Bärbel: Die deutschen Ostseebäder im 19. Jahrhundert, in: Bothe, Rolf (Hrsg.): Kurstädte in Deutschland. Zur Geschichte einer Baugattung, Berlin 1984, S. 513 - 536.
Treichler, Hans Peter: Wonnige Badenfahrt. Von Jungbrunnen und Mineralbädern in der Alten Schweiz, Zürich 1980.

Verein Frauen in Nidwalden und Engelberg: Geschichte und Geschichten (Hrsg.): „Engelberg ist ganz anders geworden" - Tourismus aus weiblicher Sicht, Stans 2002.
Vogler, Werner: Die historische Kulturlandschaft von Pfäfers und Ragaz, Bad Ragaz 1992.

Walton, John K.: The English Seaside Resort, Leicester 1983.
Watkin, David/Montgomery-Massingberd, Hugh/Rémy, Pierre-Jean/Grendel, Frédéric: Grand Hotel. The Golden Age of Palace Hotels. An Architectural and Social History. New York, Paris 1984.
Weber, Bruno: La nature à coup d'œil. Wie der panoramatische Blick antizipiert worden ist, in: Kunst- und Ausstellungshalle der Bundesrepublik Deutschland (Hrsg.): Sehsucht. Das Panorama als Massenunterhaltung des 19. Jahrhunderts, Bonn 1993, S. 20 - 27.
Wegmann, Hans Peter: Borkum. Geschichte der Insel. Band 1, Borkum 1982.
Wegner, Ewald: Staatsbad Bad Brückenau, in: Bothe, Rolf (Hrsg.): Kurstädte in Deutschland. Zur Geschichte einer Baugattung, Berlin 1984, S. 265 - 280.
Wintersport Tirol AG & Co./Stubaier Bergbahnen KG (Hrsg.): 25 Jahre im Königreich des Schnees: Stubaier Gletscherbahn. Jubiläumsjournal für unsere Gäste und Freunde, Innsbruck 1998.
Wintersport Tirol AG & Co./Stubaier Bergbahnen KG (Hrsg.): Firmenchronik Stubaier Gletscherbahn, Innsbruck 2003.

Zahn, Ulf: Der Fremdenverkehr an der spanischen Mittelmeerküste. Eine vergleichende geographische Untersuchung. Regensburger Geographische Schriften, Heft 2, Regensburg 1973.
Zimmermann, Jörg: Das Mittelrheintal - Zur ästhetischen Dimension einer Kulturlandschaft, in: Landesamt für Denkmalpflege Rheinland-Pfalz (Hrsg.): Das Rheintal von Bingen und Rüdesheim bis Koblenz. Eine europäische Kulturlandschaft, Mainz 2002, Band 2, S. 659 - 685.
Zschokke, Heinrich: Die klassischen Stellen der Schweiz und deren Hauptorte, Karlsruhe/Leipzig 1842, Nachdruck Dortmund 1978.

Register

Ortsregister

Personenregister

Bildnachweis